JN301453

久保寺逸彦著作集 ②
Kubodera Itsuhiko
アイヌ民族の文学と生活
久保寺逸彦

草風館

アイヌ民族の文学と生活／目次

アイヌの音楽と歌謡……………………………………9
  序言
  第一章　アイヌ民族の楽器
  第二章　アイヌの叙事歌謡
    (1) 巫女の神語歌　Tusu shinotcha (2) 頌歌　Upopo (3) 子守歌　Ihumke, Iyonnotka, Iyonruika. (4) 酒謡　Sake-hau (5) 神謡　Kamui yukar (6) 聖伝　Oina (7) 英雄詞曲　Yukar
  第三章　アイヌの抒情歌謡
    (8) シノッチャ　Shinotcha (9) イヨハイオチシ　Iyohaiochish（哭歌・哀慕歌）(10) 欠 (11) ヤイカテカラ　Yaikate-kar「哭歌」(12) ヤイシマネナ　Yaishamanena (13) 船歌　Chip-ta hayashi (14) アイヌ神楽その他

アイヌ文学序説……………………………………41
  序
  第一章　アイヌ語における雅語と口語
  第二章　アイヌの歌謡
  第三章　アイヌの歌謡の種々相
    (1)「祭りの歌」Upopo　(2) 子守歌 Ihumke, Iyonnotka, Iyonruika　(3) Rimse-shinotcha 踊り歌　(4) Sake-hau 酒謡　(5) Shinotcha 抒情曲調　(6) Iyohaiochish, Iyohaichish, Ohaichish 哀傷歌　(7) Yaikatekar, Yaiekatekar 恋慕歌　(8) Yaishamane, Yaishamanena, Yaishama 抒情歌　(9) 木遣り歌

（10） Chip-o-hau, Chip-o-hayashi 舟歌

第四章　巫女の託宣歌

第五章　神謡

第六章　聖伝

第七章

　　一　英雄詞曲 Yukar　二　婦女詞曲 Mat-yukar, Menoko-yukar

第八章　散文の物語

（1） Uwepeker（昔話）　（2） Tu-itak（北海道中・北・東部の散文物語）（3） Pon upashkuma（なぜなぜ話）　（4） Aemina pon-itak（笑い小話）　（5） Uchashkoma（樺太の本格的な散文物語）（6） Tu-itax（樺太の三人称叙述の昔話）（7） Charahau（　ばなし）

第九章　アイヌ文学の発生的考察

アイヌの一生 …………………………………… 149

結婚

　　一　結婚の形式の種々　二　結婚の饗宴（サケ・プニ）　三　通婚圏、結婚に関する規制　四　結婚後の新夫婦の住居と財産相続　五　離婚（ウヲスラ、ウホッパ）　六　蓄妾のこと

妊娠と出産

　　1 妊娠　2 出産　3 産婦の床上げ

育児・命名・教育
　1 産湯　2 産衣とおむつ　3 赤児と小児の呼称　4 哺乳　5 小児の衣服
　6 子守板と子負具　7 子守歌　8 赤児に関する俗信　9 命名　10 教育

成年・成女

挨拶・礼儀・作法
　1 訪問の挨拶　2 久し振りで会った時行なう挨拶　3 他家を辞去する時の挨拶
　4 路傍や戸外での挨拶　5 凶事の際、弔問の挨拶　6 祭りの饗宴における挨拶
　と作法　7 喫煙に見られる儀礼　8 アイヌの人々が非礼と考えていること

掌文集……………………………………………………201
　1　虎杖の道を辿る」（沙流の初踏査紀行）
　2　アイヌ民族の正月の今昔
　3　イムーの話
　4　アイヌの民謡詩人—鹿田シムカニのことども—
　5　原住民としてのアイヌ
　6　アイヌの川漁
　7　一昔前のアイヌの子ども
　8　沙流川のアイヌ
　9　アイヌの遊戯とスポーツに就いて

10　アイヌ民族の植物の利用
　11　エテノア婆さんの想い出
　12　アイヌの子守唄

著作目録……………………………………288
特別資料「アイヌ文学の伝承」………………………309
　◎座談会◎金田一京助・久保寺逸彦・益田勝実（司会）
編集にあたって　佐々木利和………………………310

アイヌ民族の文学と生活

凡　例

一、本書は久保寺逸彦氏が生前発表した研究論文を遺族の了解をいただいて収載したものである。
一、収載にあたって、漢字については現行の字体を採用し、仮名遣いは元のままとした。ただし、誤字脱字など明らかな間違いは修正した。
一、アイヌ語の表記は時期によって異なるが、論文発表当時のままにした。
一、原論文が縦組みの場合、数字は基本的に漢数字のままとしたが、年代の表記は洋数字とした。
一、原論文に収録してある図版類は原版があるもの以外は原論文から複写した。原図掲載の文字が不明瞭なものは新たに打ち直した。
一、本書中、現在の常識からは疑問の生じる表記・表現があるが、すでに研究史上の文献であると考えて原論文のままとした。

アイヌの音楽と歌謡

序　言

　筆者は元来、音楽の方面には何等の知識もなく、理解も乏しい上に、従来、とかくアイヌの言語や文学・土俗・宗教的儀礼といつたやうな方面に関心を持つてゐたので、「アイヌの音楽と歌謡」に就いて書いて見ようと試みても、音楽に関する限り、音楽そのものゝ埒外に逸れてしまふのではないかと思はれる。この点、先づ大方の御諒恕を仰ぎたいと思ふ。筆者は日本学術振興会の援助補助を得て、恩師金田一博士の御指導の下に、昭和九年以降四年ばかりの間に、北海道・樺太の主要部落を歴訪して、アイヌの歌謡や音楽を採集録音する機会に恵まれたが、その結果、蒐集レコードは八百枚の夥しい数となつた。今、筆者はこの採集研究の報告を兼ねて、アイヌの音楽及び歌謡を、かうもあらうかと思はれる発達の順序を追うて、思ひつくまゝに、何か書いて見たいと思ふ。

　併しながら、アイヌの歌謡の方面に関しては、恩師金田一京助博士が、「アイヌ叙事詩ユーカラの研究」「アイヌ聖典」「アイヌの研究」「北の人」「ゆうから」「学窓随筆」「採訪随筆」等に、前人未到の貴重な御研究を完成せられてゐるので、一末弟子たる筆者如きが、今更何もいふ必要はないのである。

　本論攷に於いて、筆者は、筆者の些かの体験を語りつゝ、先生の辿られた道をもう一度辿つて見たまでである。幸ひに、鵠を刻んで成らざるも猶鷔に類するを得れば、筆者の欣とするところである。先生に感謝を捧げると共に、又一方累を及ぼさんことを衷心より悚れるのである。

第一章　アイヌ民族の楽器

　アイヌ民族は、本来楽器に乏しく、しかもその僅少な楽器も、大部分大陸方面より移入されたものではないかと思ふ。図版Fig.Iはアイヌ楽器八種を示したものであるが、「ムツクリ」Mukkuri（口琴）・「トンコリ」Tonkoriの二種を除いては、今日、北海道でも樺太でも殆ど絶滅してしまつた。

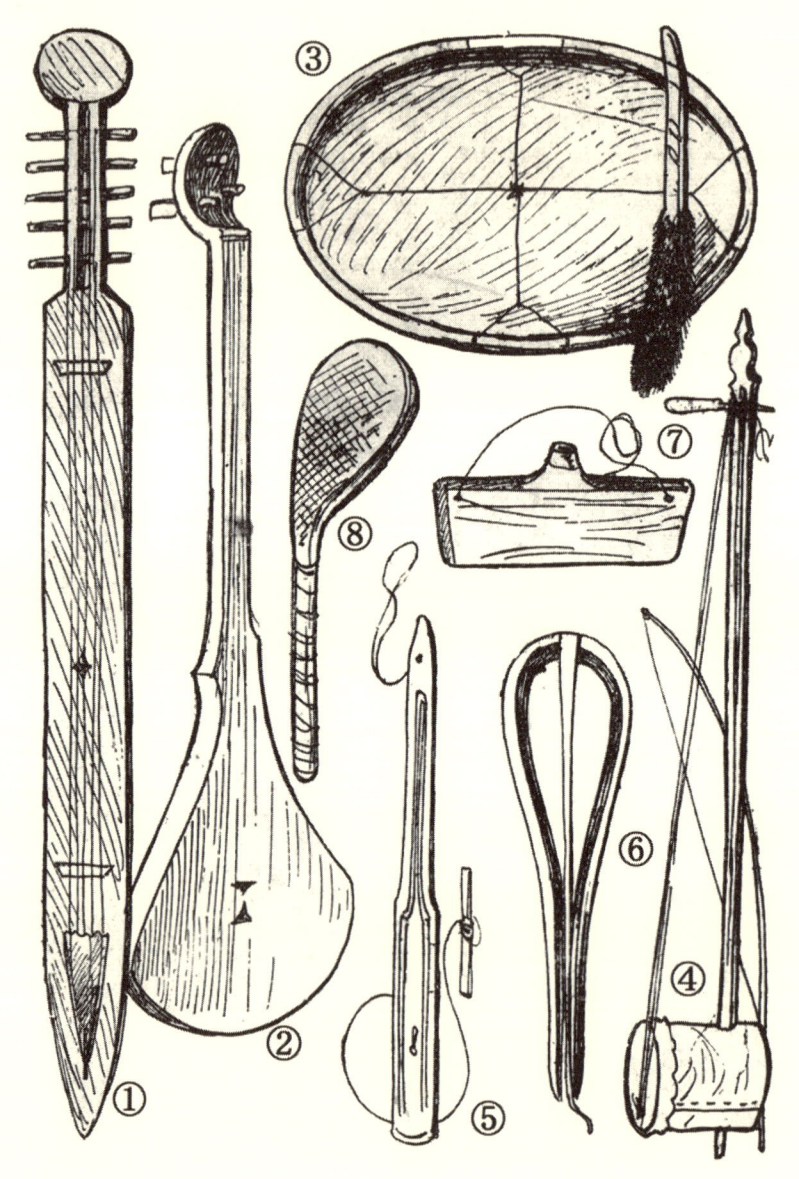

Fig.I アイヌの楽器
(1)五絃琴 (2)蝦夷琵琶 (3)巫女太鼓 (4)蝦夷胡弓 (5)(6)口琵琶 (7)鹿笛 (8)巫女の採物

アイヌの楽器に就いては、「北海道原始文化聚英」（昭和八年六月刊）の中に、楽器七種の図版と、北海道帝大の高倉新一郎助教授の解説が載せられてゐる。

　図版Fig.Iに示した八種のアイヌ楽器は、(2)の「蝦夷琵琶」と称する函館図書館所蔵のものを除き、他は全部、東京アイヌ学会の杉山寿栄男氏の蒐集秘蔵せられてゐるものである。筆者の為

Fig.II 「トンコリ」の弾奏（樺太．落帆）
尾山ヨシ子氏とその妹内藤ヨーキ氏

に縦覧せしめ、加ふるに、図版Fig.Iの作成の労をとられた同氏に感謝の意を表する次第である。

　(1)図版Fig.Iの(1)は「トンコリ」Tonkoriと称する五絃琴である。長さは、小は二尺五寸位のものから、大は五尺位のものがある。胴の下部はほゞ紡錘形をなし、上部に絃を緊める転手(カー)が五本ついてゐる。但し五本の転手は、この図版に見る如く、五本を並列してつけたものと、左右に分け、右に二本、左に三本といふ様につけたものとがある。（図版Fig.IIのトンコリ弾奏の実況を参照せられたし。）

　「トンコリ」を製作するには、椴松(とどまつ)Hup-niを用ひる。上端から胴部まで、一本の椴松を使ふのであるが、胴部を深く刳り抜いて中を虚(うつろ)にし、別に、その上に、薄い椴松の鏡板を張りつける。

　胴の表面下部の絃を支へ緊める部分には海豹(あざらし)Tukarの薄革をはる。（トンコリ製作は一日中になすといふ。それは木割れを防ぐ為といはれる。また、之を携行する際には、布帛にて包むといふ。このことは祭具としての神秘性を示すやうに考へられる。）

　「トンコリ」の絃には、現存するものでは、凡て三味線糸を用ひてゐるが、古くは、鹿の脛部の筋を用ひたと云はれる。

　之を弾奏するには、胸の前に抱へる様にし、両手で搔きならす。図版Fig.IIは樺太東海岸富内(トンナイ)にて、筆者の撮影せるもの。演奏者は、落帆(オチョボッカ)の尾山ヨシ子及びその妹内藤ヨーキの二氏である。

　「トンコリ」の上部には、屢々五色の布帛などが附けられたものを見るが、之

は単なる装飾ではなく、もと、この楽器がシヤーマニズム（巫女教）と共に、大陸から将来せられた祭具であり、之によつて、巫女が異常意識に入つて神懸りするために使はれたことを想はしめる。

(2)は、蝦夷琵琶Pararaiki (Pararaika)と称する三絃琴。今日では、アイヌの間に殆ど見られぬ。図は函館図書館蔵のものによつて描く。

胴部の下部、著しく膨張して三角形に円みを持たせたるが如き形をなし、胴の表面に、三角形の小孔が二つ穿たれてゐる。三絃を掛ける転手は上部背面に♧状に附く。

(3)は「カチヨー」Kachōと称する一種の太鼓である。巫女の用ひる祭具の一つ。図は「カチヨー」の背面と桴とを示す。

太鼓は、長径二尺五寸、短径二尺位の広楕円形をなす。オンコ松Rarma-ni（「一位」の木の如し。）の材を円い枠形に曲げ、之に麝香鹿Opokai（若くは羚羊）の革をはる。之を打つ桴も、それ等の脛骨を用ふ。革は湿気を帯び易く、音が悪くなるので、火に炙つてから叩くやうである。

(4)は「蝦夷胡弓」と称するもの。

長さ二尺五寸位。胴部は白樺の皮を曲げ綴ぢて作り、之に細棹をさし貫く。胴の糸を張る面は、直径三寸位で鮭の皮を張る。之にはる糸は馬尾を用ひ、弓もまた馬尾を用ひる。

(5)(6)は「ムツクリ」Mukkuriと称するもの。

これは、内地で、「口琴」或は「びやぼん」と称するものと略々同一である。之に、竹製のものと、鋼鉄製のものとの二種がある。竹製のものが古く、鉄製の方が新しく使はれるに至つたらしい。他の多くの楽器が滅びてしまつた今日では、最も多く北島に見られる楽器で、主に婦女子によつて、弾奏されてゐる。

竹製のものは、長さ四五寸。薄い竹片を割り抜き、中央の遊離した部分の基部に糸をつけ、右手で之の糸を緊張したり弛緩せしめる。これによつて、中央の遊離部分が、「ブーン・ブン」といふ様な震動音を出す。鋼鉄製のムツクリは、竹製のものより音が高く強いので喜ばれる。中央の遊離部分は、図に見るやうに、弾力に富んだ薄い鋼を用ひて基部につけたものもある。たゞ、竹製のものに対して違ふ点は、演奏する際、中央の遊離部分を指頭若しくは掌で弾いて、振動させる点にある。遊離部の末端が曲げられてゐるのは、掌でふれ易い為であらう。「ムツクリ」を演奏するには、口に含むやうにしてやるが、口形の変化に伴つて共鳴

が変るので、音の変化も起るかと思はれる。(図版 Fig.III は「ムツクリ」弾奏の実況を示す。演奏者は、胆振国白老部落の貝沢コヨ女である。図版略)

(7)「イパプケニ」Ipapke-ni 鹿笛。

アイヌが往時、狩猟の際用ひて鹿を誘き寄せるに用ひたもの。ジヨン・バチラー John Batchelor 博士は The Ainu and Their Folk-lore（アイヌ人及び其の説話）四六〇頁に於いて、この鹿笛に就いて詳細に説明せられてゐる。但し Ipakke-ni といふ語は、私には Ipapke-ni といふ風に聞かれた。

鹿笛は長さ四寸。薄い板の内部に小孔を穿ち、それに連絡して上方に少し突出て、細い円筒状の吹口がある。

胴部の小孔を蓋うて、鹿の薄い膀胱膜を板面にはつてある。鹿笛を吹くには、先づ胴部の小孔の周辺の皮膜の部分を舐めて湿ほし、吹口より息を強く吹き込めば、鹿の鳴く様な音を出す。(この時、指を胴部の孔の辺にあて、共鳴を変へることがある。)

日高二風谷の友人、二谷国松氏の談によれば、鹿笛の音は、「ピーヨー」といふ様に聞えるものだといふ。

(8)巫女の手にとり持つ祭具の一。杉山氏蔵のものは、樺太新問にて蒐集せられたものだといふ。長さ一尺位、略々杓子状（若しくはピストル状）をなす。木を曲げ撓め、上部の円形部に鮭の皮を鼓状に張り、その中に、小さい豆粒状の木実(何とも未だ聞かず)を入れてある。下部はこれを緊縛して柄となる。柄の部分をとつて振り鳴らす。極めて原始的な楽器といふべきである。

先述の如く、以上の諸楽器は現今では殆ど氓滅に帰してしまひ、僅かに蝦夷古文献の風俗画等によつて、辛うじてその演奏の状を想像し得るだけとなつてしまつた。

筆者が実際にその演奏を聞いたのは、「ムツクリ」と「トンコリ」とだけであつた。

「ムツクリ」の演奏は、樺太新問と北見国美幌 Piporo の二部落で録音し、「トンコリ」の演奏は、樺太の落帆（オチョポッカ）と新問の二部落で録音した。

要するに、「ムツクリ」も「トンコリ」もその曲調の古いものは、何れも、自然の物音の象徴的描写が多いところを見ても、亦、幽玄縹緲として睡りを催す様な音である点から考へても、「トンコリ」「蝦夷琵琶（パララィキ）」「胡弓」「カチョー」等の楽器は、起原的には、大陸より将来されて、巫女の降神の祭器であつたのではない

かと想はれる。「ムツクリ」の如きは、奥州地方にもあるから、アイヌ民族固有のものであるか、或は内地より入つたか、或は北方系のものであるかは、今後の研究に俟つべきである。

私の手許にある「ムツクリ」の演奏レコードには、「海馬の曲 Etashpe hechire hau」（海馬が鼾をかいて海上を漂游するのを象徴した曲といふ。）「犬橇の曲 Seta nuso atkar hau」（樺太犬が雪橇を引いて走る音を象徴した曲）「イルシエヘ曲 Irushehe」があり、またヘチリ・ユーカラ Hechiri yukar（北海道の「ウポポ」に当る。其の条参照）といふものの伴奏をしたもの等もある。（これ等はいづれも樺太新問の平村マツ女の演奏に係る。）「トンコリ」の演奏曲目には、「狐が倉に忍び寄る曲 Shumari pu ko-san humi」「妖熊跫音曲 Chihomari ya kari humi」「ロシヤ曲 Hure-shisham hau」（ロシヤ歌謡の曲調を象徴したもの）等があり、また民謡「ヤイシヤマネナ Yaishamanena」及び「ヤイカテカラ（恋慕歌）」に伴奏したもの等もある。いづれも、樺太落帆の尾山ヨシ子氏の演奏にかゝる。

筆者等が聴いては、自然音を表象した曲など、「ムツクリ」のものも、「トンコリ」のそれも、何が何やら皆同様に聞えて、聴き分けられないが、兎も角、神韻縹緲とでもいふべき感がするものである。

然らば、歌謡と楽器との関係如何といふに、アイヌの歌謡は、殆ど楽器の伴奏がない。先に叙べた「ムツクリ」を伴奏とした樺太の「ヘチリ・ユーカラ」「トンコリ」を伴奏とした樺太の抒情民謡の如き、或はまた「トンコリ」を伴奏とする舞踊（樺太、落帆にて所見）の如きは、往時はいさ知らず、今日では稀に見る珍らしいものといつてよい。それは、これ等の楽器が時代と共に滅びてしまひつゝあるためかも知らぬ。

英雄詞曲「ユーカラ」Yukarの拍子は木の棒で炉縁を叩いてとる。頌歌「ウポポ」Upopoの演奏にはシントコ（行器）の蓋を叩いて拍子とする。こんなのが、却つてアイヌ歌謡の古朴の演奏法であつたかも知れぬ。

故に、アイヌ音楽といつても、楽器を伴はない歌謡の歌詞及び曲調が多くその研究の対象とならなくてはならぬ筈である。アイヌ歌謡の曲調の音楽的研究等は、全然無知の筆者等のよくするところではない。故に、この論攷に於いては、主としてアイヌ歌謡の展開発達のあとを辿つて見るに過ぎないことを特にお断りしなければならぬ。

第二章　アイヌの叙事歌謡

現在アイヌ民族の間に存する歌謡を分類して見ると大体次の様になる。
（一）巫女の神語歌　Tusu shinotcha
（二）頌歌　Upopo
（三）子守歌　Ihumke（Iyonnotka, Iyonruika）
（四）酒謡　Sake-hau
（五）神謡　Kamui Yukar
（六）聖伝　Oina
（七）英雄詞曲　Yukar
（八）シノツチヤ　Shinotcha
（九）哭歌　Iyohaiochish（Iyohaichish）
（一〇）愛慕歌　Yaikatekar
（一一）ヤイシヤマネナ　Yaishamancna（Yaishamane）
（一二）船歌　Chip-ta hayashi
（一三）アイヌ神楽

その中、（一）より（八）までは伝承される歌謡であり、（九）より（一一）までは即興的民謡であり、（一三）は北海道釧路厚岸在の別寒辺牛のアイヌの人々にのみ伝へられてゐて真偽はともかく、幕末、近藤守重が蝦夷懐柔のため蝦夷地に伝へたといはれてゐるものである。

（一）巫女の神語歌　Tusu shinotcha

　巫女の神語歌といふのは、巫女即ち神懸りした女の歌である。今日樺太の日露国境附近に水草を逐うて生活してゐるギリヤーク族やオロツコ族の間には、巫女（シャーマン）が存在して、それを中心とした原始宗教のシヤーマニズムが行はれてゐるが、樺太アイヌの間でも之をとり入れたのだといつて、シヤーマニズムが行はれてゐる。尤も、誰でも知つてゐる如く、シヤーマニズムは西比利亜の諸民族の間に盛に行はれ、我が朝鮮半島にも猶行はれ、古くは日本や琉球の原始神道にもその痕跡があると云はれてゐる。北海道の方でも、徳川期の記録などを見ると、シヤーマニズムは古く入つてゐたらしいが、アイヌの宗教の中に融合してしまつたらしく、シヤーマン固有の習俗も殆ど見られなくなり、巫女の採物（とりもの）なども見られなく

なつてゐる。北海道では巫術をツスtusuといひ、それをやる巫女をtusu-kurといつてゐるが、樺太ではシヤーマン「巫女」といふ言語が今日も一般に行はれ、殊に比較的シヤーマン固有の純粋な俤をとゞめてゐるのは、樺太東海岸のアイヌ部落中最北の新問(ニイトイ)辺ではないかと思はれる。

新問部落には、春日コタルンケといふ老媼が居つて、飢饉・悪疫・災禍等の天変地夭があつた際、之を行つて神意を伺つてゐる。筆者は昭和十年八月の採集旅行に於いて、初めてこれを見ることが出来、十六粍フイルムに撮影したり、巫女の神語歌を録音することが出来た。巫女春日コタルンケの語るところによれば、

Fig.IV 巫女（樺太、新問）春日コタルンケ媼

ツス「巫術」には、オロツコ風のものとギリヤーク風のものとがあるが、これから行ふのは、オロツコ風のものだとのことであつた。村の古老達が炉辺に集ると、その中の一人は麝香鹿 Opokai の皮を片張りにした太鼓 Kacho(カチョー) を火に翳し炙りながら打ち始める。太鼓を打つ桴(ばち)は、羚羊の毛皮のついたまゝの脛骨(すね)で、その中心を執つて棒の前後を交互に太鼓の皮面にあてゝ打つのである（棒の末端をとつて打つこともある）。始めは、緩やかであるが次第に急調子に早くなつて、ひつそりと静まつた家中にその音が高く、響きわたる。太鼓を打つ男は、頭に柳の削かけを房々と結びたれた姿で、炉の周囲を巡りつゝ、身体を前後左右に激しく動かして太鼓を打ち続ける。やがて、その太鼓(カチョー)と桴(ばち)とが巫女の手に渡される。巫女春日コタルンケはと見ると、着衣の上に金の環のいくつも垂れ下つた海豹の革帯(ツカラ)を締め、更にこれから腰の周囲に刀の鍔など幾つとなくづつしりと重く吊り下げ、頭には、黒ずんだサパウンペ Sapaunpe（男のかぶる礼冠、柳の削掛で作る。）を敷き、更に、柳の削掛(イナウキケ)で作つた房々とした冠様のものを腰の辺まで垂らして被り、頸から胸へかけても柳の削掛(イナウキケ)を結び垂れ、筒袖を上膊まで手繰り上げ、これも柳の削掛(イナウキケ)で括つてある。なほ座のかたはらには二本の手草takusa（手に持つ木幣、邦語「たくさ」の入つたもの。）が置いてある。太鼓(カチョー)を手にとつて起き上つた巫女は、

之を激しく叩きつゝ、炉辺をぐるぐると歩きまはる。激しい身体の動揺に伴なつて、腰に吊した鍔などが触れて鳴る音がジヤラジヤラと高くなり響く。かうして急調の太鼓の音と喧ましいばかりの金物の触れ鳴る音とによつて、巫女は次第に神懸りの無意識の状態に入る。音と身体のリズムにより、呼吸が激しくなり、肩を上下しながら、ぐつたりとなつて、炉辺に坐る。その時、太鼓の音がはたと止んで、巫女の口から流れ出る様に歌ひ出されたのが、神託の歌 tusu shinotcha であつた。息を切らして、途切れ途切れながら、その声はまるで男の声のやうな幅のあるしつかりした声であつた。この村の長老の翁が、この神託を聴いて、神意を判断するのであつた。歌が終つてから、巫女は手草を両手に打ち振り踊る様にして炉辺をまはり、村人一同の頭上を軽く祓つて、この行事が終つたのである。

かういふ「巫女の神語歌 tusu shinotcha の様な特殊な原始的歌謡は、生活の必要上から、どうしても伝承されて行かねばならぬ理由がある。この巫女の神語歌こそ、後述する神謡 Kamui yukar 等の起原をなすものであり、延いては、アイヌ歌謡の、乃至は音楽の起原をなすものと信じられるのである。併し乍ら、これが如何にして発展して、他の歌謡の母胎となつたかといふことは、更に後章に於いて詳述することにする。(Fig.V　巫女の姿（樺太新聞）図略)

(二) 頌歌　Upopo

アイヌ語でウポポといふものは、彼等の持つ歌謡中、最も短かいもので、一般的なものといつてよい。ウポポは主として女や子供の謡ふものであるが、酒宴の際など、余興の様に部屋の一隅で行器 shintoko の蓋等を右手で叩いて拍子をとりながら、歌はれる場合もある。また舞踊をしながら、歌はれることもあり、子守歌として、赤児をあやしながら、歌はれたり等もするものであるが、ウポポと称する歌は、何れも短い歌で、歌詞も古格な言語や修辞を用ひ、その上訛つてしまつて、アイヌの故老に聴いてさへ、意味の解らなくなつてしまつた様なものが多い。概して、内容は単純で、神々を讃美するものが多いので、先づアイヌの讃美歌といつてよいものである。それだけに、この歌謡の由来は信仰に深く根ざしたものだと考へられるのである。ウポポの謡ひ方は、前述の如く、シントコの蓋など叩きながら歌ふのであるが、(1)一座の女達の中の一人が音頭を取り、他の者が一斉に之に応じ謡ふもの、Iekai-upopo　(2)斉唱するもの、(3)一句づゝ尻取りに輪唱する場合 Ukouk-upopo の三つがある様である。殊に輪唱する時など、その人数が多ければ多い程、歌詞も彼一句、これ一句と目まぐるしく変化し、ウポポが幾

Fig.VI 「ウポポ」を謡ふ（杉山寿栄男氏原画）
右手にて叩くのは行器の蓋である

つも織り交ぜられて歌ひ続けられるので、物の響きに相応じ、人々のどよめきに和して、さながら、大コーラスを聴く思ひがあつて、面白いものである。畏友文学士知里真志保氏はその著「アイヌ民俗研究資料第二」に於いて、ウポポ三十六篇に対訳を施し、詳細な解説を試みられてゐる。今、同氏の蒐集せられたものの中から二三をとつて、紹介して見よう。

(1) Chupka wa kamui ran ; iwa tui sam o-ran ; iwa tui sam kanimai ne chi-nu.「東の空から神さまが天降つた。丘の傍へ天降つた。丘の傍に美しい響が聞えた。」

(2) Ayoro-kotan mintar kashi oshinot ranke kaye kaye ; Karapto-kotan mintar kashi oshinot ranke kaye kaye.「アヨロ村の広庭で、いつも神々が遊んでゐて、ピカピカ光る。カラプト村の広庭で、いつも神々が遊んでゐて、ピカピカ光る。」

(3) Shupki tom kamui tom, makun tusa ko o-ran, makun tusa ka etone mau a-nu.「葦原が光る。美しく光る。後の丘へ神様が降りた。後の丘で美しい風の音が聞えた。」

なほ、ウポポ中、最も普遍的に各部落で謡はれ曲調も面白い「オプタテシケ、プルプルケ」云々といふものがあるが、これも、私は、胆振幌別、石狩近文、北見美幌、樺太落帆等の部落で録音したが、歌詞も曲調も、かなり多種多様になつてゐる。知里氏のテキストでは、Optateshke purpurke, pennutapka, chioshipini hō, ha kina, kōne kone mui sanke「オプタテシケ（大雪山）の東の頂上にボコボコと水が噴き出した。草が微塵に砕けた。草が流れた」となつてゐるが、金田一博士が「学窓随筆」中に引用されたものは Optateshke, pentapkashi, chieshirumpa hō, Kurkurte ho!となつてゐる。樺太落帆で録音したものは(4)Okoteshke, purpurke, pennutapka, sōshi pene, sō puni, so ya (n), ākino ahā kūne, kūne emushi ranke となり、更に Okoteshke, purpurke anorun cheppo shamo no kotan soshi pene hum, ā ki no ahā kūne kune emushi ranke, Okoteshke purpurke, ōren tapka ya, shikiriki kā ta, so repunke hum（以下前に同じ）等の様な替歌まで出来てゐる程、訛つてしまつて、何のことやら、さつぱりわけが解らなくなつてゐる。樺太では、ウポポといはず Hechir yukarといつてゐるが、その意味は「踊の歌」といふことらしく、その名の様に主として男女の歌舞に歌はれる様である。又、(1)の「Chupka wa kamui ran」云々のウポポも樺太落帆では、Chupka wa kamui ran, iwa na tuisam o-reu, iwa na tuisam san mawe chi-nu yaといふ風に歌はれて、「東の空から神さまが天降つた。丘の傍にすつと下りた。丘の傍へ吹き下す風音が聞えた。」といふ様な意味に変つてゐる「オプタテシケ、プルプルケ」や「チユツプカ　ワ　カムイ　ラン」等の歌は、樺太では、いづれも北海道の宗谷地方から樺太に入つたものが訛つたといつてゐる。但し、曲調も旭川のもの等より、もつと朗かな明るい感じのものとなつてゐる様である。樺太でヘチリ・ユーカラと称してゐるものの中には「Ara ō, hoiya, iyā ō, hoiya ; a rā ō, hoi ya, iyā ō, hoiya.」と歌つたり、「Heyāurōhō, heyaurōhō, heyauro hō hō heyaurō hō.」といつた様に、無意味の囃詞を繰返して、興にのつて謡ひ荒ぶものがあるが、北海道のどの部落でも聴かれない程、すばらしい音律(リズム)を持つてゐる。かうしたものは、恐らく、ウポポが本来の起原的意味を忘れて、興味本位に舞踊に伴ふものとして、音楽的に発達していつたものではあるまいか。

(三) 子守歌　Ihumke, Iyonnotka, Iyonruika.

　子守歌は、アイヌの婦人が子負縄pakkai-tarで、赤児を負ひながら、守をする時に謡ふのである。

　　註　負縄の額に当てる幅広い部分をtar-ipeといふ。それにつゞく部分をtar-nishipといひ、一本の細縄となる部分をtar-atといふ。子負縄にはtar-atの先にIomap-niといふ木をつけ、赤児はこの木の上に腰掛けて負ぶはれる。(Fig.VII アイヌ婦人の子守姿（図略））

　子守歌の謡ひ方に三種位ある様である。(1)その一は、舌をふるはせて、「ルールルツ」といつた様な音を挿入しながら殆ど無意味な音群を繰返して謡ふもの、(2)その二は、神謡 Kamui yukar と同じ内容を持つもの、(3)その三は、頌歌(ウポポ)を織り込んで謡ふものである。

　例へば、神謡風の「イフムケ」の一つ、旭川近文の鹿田シムカニの謡つたものは、

「ō ō hum peyārā hum」といふ囃詞sakeheを挿んで歌つてゐる。そして、これは所謂、西洋の cradle song などとは似てもつかぬもので、内容が恐ろしく宗教的になつてゐて、一昔前のアイヌの人々が、どんなに疱瘡を畏怖してゐたか、母の子を思ふ心は、半は子に言ひ聴かせ、半は病魔の神を煽て、遠い国の果へ追ひやらうとするやうな心根が、しみじみと掬まれて、私どもの心を打つものがある。

今、原文を省略して、その対訳を示すと、次の様である。
『私の可愛いゝ赤ちやん、どうしたの。何が汝に魅入つたのだらう。夜も昼も、汝はむつかつて泣きわめくので、母(かあ)さんはちつとも眠れない。夜六晩昼六日、幾日幾夜、眠れずにゐて、時々とろとろとしては、炉端の上座の方に、手をつき下座の方に手をついては、はつと眼が醒め醒めしてゐた。よもやぐつすり睡らうとは思はなかつたのに、やつぱりうとうと睡つてしまつたつけ。母さんの枕許に、さも神様のやうな崇高(けだか)い御姿の方が坐つてゐた。そして、私にいふやうは、「これなる女、私のいふことをよくお聞き。私は疱瘡の神として、国の果から涯(めぐり)へと旅して歩く神々の大将なのだ。私は部下の眷属の神々を大勢伴れて、国の東の方へ働きに(疱瘡を流行させるために)行く途中、こゝを通り掛つたが、ふと見るに、汝程心掛のよい女は無いので、汝のところが気に入つて、汝の家の東の軒西の軒の軒下を宿として滞在してゐたところ、汝のところの赤児は、それを気付いて、あゝして毎日泣きわめいてゐるのだ。夜が明けたら、戸外に出て見るがいゝ。家の東の軒、西の軒の軒下には、沢山の手下の神達が、そこを出て、国の東へ行くのが見えるだらう。そして、またその中に国の東では疱瘡が流行つてゐるといふ噂を聞くだらう。汝だけは、また汝の村の人達だけは、これから一生涯、どんな風邪も引かず、悪い疫病にも罹らず、無事に暮らせるであらうぞ。」といつたと思つたら、眼が覚めてしまつた。私は、やつぱりいつか夢を見たのだらうと思つて、起上つて、戸外へ出て見ると夢どころか、本当に疱瘡神が群をなして、そこから出て行くのが見えた。それから又、国の東では疱瘡が流行つてゐるとも聞いた。だが、私達は年寄るまで、一生涯、いつまでも病気もせずに暮らせるのだ。疱瘡の神様の有難いおぼしめしでさうさせて下さるのだ。だから、もうお泣きでないよ。さあ、お黙(だま)り。』
といふので、内地の方の一昔前のことも偲ばれて床しいのである。
　次に、「イフムケ」中、無意味な音群を挿入して「Ayoro wa mokor-shinta ran ran, ruika wa hopuni ke mokonne.」
と謡ふものを、日高荷菜(ニナ)のカレピアから録音してゐるが、その歌詞は、「アヨロの村に(天から)睡(モコロ)の揺籃(シンタ)が下(ラン ラン)りて来た。橋(ルイカ)の上から立ち上(ホプニケ)つてお眠(モコンネ)」といつた様に解せられて、あつさりした中に、感銘の深いものがある。
　(四) 酒謡　Sake-hau
　アイヌの人々の古い考方では、凡そ人間にも、鳥獣にそれぞれ違つた啼声があ

る如く、各自違つた「節まはし」があるものだとされてゐる様である。この酒謡(サケハウ)といふものは、我々がきいて見ると、それこそ変なもので、喉の底から絞(しぼ)り出す唸(うめ)き声のやうで「なんだ、これが歌か」といつた様な奇異な感に打たれるものである。唸(うめ)くが、歌ふのではなく、歌詞もない、節調のある一種の音群を反復するとでもいふより外に説明のしやうもない様なものである。だから、一寸聞くと、誰の酒謡でも同じ様に聞えるが、度々聴いてゐる中に、夫々の違ひのあることが感ぜられる。日高平取の平村イタックツカン翁の如きは、この「サケハウ」を得意として、沙流地方の古老十余名の酒謡を夫々謡ひ分けて、録音させてくれた。酒謡(サケハウ)は祭祀の酒宴も漸く歓酣な頃、一座の長老達が交々起つて試みるもので、頭には、例の柳の削掛(サパウンペ)(イナウル)の冠を戴き、腰には太刀を佩いた姿で起き上り、両手を広げて殆んど水平に静かに上下しつゝ、掌を上に向け、肘を少し曲げ気味に動かしつゝ、床を一歩一歩力強く踏みならして、横に五六歩行つては又引返して、同じ様な身振を繰返して踏舞tapkarする(この時、一婦人がその後に立つて之を助けることがある。これを相踏舞uetapkarといふ。)時の発声なのである。

(五) 神謡　Kamui yukar

　神謡(カムイユカラ)及び聖伝・英雄詞曲(オイナユーカラ)等に就いては、恩師金田一博士の御著書に詳細なる御研究があるので、今更こゝに私輩が贅言を費す必要もないのであるが、アイヌ歌謡の展開発達の跡を辿つて見る上の必要から、またこゝにその大概を再説することにする。神謡とは、神々が人の口を藉りて、その身の上を自ら叙して歌ふ神話的内容を持つた叙事詩である。先に「巫女の神話歌tusu shinotcha」の条に於いて、巫女の口から流れ出る様に歌はれる託宣の歌が、アイヌ歌謡の起原であらうと書いたが、(アイヌ歌謡乃至文学の宗教起原論は、金田一博士の「ユーカラ研究第一冊」に詳論せられた卓見である。)「巫女の神語の歌」の重要なものは、信仰上未開社会の規範ともなるべき重要なものであるが為め、如何にしても後世に伝承され記憶されて行かねばならぬ。かうして、アイヌの部落の間に長短幾百篇の説明神話が発生する。さうして、この説明神話たる神謡は、どこの村にも伝承されて今日に至つたのである。

　かくて神謡はあらゆる信仰・宗教の典拠や祭祀・祭神の根原・由来を明かにし、又海嘯・洪水・飢饉・悪疫等の起因及びこれを免れる方法等を説くものである。但し、アイヌは汎神的信仰を持つてゐるので、この神謡を自叙して謡ふ主体の神も、我々のそれとは凡そ懸け隔たつたものである。鳥獣・草木・日月星辰等あ

らゆるものが神であつて、熊・梟・兎・狼・狐・雀・鯨等もやはり神であり、時には魔神や化物のやうなものさへ、神謡の主体となつてあらはれるのである。扨て、注意せねばならぬことは、この神謡「カムイ・ユーカラ」といふものは、常に「我何々せり……」と云ふ様に続けてゆく第一人称叙述の形式をとつて謡はれ、終りは、「……と何神が語つた」といひ、又「だから、これからの人間はかくすべきである。」といふ様な言葉附きで結ばれることが多いことである。第一人称叙述をするのは何故かといふことに就いては、むづかしい謎であつて、例へば、バチラー博士が神謡を採集して翻訳されたものの中でも、この煩はしい人称法のために誤訳をされるといふ様なこともあつた程であるが、金田一博士や折口信夫博士によつて、託宣の言葉であるから、第一人称叙述形式をとるのだといふことが発見されて、初めて正しい意義が解釈せられる様になつた。

　この神謡の言語は、すべて、日常の口語とは、かなり違つた古風な雅語で、口語の昔噺(ウエペケレ)の巧みな人でもいへない人もあり、今日の若いアイヌの人などには、段々意味がはつきりわからない様なものになつてゐる。

　神謡を歌ふには短い言葉は声をのばして長めに歌ひ、長い言葉は早めに歌つて、ほゞ四拍子に合ふ程度に揃つて、多く対句にして歌ふ。これを筆録して見ても、この叙事詩の各ラインは大体同じ長さとなつて、簡潔なものである。せめて十行も書いて見れば、その歌手の神謡伝承者としての価値がはつきりわかる様に思へるのである。私に数十篇の神謡を授けて呉れた日高新平賀(シンビラカ)の老媼エテノアの如きは、すぐれた伝承者であるが、今はもう世を辞してしまつた。(Fig.VIII)勿論、歌詞はよく整つてゐるが節調が拙い、節調は巧みであつても歌詞が伝承詞としてまづいといふ様なことはある。神謡の節は一篇毎に違つて居るが、それでも歌ふと語るとの中間を行くやうなもので、あまり声に抑揚変化のない単純なものである。注意すべきことは、神謡はどれでも「サケヘSakehe」と称するむだな折返しの囃詞を入れて歌ふことである。この「サケヘ」は毎句頭に来ることが多く、また毎句の後に来ることもあり、ところどころに思ひついた様に挿入されることもある。「サケヘ」の起原に就いて、金田一博士は「このサケヘといふものゝ意味はわからぬものが多いが、神々即ち鳥獣・樹霊等の擬声或は啼声等を人間の詞を以て半ば言語化した様なものもあり、掛声の様なものもあつて異様であるが、何れも、起原的に深い意味のあるものである。」と、言はれて居る。

　猶、例へば、金田一博士の「ユーカラ研究第一冊」一四九頁の「雀の酒宴」と

いふ神謡の如きは、時々、自叙する主体の神が変つて、雀・鶴・啄木鳥・鷸などが登場するが、それに伴なつて、「サケヘ」もHanchikiki（雀）、Hantokkuri wa korōro（鶴）、Esoksokiya（啄木鳥）、Hanchipiya（鷸）といふ様に変化して面白いものである。筆者の筆録した神謡中にも、一篇中「サケヘ」が変るのが数篇あるが、神謡全体の上から見れば、かゝるものは極めて稀だといつてもよい。

　神謡は、結局神話であり、強い信仰に裏付けられてゐるから、未だ文芸的な叙事詩でもなく、また歌謡としても音楽的要素は乏しいといはなければならぬ。併しながら、何等の創作意識のない巫女の託宣たる神語歌から発祥した叙事詩の神謡が基調となり、それに範

Fig.VIII
神謡、聖伝の優れた伝承者エテノア媼

をとつて、次第に一方、アイヌ民族の世界に誇るに足る大叙事詩「英雄詞曲Yukar」といふやゝ文芸的なものを展開させ、また他方、更に個人の創作的意識が強く働くやうになつて抒情的歌謡（民謡）が生れ出て来たであらうと推測せられることは、極めて興味深い問題であらうと思ふ。

（六）聖伝　Oina
　　　　オイナ
　聖伝は、広い意味では、（五）の神謡Kamui yukarに属するものであるが、神謡中、特にアイヌの始祖として天降つてアイヌの文化の基を築いたと信ぜられる「アエオイナカムイ」Aeoina Kamui、又の名アイヌラックル Ainu-rak-kur（或はOkikurmi, Okikurmui, Okikirma等）の功業を称へ、その聖なる徳化を讃美する宗教上の重要なる叙事詩である。これもやはり、歌謡の形をとつて、諷詠伝承されるのである。この叙事詩「聖伝」の名称Oinaは「伝承或は伝承する」義であり、その主体の神アエオイナーカムイは「我々の言伝へ語継ぐ神」の義であることから見ても、この聖伝が、如何に彼等に重視せられてゐたかゞ想像される。（三）の頌歌upopoをアイヌの讃美歌とすれば、これは正にアイヌ民族の聖書といふべきものであり、若しこれが器楽の伴奏をもつて、西洋音楽のやうな発達の経路をとつてゆけば、幾多のOratorio「聖楽」のやうなものになつて行つたかも知れない。

然し乍ら、楽器の進歩しないアイヌ民族の間にあつては、哀しいかな、到底さういふ音楽的な飛躍は望めなかつた。

聖伝「オイナ」も、他の神謡がさうであるやうに、文化神アエオイナ・カムイが第一人称叙述の形式で謡ふものであり、囃詞「サケヘ」を挿入することも、謡ひ方も、普通の神謡と同様である。

とまれ、伝承神が、天界から天降つて、あらゆる魔神を討ち、この人の世を棲みよい楽土とし、アイヌ民族の生活の起原を開いた所以を口づから演べたものと信じられてゐるので、一言一句違へまいとする強い信仰を伴なつて伝承せられて居るのである。

要するに、アイヌの神謡・聖伝・英雄詞曲「ユーカラ」といふものは、内容は神話伝説であり、また英雄説話であり、而も形式は叙事詩であり、一面また音楽でもある。先に叙べた（一）の巫女の神語歌「ヅス・シノッチヤ」が神謡・聖伝になつても、「ユーカラ」になつても、未だ信仰から脱却し切れず、伝承詩人達によつて伝承されて来た叙事歌謡 Epics であるので、この点が我々の普通いふところの音楽でもなく、歌謡でもないことは、注意すべきことである。

（七）英雄詞曲　Yukar

英雄詞曲「ユーカラ」は、シヌタツプカ Shinutapka の山城の奥深く斎き育てられた強勇無双神の如き英雄「ポイヤウンペ」Poi-yaumpe（小さい本州人の意）を一篇のヒーローとして、その数奇な生立・壮烈果敢な戦闘の有様等を内容として、英雄詞曲伝承者 Yukar-kur によつて諷詠吟唱される民族的大叙事詩であり、アイヌ民族の叙事詩中、最も文芸的な発達を遂げたもので、短くして二三千行、長大なるものは、数万行に及ぶ一大雄篇も尠しとしない。古くより、「蝦夷浄瑠璃」等といつて名だけは知られて居たが、金田一博士が殆ど半生を捧げて採集筆録せられ、これに対訳を施されて、学界に紹介せられるまでは、何人も知り得なかつたものである。神々の神謡「カムイ・ユーカラ」に対して、そのヒーローがアイヌ民族理想の神人「ポイヤウンペ」であるから、「人間の詞曲」Ainu-yukar ともいはれてゐる。

ユーカラ一篇は、ヒーローの試みた戦闘の数によつて、或は六戦記 Iwan-tumi yukar 八戦記 Tupesan-tumi yukar 等と幾段にも分れて居るが、全く英雄説話をなすものであるから、アイヌ民族の戦記文学と称すべきものである。アイヌの歌謡も、ユーカラに至つて、初めて文学的領域に一歩をふみ入れたといふことを得よ

うが、然し乍ら、未だ純粋の意味の文学ではあり得ない。(六)の聖伝の主体神、「アエオイナ・カムイ」の英雄的一面（悪神・魔神を討じて人間の世界を安堵せしめるため、勇猛果敢の戦闘を試みてゐる。）を更に強調して、人間の英雄「ポイヤウンペ」に移しかへたかの観のあることは、「聖伝」と「英雄詞曲」を比較して見れば、明かに認識される事実である。要するに、尨大な大叙事詩「ユーカラ」も、幾百篇の「神謡」や「聖伝」が母胎となり、規範となり、骨子となつて、成立したことは疑ひないことである。

　併し乍ら、「ユーカラ」に於いて文芸的になつてゐるといへるのは、「神謡」・「聖伝」に於ける信仰が幾分薄らいで、やゝ享楽的になつてゐるらしいからである。享楽的になつたといつても、彼等のポイヤウンペ観は我々の判官義経に対するが如き観念とはかなり違つてゐるので、今日に於いても、アイヌの故老の間では、「ポイヤウンペ」は人間世界の堕落を怒つて他の隣国 Shamor-moshir（これを「日本」などともいふ）へ去つたと信じられて居り、未だ実在してゐる人物かの如く考へられてゐる。従つてユーカラ一篇を実在せる歴史の如く考へてゐるものも尠くないのである。「ユーカラ」も、勿論その起原に於ては、誰かの謡ひ出したものであらうけれども、凡べて前代の故老より伝承したまゝを演奏するのであつて、伝承する前に、多少変化することはあつても、それは無意識的に起ることであつて、伝承者が意識的に改変したり創作することはなかつた。たゞ、語る者も聴く者も、「神謡」や「聖伝」程、敬虔な気持はなく、「ユーカラでもやれや。」「やらう」といふだけ、それだけ享楽的になつたといへるのである。併し乍ら、今日に於いては、若い人で、「ユーカラ」をやる人達の中には、種々伝承した「ユーカラ」の構想を彼此取り合せて、面白く聴かさうとするやうな者もあることは事実である。さうなればなつただけ、文芸的の色合が濃くなつたともいへるのである。だが、たとへさういふ気運が若い人達にあつたとしても、敬虔な故老達の気持ではこれを喜ばないのも亦事実である。

　この大叙事詩「ユーカラ」を伝承する人を「ユーカラクル」Yukar-kur といふが、我々の考では、果してそんな何万行もある尨大なものを一言一句違へず吟誦出来ることなどあり得ないと思ふかも知れない。勿論、一寸した歌謡でも楽譜と歌詞がなければ歌へぬ様な我々には、到底不可能なことであらうが、文字のない社会（嘗つてのアイヌの社会をさすので、今日がさうだといふのではない。）では、すべてを記憶しなければならぬ必要から、そのことを可能ならしめてゐたのである。

Fig.IX　ユーカラ伝承詩人
コタンピラ翁と妻（日高．平取）

　我が上代の語部のことなども、アイヌ民族の間に、今なほ纔かに存在する伝承詩人といふ様なものに接して見れば、かなりわかる様に思はれる。嘗つて、私は日高平取のコタンピラといふ老翁の伝承詩人から「Naukep-kor-kur（毒鉤の魔神）」といふ「ユーカラ」を筆記したことがあつたが、永い夏の日、朝七時頃から暗くなるまで昼飯ぬきで書きつゞけて（筆記出来る程度に節なしで緩いふので、実際の演奏よりは手間どる。）五日も掛つて、やつと書き了へたことがあつた。ラインを数へて見たら、三万五千余行もあつて、今更の様に吃驚したのであつた。そして、序にコタンピラ翁の知つてゐるユーカラの題目を聞いて見たら、ざつと二十余曲、これを筆記することゝしたら、これぱかりでも、二三年かゝつても書けるかどうかと危ぶまれて、今更筆録するといふことが、口でいふことに比較して、どんなにもどかしい手間どるものかといふことを痛感したのであつた。「ユーカラ」は、かくも厖大な叙事詩なるが故に、これを諷詠吟誦するにしても、長い冬の夜に宵早くから炉端で歌ひ初めても、夜が白々と明け放れてもまだ終らないやうなことは珍らしくない。

　「ユーカラ」を演奏する時、昔は演奏者が炉端に仰臥して、右手で胸を叩きながら演奏したこともあつたさうであるが、今日では、演奏者は手に四五寸の棒を持ち、炉縁を打叩き打叩き、拍子を取りながら、吟誦する。それを聴く人々も、手に手に棒を取つて、炉縁や床を叩き叩き、時々口々にヘツヘツと囃し（アイヌ語でこれを Hetche といふ。）ながら聴く。演奏者も聴者も渾然相和して、或はヒーロー「ポイヤウンペ」の強勇振に感嘆し、薄命の美少女の運命に歔欷流涕するといつた様な場面が展開するものであつた。

　猶、「ユーカラ」演奏にあたつて、棒が用ひられることに就いて、「民族学研究」（第5巻4号）に掲載せられた「神話の誦語様式」中に於いて、松村武雄博士が「この棒ぎれでものを叩くことは、たゞ拍子をとるためぱかりのものであつたらう

か。」と疑はれて、古代希臘の語り物の吟誦者「ラプソーイドイ」Rhapsōidoiが、必ず一本の棒を手にして、それで拍子をとつて語つたことを挙げられ、物語の語り手が持つたこの種の棒又は枝を希臘語で「ラブドス」(Rhabdos)といふが、これは本原的な役割に於ては、単なる拍子取りの具でなく、語手を霊的勢能者たらしめる呪具であつた」と説かれてゐるのは、貴重な御考察として、注意すべきことである。

Fig.X　ユーカラの発祥地—浜益（北海道石狩国）
(1)　黄金山（シヌタツプカに擬せらる）

扨て、「ユーカラ」の曲調は如何にといふに、演奏者はこれを伝へた先人の節を摸することはいふまでもないが固有の声の美醜如何によつてその節廻しに巧拙がある。「カムイ・ユーカラ」の演奏と同じ様に、概して長い句を早口に、短い句は長くゆつくりと引ぱつて調子をとゝのへて吟誦するのであるが、詞つきをあつさりと簡約に演ずるもの、詳細に場面の推移を叙して謡ふもの、或は歌詞はともかく、曲調を長めにゆつくりしたテンポで歌ふもの、早口に短く歌ふものなど種々ある。「ユーカラ」を「蝦夷浄瑠璃」「軍談」などといつても、浄瑠璃や浪曲の様に対話の部分など対話口調になるといつた様なことは全然なく、謡つてゆく。たゞ同一演奏者でも、曲調のテンポを早めたり、或は遅めたりする、若しくは低い調子に落して叙したりするといふ様なことはあるが、それも、演奏者自身が任意的に演奏の単調になるのを救ふといつた程度である様に思へる。

アイヌの人達の間で、「ユーカラ」発祥の地と信じられてゐるのは、北海道の西北海岸石狩国浜益郡浜益の地である。(Fig.X 参照)

私が、予ねて憧憬れてやまなかつたこの地を訪れたのは、昭和十年の夏で、八月六日から十日まで、この地に滞在した。往時の殷賑な漁村も、今では鯡漁に恵まれない寒村とさびれ果てゝゐた。

(2)擂鉢山（シヌタツプカに擬せらる）

英雄詞曲のヒーロー「ポイヤウンペ」の故地「シヌタツプカ Shinutapka」はいづれの地と訊ねて見た。故老のいふところに依れば、大体四ケ所位あつて、頗る判然しない。「ユーカラ」に出て来る Shinutapka なる名称は、金田一先生は Shi は美称「真」・「大」等の義、nutapka は「河の彎曲した内側に沿ふ沃野（河内）」の義、ka は「上」の義で、トメサンベツ川の彎曲した河内の上にたつ山城或はその部落名であらうと説かれ、また「トメサンベツ Tome san-pet」は tom-e-san-pet（宝がそこを降る川）意、或は tumi-san-pet（戦が出る或は降る川）かと説かれてゐるが、その地名は、いづれも、今日存在しない。大体、（一）説には、黄金山（一名浜益富士）Pinne tai orushpe（木原に聳ゆる雄山の義、標高七四〇米、富士山のやうな山）でありとするもの、（二）には、擂鉢山 Matne tai orushpe（木原に聳ゆる雌山の義、黄金山と共に夫婦の山といはれてゐる）となすもの、（三）には、浜益村の南端に突出して断岸をなす海岬、「愛冠岬 Aikap」上の高地を以て之に擬するもの、（四）には、愛冠岬より数町北に当つて海岸に迫る丘陵を以て之に擬する者もあるといつた様で判然しないのである。又、「トメサンベツ」に就いても、（一）黄金山及び擂鉢山に沿うて流れる浜益川をそれといふもの、（二）或は、その南を流れて川口近く浜益川に合流する黄金川を以て之なりとするもの、（三）愛冠岬近く柏木部落を流れる毘沙別川 Pisan-pet（愚考するに流頗る早ければ、Pit-san-pet にて「小石流れ下る川」の義か。）を以て然りとするものの諸説があつて、いづれとも定め難い。たゞし、この浜益の地、今日は交通の便悪しくさびれたる僻村となり果ててはゐるが、往時宝永三年松前藩に於いて、今日の黄金川 Ota-kot pet（沙地川の義）の両岸（今日の川下部落）に住みしアイヌ等を茂生 Moi（波静かなる小湾の義）の地に移して益毛場所を置いた由が文献に記載されてゐるので、かなり殷賑な漁場であつたことがわかる。又、この地の石器時代遺跡の研究に就いては、杉山寿栄男氏の「北海道石狩国浜益村岡

島洞窟遺跡」(人類学雑誌第53巻第7号) に詳細なる記述があるが、石器時代の遺跡に富む点から見ても、この地の文化が相当古いものであることは考へられる。

又、この地は地勢上より見ても、或はまた金田一先生が、「英雄のユーカラは、西海岸を舞台として物語が発展し、北は天塩・宗谷・礼文・利尻から、カラプトが沖のカラプトの国、陸のカラプトの国などいふ名で現はれ、石狩・後志の辺が中心で、南は松前か或は津軽の十三港と思はれる辺までが出て来る」(採訪随筆197頁) と云はれてゐる点から

(3)毘沙別川 (トメサンベツに擬せらる)

見ても、また石狩川口に近い点を考へても、北は樺太より、西は松前の地に、乃至は石狩川を遡つて、石狩・胆振・日高方面への交通の要路に当る地であつたと考へられまいか。

然らば、ポイヤウンペならずとも、アイヌ民族の大酋長がこの地に山城を営み、勢望四方を圧したことも、決してあり得ないことではない。即ちこの地を中心として、大陸文化と日本内地文化とが交渉して、一つの文化圏を形成し、更に其の波紋を他に及ぼしたと考へられる。蓋し、英雄詞曲「ユーカラ」の発祥地とされることも、無理からぬことであらう。

終りに、ユーカラの変種といふべきものに、ヤイエラプYaierap (室蘭より口蝦夷にかけて) サコロペSakorpe (十勝・釧路・北見)、ハウ Hau (北海道諸地方)、ハウキHauki (樺太) などいふものがある。名称は異なつても、吟誦方も内容も、殆どユーカラと差違のないもので、地方的に名称が違ひ、一篇の主人公の名を異にするに過ぎない。即ち「ヤイエラプ」に於いては、オタサム Ota-sam (砂の側の義) の地を発祥地とし、小オタサム人Pon ota-samun-kurをヒーロとし、「ハウ」に於いては、発祥地がオタシユツOta-shut (砂麓の義)、若しくは、オタサム Otasamであり、主人公をポノタシユッンクル Pon-otashutun-kur 若しくは、ポノタサムンクル Pon-otasamun-kur といふ。

又、「サコロペ」はオタサム・コタン Otasam kotan の小英雄ポノタサムンクル Pon otasamun-kur をヒーローとし、樺太の「ハウキ」はオタシユツ Ota-shut の地を根拠として、ポノタシユヅンクル Pon-otashutun-kur が主体となつてゐる。（これには、金田一博士の「北蝦夷古謡遺篇」がある）オタサム・オタシユツ等の地名もまた「砂の側」「砂麓」の義、海岸の砂丘の発達せるところで、北海道・樺太にはかなり多い地名であるが、かゝる地名を発祥地とする詞曲は、さながら自分達の村の出来事のやうに強く印象されて親しみ易いのである。
　なほ、北海道日高・胆振地方には、「マッ・ユーカラ Mat-yukar」若しくは「メノコ・ユーカラ Menoko-yukar」といふものが婦女の間に伝承されてゐるが、いづれも「婦女の詞曲」の義であるが、「ユーカラ」のヒーローが男性のポイヤウンペであるのに対して、女性の「シヌタップカ・ウン・マツ Shinutapka-un-mat」若しくは「オタサムン・マツ Otasam-un-mat」であるが、概して男子の伝承する「ユーカラ」より詞も砕けてやさしく、内容も恋愛を主とし、時として、多少センジュアル Sensual に亙る嫌ひがある様に思へる。（Mat-yukar はヘロインが女であるからでなく、女がやる場合にいふといふ説もある。）

第三章　アイヌの抒情歌謡

（八）シノッチャ Shinotcha
　元来歌好きなアイヌの人々は、無聊の時、労働する時など、すべて悲しいにつけ楽しいにつけ、歌を歌ふ時、いつも口癖のやうにいふ個人個人の節といふものを持つてゐる。これが、「シノッチャ」といふもので、その意味は「遊びの節調」「慰み節」といふ程のものである。
　「シノッチャ」は、それ自身言葉になつてゐないが、例へば Hōre horenna とか Hōre hore horenna とか、Hau ou とかの様に、或る音群のリズムを、高低の変化によつて、長くしたり短かくしたりして繰返すのである。単に、これだけを繰返すだけでも、一種の歌であるし、亦、これを繰返しながら、見るまゝを思ひつくまゝを、感ずるまゝを、即興的に、一句一句まとめて投げ入れて行くと、そこに抒情民謡が生れてゆく。即ちその場合は、「シノッチャ」といふ冗な言葉を繰返すことによつて歌が歌ひつゝ作られ、作られつゝ歌はれる訳であつて、このことは実に注意すべき興味ある問題である。偶々、アイヌ部落を訪れる我々も、屢々かうした

歌を聞くことがある。
　この「シノッチャ」といふものは、若し「ホーレ・ホーレ・ホレンナ」といふ同一音群を謡ふにしても、個人的にも違ひ、地方的に違つてゐるが、私の感じでは、地方的にその節（曲調）に類型がある様に思へる。「あゝ、これは、日高の沙流の「シノッチャだ。」「日高静内のだ。」「旭川のだ。」「胆振のだ。」といふ様なことが沢山聴いてゐる中に、ぼんやり了解される様になつた。
　つまり、「シノッチャ」はアイヌ民謡の基礎の曲調となるものであつて、後にいふ「イヨハイオチシ（哭歌）」とか、「ヤイシャマネ」等がこれから生れて来るのである。

（九）　イヨハイオチシ Iyohaiochish （哭歌・哀慕歌）
　「イヨハイオチシ」は、後述する「ヤイカテカラ（愛慕歌・恋慕歌）」・「ヤイシャマネナ」等といふものと同じく、即興的抒情民謡である。是等は、何れも（八）の「シノッチャ」を基調として生れて来るものであることは先述の如くである。「イヨハイオチシ」Iyohaiochish また「イヨハイチシ」Iyohaichish といふのは、「慕ひ泣きの歌」の義で、主に男女思慕の情をのべ、我が身の薄倖を歎く心緒を独白的に歌ひつゝ、自ら身につまされて泣き声になり、或は嗚咽しながら歌ふといつた様な哀痛な歌謡である。この歌を、或る地方、例へば、旭川近文の如き部落では、「イヨハイオチシ」と云はずに、「チシシノッチャ（涕泣の歌）」などと云つてもゐる。次に、「イヨハイオチシ」及び「チシシノッチャ」を録音したもの二つを選んで訳出して見よう。「イヨハイオチシ」のレコードは、日高沙流のカレピア媼の吹込で、山門別のラチウリウクの妻シュコアッが娘の頃、想思のラチウリウクが出稼ぎして帰らないのを慕つて歌つたもので、原詩八十六句、之に対訳をつけたものは、次の如くである。

Noto-kot chikap !	凪ぎ渡つた海原の鳥よ！
noto-kot tori !	凪ぎの水鳥よ！
ku-itak chiki,	私がいふから
pirkano nu yan.	よく聴いてお呉れ。
ine moshiri	どこの村をか
rekor katu	その名を
"Nemoro" ne wa,	根室といふのか。

kor yupo tono	わが兄(せ)の殿御
kor yupo kamui	神様のやうな立派な兄さんは
ko-yai-terkere.	そこへ行つてしまはれた。
taporowano	それからこの方
isam ruwe-ne.	帰つて来られない。
chikap ta ku-ne,	（せめて此の身は）鳥になりたや
tori ta ku-ne,	（天翔る）禽にもがなと、
ku-yainu yakka,	思つては見るものの、
tekkup ku-sak	翼もない我が身の（如何にせん）。
tampe kusu,	それだから、
ku-hopuni wa	空を翔つて
k'arpa anak	行くことは
oar-eaikap,	とても出来ない。
noto-kot tori！	海の凪鳥よ！
noto-kot chikap！	凪ぎの海の水禽よ！
a-echi-utek hawe	私の汝等に言伝てるのは
tap tapan na :──	かうなのです。
"Shukko tono	シュツコさんが（娘自身の名）
shukko oper	シュツコ嬢が
i-yutek hawe	私を使としてよこした
ne na"──sekor	のですよと──
echi-hawe-oka kor,	汝等（水鳥をさす）がいひながら、
"kor yupo tono	私のいとしい兄(にいさん)様は
kor yupo sama	私のにいさまは
inan hempar	何時
e-hoshipi ya,	お帰りなさるのかと、
a-e-yai-keutum	あなたを思ふあまり、私の心は
wente kane,	鬱ぎこんで、
tu-ipe shomo a-ki	幾日も御飯を食べずに
re-ipe shomo a-ki	幾日も何も食はずに
an-an ruwe	ゐるのです

nehi tap-an na.	といつて頂戴。
a-kor teshkar	私の伝言を
a-nu chiki,	あなたが聴いたら
chiyaikorushka	私を可愛想だと
i-ekarkar wa,	思つて下さつて、
tunashno kane	一刻も早く
hoshipi wa	私のところへ帰つて来て
i-korpare yan."	下さいな。
——sekor ku-itak wa——	といつては
ku-yainu hike,	さうは想つて見るものゝ、
chikap echi-ne kusu,	汝等は鳥のことだから、
oyakoyak ta,	そちらこちらに（汝のゆく途中の）、
noto-kot tori	凪ぎの海鳥ら
noto-kot chikap	凪ぎの水禽たち
ar-u-ishi-mompok	みな互ひに尾の下に
e-hetutpa	首をさしのべ
e-herorpa	首をさし入れたりして
ki-wane yakun,	水の上に浮んでゐるならば、
inan hempar	いづれの日にか
ku-kor teshkar	私の伝言が
shirepa ruwe	とゞくか
shomone yakne,	わからない。
kiki-tane-kusu	それ位なら、いつそのこと
tapan wen rera	この風の畜生め！
shirun wen rera	憎い風め！
rera anak	風ならば
tu-pishkan kotan	二村かけて
re-pishkan kotan	三村を越えて
mau-noyere	吹き渡り
mau shirure	吹きまくる
kip ne kusu,	ものだから、

ku-kot teshkar	私の便りを
echi-e-utek-kan na.	言伝てて呉れるだらうね。
inki kotan ta	どこかの村で
inki moshit ta	どこかの国で
kor yupo tono	私の兄の殿御が
kor-yupo tono	私の兄さまが
shinen-ne patek	ぽつんとたゞ御独りで
an ushike ta	ゐらつしやるところへ
e-mau-noyere	すつと吹きまくり
e-mau-shirure	颯と吹き渡つて
ki wa nechiki,	行つたなら、
ku-kor teshkar	私の便りを
ye wa enkore,	伝へておくれ、
tapan wen rera！	この憎つたらしい風さんよ！

かうして興の趣くまゝに、鳥に呼び掛け、風に呼びかけ、さながら、自分が水鳥か風にでもなつた様に、或は独白的に、或は幻想的に、歌ひ続けて行つてゐる。

旭川近文部落の鹿田シムカニの「チシ・シノッチャ」は、朗々として、詩の朗読でも聴くやうな感のする曲調である。この歌は、或る薄命な女が、沼に子を捨て、我が身も入水する(或は哭泣して死んだともいふ)に至つた悲しい身の上を、自ら謡つたものとして、伝へられたものだといふ。

私の録音したレコードで演奏すると、約八分かゝるが、書いて見ると、歌詞はきはめて短く簡単である。この歌は「シノッチャ」として、「ハウ・オー・オ」といふ音群が挿入されるのであるが、多くの歌謡は、「シノッチャ」を句頭若しくは句後に入れるのであるが、この歌では、明かに一語となるべき語の間にさへ、サケへが割りこんでゐることが珍らしい。例へば、Inunukashiki「哀れだなあ」といふ語に挿入されて、Inunu-(hau ō o)-kashiki のやうになつてゐるのである。歌詞二十三句、歌つたまゝに「シノッチャ」をつけて、之に対訳を施して見ると、次の如くである。(「シノッチャ」の部分は最初の行と最後の行に書入れ、他の部分は皆(〃)として示す。)

Chish-shinotcha 涕泣歌

Shinotcha――〔hau ō o〕

(Hau ō o) haita (hau ō o) yana !	嗚呼なさけない！
(〃) inunu-(〃)-kashiki !	哀れなことよ！
(〃) isam shiri (〃) puri (1)	他にない振舞を
(〃) ku-kihi (〃) yana.	妾(わたし)がしたのだらうか（妾だけではないのに）。
(〃) kuani (〃) patek	妾だけ独り、
(〃) ku-kip (〃) hetapne,	したといふ、
(〃) shukup-kur (〃) puri	恋の道
(〃) nepne (〃) kusu,	でもないのに、（かくなり果てたのは）
(〃) inunu-(〃)-kashiki !	（我が身ながらに）哀れだな！
(〃) ku-kor pon-(〃)-shiyon (2)	この妾の赤児も
numat (tom)-(〃)-(m)ushpe	（まだ）乳を呑む程の赤児で
(〃) shomo-ne (〃) yakun,	なかつたら、
(〃) ku-hoppa (〃) korka,	後に残して妾だけ死ぬのだが、
(〃) numat (tom)-(〃)-(m) ushpe	（未だ稚い）乳呑児の
(〃) konepne (〃) kusu,	ことなれば、
(〃) ku-hoppa (〃) kusu	後に遺して死ぬことも
ku-yaiko (〃)-niukesh.	出来ないのだ。
(〃) To-kor (〃) kamui,	沼の神さま！
(〃) ku-kor pon (〃) shiyon	妾の赤ちゃんの
peken (〃) ramachi (3)	清浄(きよらか)な魂魄(たましひ)を
(〃) en-kope-(〃)-ka wa	受け取つて、
(〃) en-korpa (〃)-re yan.	（あの世で）私に渡して下さい。
haita (hau ō o, hau ō o) yana.	嗚呼なさけない！

「註」表現が頗る簡潔で、象徴的であるから、直訳のまゝでは、意味が取りにくい。この沼に身を投じて死んだ哀れな女は初め許婚の男があるにもかゝはらず、之を裏切つて相思の男の許に走つて、やがて今、沼に捨てようとする嬰児も生れた。いつか、その相思の夫にも捨てられる運命となり、今更親の許へも帰れず、世を儚んで沼に身を投じたのださうだ。

(1) 以下七行は許婚を捨て、親から離れて愛人の許へ走るといふことも妾だけではなく、

世間にないことではない。又、よしかゝる振舞を妾だけが犯したとしても、青春の男女にありがちの過なれば、許さるべきに、こゝに至るとは、まことに悲哀に堪へずといふ意。
(2) Numattomushpe「胸の襟許に入れて乳を呑ませる位の生後日の浅い赤児。」
(3) 妾が沼に子を投げるから、沼の神様がそこに行つて手で抱きとめて、清浄な魂魄をあの世で妾に渡し給へといふ。

私はこゝで、アイヌの民謡詩人の俤を偲んで見たいと思ふ。先に叙べた旭川近文の鹿田シムカニ女の如き人は、恐らく、私の聴いた中で最も優れた民謡詩人であらう。この人は、元、北海道空知国滝川在の僻村泥川部落の人で、代々首領を勤めた豪族の樺家に生れ、伝承にすぐれた父祖の血を引くだけあつて、女ながら、民族の故事や神話にも深い知識を持ち、天成の美声に恵まれて、数々の叙事詩や民謡を伝へて今日に至つたのだが、数奇な運命に弄ばれて、年早く夫に別れ、孤独の中に年を送る中、いつか足さへ不自由な身になつて松葉杖に縋つて歩かねばならぬ様な悲しい身になつてしまつた。(Fig.XI. は同女の近影。) 私の録音した「ヤイシャマネナ」の一曲の如きは、自分の不幸な半生を想ひ出すまゝに、一句一句作りつゝ歌つた。その場に居合はせて手を拍ちながら、拍子をとつてゐた人達も皆貰ひ泣きをした。しまひになると、段々声もかすれて、とゞめあへぬ滂沱たる涙にたまらなくなつたシムカニは「終り(オケレ)」といつて歌を止めた。かうした悲しい運命の下に世の辛酸を嘗めつくした薄倖な人であればこそ、歌を命として魂を打込んで歌ふのであらう。声が歌ふのではない、魂が歌ふのだ。だから惻々として聴く者の心を打つのだらう。私などもこの時ばかりは黯然として涙をのんだ。

Fig.XI 優れた民謡詩人
鹿田シムカニ女（旭川. 近文）

(一一) ヤイカテカラ Yaikate-kar「哭歌」

ヤイカテカラは「恋慕歌」とでも訳してよいもので、思慕の情に堪へず、物に憑かれた様に、常態を失つて心も空虚(うつろ)に歌ふ歌とい

ふ意味である。人目のないところで、人前では口にも出せぬ様な悲喜様々の感情、特に男女の恋慕の熱情を歌ふものが多い。

　「イヨハイ・オチシ」「チシ・シノッチャ」などは、「ヤイカテカラ」の中で、特に哀泣の歌を呼ぶ名称であつて、本質的には違つたものでないかも知れない。

　樺太では、「ヤイカテカラ」といふ名称が多く用ひられる様で、曲調も、北海道のより寧ろ進歩して和人風になり、民謡的要素が多くなつてゐるのではないかと思はれる。

（一二）ヤイシャマネナ Yaishamanena

　これは、また「ヤイシャマ」Yaishamaともいふ。これも自分の不幸な境遇とか、悲喜様々の感情を表現する抒情歌であるが、「ヤイシャマネナ」といふ「シノッチャ」を歌詞の中に挿入して折返すところから、この名がある。全然、即興的に個人が歌詞を作りつつ、節づけて歌ふ抒情歌で、アイヌの歌謡中、最もポピュラーなものと云へる。曲調も個人の特質によつて違ふし、同一の人でも、場合によつて、種々に曲調を変へて歌ひかへられ、亦、気分によつても、曲調に変化がある。

　地方的に見ると、日高地方のものは、概して古朴・単調の中に滋味掬すべきものがあり、有珠・虻田等の噴火湾沿岸や胆振地方、旭川地方のものは哀婉なリズムを持ち、その節調の美しさは、聴く者をして恍惚たらしめる概がある。樺太の「ヤイシャマネ」は絢爛・華麗で、北海道のものより我々の耳に親しみ易く、真似もし易いが、それだけ、今日では、やゝ和人風な曲調が入つてゐる様に感ぜられる。私が、樺太の東海岸の落帆 Ochopokka で録音したものは、五絃琴 tonkori を伴奏として、頗る陽気なもので、曲調も美しく近代味がある。「ヤイシャマネ」に伴奏楽器があるなどといふことは、北海道では全くないことなのである。

（一三）船歌 Chip-ta hayashi

　私は、樺太の西海岸多蘭泊で、川村イトコイ翁の吹込んだ「船歌のハヤシ」と「船踊の歌」と称するものを録音したが、これだけの資料では、アイヌの船歌なるものがどんなものかといふことは解らない。これを聴いた感は、非常に豪壮なもので、嘗つては間宮海峡を渡つて大陸と交易した時代の盛なりし頃が想はれる様な気がする。

（一四）アイヌ神楽その他

　北海道釧路国厚岸在の別寒辺牛のアイヌの人達によつて神社に奉納されるもの。

幕末、近藤守重が蝦夷地に伝へたものだともいふ。獅子舞・万歳・エビス舞が伝はつてゐる。

　獅子舞の歌は、「天の岩屋を押し開く、いざや、かぐらが舞ひ遊ぶ、神をすゝめて伊勢踊り」といふのださうだ。(Fig.XII アイヌ神楽（北海道厚岸在）図略)

　これは勿論アイヌ固有のものではないから最後に記してかゝるものもあることを報告するにとゞめる。

　これで、現今に残存したアイヌの音楽及び歌謡を一通あたつて見たわけである。菲才の身、繁簡よろしきを得ず、徒らに冗長に流れたものとなつた。

　なほ、随所に挿入した図版は、筆者の撮影にかゝるものを除き一々出所を明かにした。また、知里真志保氏がこの拙稿の校正刷に目を通されて、種々誤謬を訂正して下さつたことに就いても筆者は心から感謝したい。（終）

アイヌ文学序説

序

　アイヌは、現在では、推定人口、およそ16,500人、第2次世界大戦が終結する以前までは、南樺太および南千島の色丹島(シコタン)にも住んでいたが、終戦後は、全部、北海道に移住してしまった。アイヌは、周囲の民族とは異なった形質や言語を持ち、特殊な文化を発達させてきた点で、わが国の歴史学者・人類学者・民族学者・考古学者等はもちろん、世界各国の学者の注目と研究の的となり来たった民族である。

　わが国の歴史の上では、エミシ・エビス・エゾと呼ばれ、日本内地にも原住民として分布していたが、近世に至って、内地人（後には、朝鮮人とも）との混血によって、急激に、その形質的特徴を失い、その固有の文化もほとんど泯滅、もしくは変容し去ったことは、周知の事実である。アイヌ語Ainu-itakのごときも、言語学者によれば、系統的 genealogical には、古アジア語群 Paleo-Asiatic Group of Languages に属し、アメリカンインディアン・エスキモー・アリュート（以上、アメリカ大陸）、チュクチ・カムチャダール・コリヤーク・ユカギール（以上、北東アジア）等の言語と親縁関係があると見なされ、形態的 morphological には、抱合語 incorpolating language とか、輯合語 polysynthetic language と呼ばれ、動詞活用が最も変化に富み、これに主格の人称接辞や目的格の人称接辞がつき、さらに、副詞や名詞までも、その動詞を中核として抱合されて、一語さながら一文をなすという珍しい型のものとして、およそ日本語などとは縁遠い言語と考えられているものであるが、現在では、村々に残る数少ない古老を除いては、ほとんど日常語として使用されなくなり、アイヌ語は知らなくても、日本語の話せない者は一人もないという状態となっている、ゆえに、アイヌ民族固有の文化なるものも、近い将来のうち、おそらくは、半世紀を出でずして、かつての東北地方に住んだエゾ（蝦夷）が経験したような歴史を再び繰り返して、忘れ去られるであろう。ゆえに、現在では、学者たちがあらゆる角度からその文化を研究しつつあるといっても、結局、それは、あたかも刈り入れのすんだ後の野末に落穂を拾うように、彼らの現在の生活の中に、遺習 survival としておもかげを留めているものを採集して、検

討考察を加えることでしかない。

　想起すれば、私が、初めて、北海道十勝国帯広在の伏古(フシコ)（現在は帯広市の一部）部落を訪れたのは、1922（大正11）年の学生時代の夏休みであった。翌1923（大正12）年の夏には、十余日、金田一京助博士の「ユーカラ Yukar」（英雄詞曲）採訪の旅に随行して、アイヌ固有の文化を最も高度に醞醸発達させ、開けいく生活の中にも、なお、古習を色濃く残していた道南日高国沙流川 Sar-pet 流域の村々を訪れた。爾来、今日まで、北海道や樺太の地に、幾度か、採訪の行脚を重ね、あるいは、アイヌの老翁・老媼を東京に招致して、アイヌの生活に親しみ、その言語・伝承文学・土俗・宗教儀礼といったようなものの研究に志して来た。

　その間、いつか、アイヌ文学に関する資料の蒐集もうずたかいノートの山を築き上げていたのであった。1934（昭和9）〜37（昭和12）年の4年間、北海道・樺太の主要部落を歴訪して、アイヌ文学すなわち各種の叙事詩群・抒情詩群、散文の説話群等を採集・録音する機会に恵まれ、蒐集したレコードは800枚に達した。この結果、アイヌ文学を、音楽としての関連においても、また多少考察することができるようになった。

　さて、私の、これより論じようとする、アイヌ文学については、徳川期のこれに関する記述はしばらくおくも、明治以降、今日に至るまでには、アイヌ研究の最高峯をなし輝かしい業績を挙げられた金田一京助博士には、『北蝦夷古謡遺篇』(1914、甲寅叢書)・『アイヌ聖典』(1923、世界文庫刊行会)・『アイヌラックルの伝説』(1924、世界文庫刊行会)・『アイヌの研究』(1925、内外書房)・『アイヌ叙事詩ユーカラの研究』(1931、東洋文庫)・『アイヌ文学』(1933、河出書房)・『学窓随筆』(1936、人文書院)・『ゆうから』(1936、章華社)・『アイヌ叙事詩ユーカラ』(1936、岩波文庫)・『採訪随筆』(1937、人文書院) 等に、前人未踏の研究があり、知里真志保博士に、『アイヌ民俗研究資料』第1 (1936、アチック・ミューゼアム)・『アイヌ民俗研究資料』第2 (1937、アチック・ミューゼアム)・『アイヌの歌謡』第1集 (1948、日本放送協会)・『樺太アイヌの神謡』(1953、北海道郷土研究会)・「アイヌの神謡」(1954、『北方文化研究報告』第9輯所収)・『アイヌ文学』(1955、元々社) 等があり、故知里幸恵氏に、『アイヌ神謡集』(1923、郷土研究社) があり、音楽研究の立場からこの問題に触れられたものに、田辺尚雄氏の『島国の唄と踊』(1927、磯部甲陽堂) その他の論攷がある。私自身にも、「アイヌ叙事詩、聖伝 Oina の原文・対訳・脚註」(1931年7月、『民俗学』第3巻7号) を始めとして、神謡 Kamui-yukar あるいは聖伝 Oina

に対訳・脚註・解説を施したものを、雑誌『民俗学』(第5巻4号・6号・10号等)、雑誌『ドルメン』(第3巻2号・第4巻3号)、雑誌『民族学研究』(第2巻2号)、雑誌『ミネルヴァ』(第2巻2号) 等に、散文体の説話「和人譚 Shisam-uwepeker」を訳したものを『ドルメン』(第4巻8号) に発表した。ややまとまって、アイヌ文学全体にわたって考察した論攷としては、「アイヌの音楽と歌謡」(1939、『民族学研究』第5巻5号・6号) がある。なお、私が、これまで、アイヌの故老を訪ねて、口誦するままを筆録した神謡 Kamui-yukar と聖伝 Oina150篇の原文に対訳を施したものがある。

　私は、いま、「アイヌ文学」について、前記、諸先達の研究の跡を参照引用しつつ、これに私の現地採集から得た経験と知識を織りまぜて、考察してみたい。未熟な1学究の研究報告ながら、なんらか学界に貢献しうる所があれば、望外の倖である。　　　　　　　　　　　　　　　　　　　　　　　1956年1月

第1章　アイヌ語における雅語と口語

　アイヌ文学は大別して、歌謡文学と散文文学とになし得られる。しかし、もし、従来多くの人が考えていたように、文学という語を言語と文字とを表現の媒材とする芸術をのみ意味するものと考えるならば、「アイヌ文学」などという呼称そのものは存在し得ないことになるが、文学の領域をさらに広義に解して、文字を媒体とせずとも、言語のまま伝承され来たったもの、あるいは口頭によって、即興的に創作しつつ歌い出る歌謡のごときものをも包括しうるものとすれば、当然、「アイヌ文学」なるものの存在も許されることになる。アイヌ文学は「書かれざる文学」である。周知のごとく、アイヌが文字の使用を知ったのは、比較的新しく、明治以後のことである。したがって、彼らは自ら記録する手段もなく、文献も残さず、『古語拾遺』のいわゆる、「上古之世、未有文字、貴賤老少、口口相伝、前言往行、存而不忘」という生活を、近世まで営み続け来たったのである。

　ゆえに、その言語も、ただ口頭のみによって、幾千年もの間、伝えられ来たったのであるが、アイヌ民族の聚落生活の間に、いつしか、あたかも文字を有する民族の言語が、歳月とともに、口語と文語とを分化させたように、アイヌ語にも、

日常語（口語）と一種の雅語（特に、叙事詩においてよく発達している）との別を生じた。日常語と雅語とでは、語彙にも相当違ったものがあり、語法にも相違する点がある。前者の語形は、1般に短く簡明で、分析的であるのに対して、後者は、やや複雑で、総合的な語形をとる。

一例を、人称代名詞と動詞 kor「持つ」の主格活用 Subjective conjugation にとって、これを表示すると、下の表のごとくである（金田一京助・知里真志保『アイヌ語法概説』1936、による）。

口語の人称代名詞

	単　数	複　数
第Ⅰ人称	ku-ani 私	chi-okai 私たち（対立的 exclusive 相手を除いて） a-okai 私たち（包括的 inclusive 相手をも含めて）
第Ⅱ人称	e-ani お前 a-okai あなた （敬称）	echi-okai お前たち a-okai あなた方（敬称）
第Ⅲ人称	ani 彼	okai 彼ら

注　口語の第Ⅰ人称複数には、包括的の形と対立的な形との別がある

雅語の人称代名詞

	単　数	複　数
第Ⅰ人称	a-shinuma 我	a-okai 我ら
第Ⅱ人称	e-shinuma 汝	echi-okai 汝ら
第Ⅲ人称	shinuma 彼	okai 彼ら

注（1）胆振（鵡川地方を除く）では、第Ⅰ人称単数に aokai、第Ⅱ人称単数に eani（口語の汝）、第Ⅲ人称単数に ani（口語の彼）を用いる。
（2）神謡の中で、神が自らを指して言う時は、aokai の代わりに chiokai を用いる。
（3）日高および胆振の鵡川地方では、aoka, echioka, oka 等である。

（4）樺太では anokai
（5）ashiroma（我）、eshiroma（汝）、shiroma（彼）等の形もある。shinuma は shiroma の転訛。
（6）近文方言では、第Ⅱ人称複数を eshiokai という。

動詞「kor（持つ）」の口語主格活用

	単　　数	複　　数
第Ⅰ人称	ku-kor　私が持つ	chi-kor　（対立的）私たちが持つ a-kor　（包括的）私たちが持つ
第Ⅱ人称	e-kor　汝が持つ a-kor　あなたが持たれる （敬語）	echi-kor　汝たちが持つ a-kor　あなた方が持たれる（敬語）
第Ⅲ人称	kor　彼が持つ kor-pa　あの方が持たれる （敬語）	kor　彼らが持つ kor(-pa)-pa　あの方たちが持たれる （敬語）

動詞「kor（持つ）」の雅語主格活用

	単　数	複　数
第Ⅰ人称	a-kor　我もつ	a-kor　我らもつ
第Ⅱ人称	e-kor　汝もつ	echi-kor　汝らもつ
第Ⅲ人称	kor　彼もつ	kor　彼らもつ

　これらの例を見ただけでも、口語との差異のあることは、朧ろげにも知りうると思う。
　アイヌ語においては、かく雅語と口語との分化を生じているため、一昔前でも、若いアイヌの人などの中には、日常語の方は解っても、雅語を用いる英雄詞曲 Yukar 等になると、何のことやら少しも解らないという者もいたほどで、ちょうど、平安朝や奈良朝の古典語を知らない者がその時代の文学に接するような趣きがあったのである。
　雅語は、日常語を、「普通の言葉 yayan-itak」と呼ぶのに対して、「飾った言葉

a-tomte-itak」と呼ばれ、また「神々の言葉 kamui-itak」であると信じられていた。

　雅語の用いられる場合を挙げれば、(1) 正式の会釈・会見の詞 Uwerankarap-itak、(2) 神禱の詞 Kamui-nomi-itak、(3) 誦呪の詞 Ukewehomshu-itak(悪魔祓いの際、神々や人々に対して、あるいは、互いに恙(つつが)なきことを祝福し合う際などに用いられる)、(4) 談判の詞 Charanke-itak、(5) 詞曲の詞 Yukar-itak 等がそれである。

　金田一博士によれば、「神禱の詞や誦呪の詞など、神々に対してもこれを用いるのは、おそらく、タブー(禁忌)の古い習慣に基づいて生じた忌詞(いみことば)と同じような起源であろう。談判や改まった会見の折の会釈の詞も、神々を伴って共に会見し、神々の照覧の下に、挨拶を交わすので、やはり、『神々の語 kamui-itak』なる雅語が選ばれたのであろう。いわば、平語と忌詞、これが俗語と雅語の分化の発生した淵源である」と言われている(『採訪随筆』191ページ)が、至言であり、私の採集資料からも、明瞭に、このことを立証できるのである。

　さて、アイヌの日常口語は yayan-itak(常の言葉)と呼ぶほかに、rupa-itak(散語)ともいわれるのに対して、雅語の方は sa-kor itak(律語)とも表現されることは注意すべきことである。

　rupa-itak というのは、原義 ru(融ける)pa(口)itak(語・言葉)と分解され、融けてばらばらな言葉、すなわち散語・散文の意となる。sa-kor itak の方は、原義、sa(節調)kor(持つ)itak(語・言葉)で、律語・韻文の意となる。

　先に挙げた、雅語をもってする場合の、会釈の詞 Uwerankarap-itak、神禱の詞 Kamui-nomi-itak、Inonno-itak、誦呪の詞 Ukewehomshu-itak、談判の詞 Charanke-itak、詞曲の詞 Yukar-itak などは、すべて、われわれが話をする時のような rupa-itak(散語・散文)ではいわずに、われわれが古文や詩を節付けて、朗読あるいは朗誦するように、あるいは神官が祝詞を奏するように、アイヌによって、「節付けの語 sa-kor itak」をもって表現されるから、少なくとも、歌と普通の言葉との中間物といおうか、むしろ一種の歌謡とも見うるものなのである。だから、もちろん、これを採譜して、5線譜の上に載せることも可能なのである。

　例えば、葬式の際、司祭者となった長老が、野辺送り(出棺)するに先立って、死者に対して与える「告別の辞 Iyoitak-kote」などというものを聴くと、1句1句、首尾1貫して、立派な雅語の叙事詩形をとり、悠揚迫らざる節調をもって、朗々として述べられていくのには、驚嘆せざるを得ない。

　また、「談判の詞」なども、おのおの部落 kotan を代表する雄弁をもって鳴る者

が、相対して、落ち着き払って、さながら謡曲を謡い、浪曲でも語るように、太く重々しい声調で吟詠して、一句一句、婉曲に、相手の非を責めていくものである。しかも驚くべきことには、徹頭徹尾、神話や故事の知識を背景として、美辞と麗句の応酬が幾時間も、あるいは夜を徹しても、時としては数日にわたっても続けられていくことである。かくして、ついに理屈につまるか、あるいは気力の上で相手から圧倒されてしまうか、体力的に疲労しつくした方が負けとなり、勝った相手の要求するだけの賠償ashimpeを取られて兜(けっ)がつくので、いわば、一種の歌の掛け合いとも見られるものである。

往時、道南の胆振(イブリ)・鵡川(ムカワ) Muka 流域のアイヌと、山1つ隔てた日高の沙流川 Shishir-muka、Sar-pet 筋のアイヌとが、狩猟域iworのことで談判掛け合いCharankeにおよんだ時、沙流方の代表者が述べた詞の一節に、

Shine metot	同じき水源の山へ
e-we-turashp	川伝ひに遡り行き
a-usamomare	相並び合ふ
a-kor pet ne yakun	我等が川なれば
shine hapo	同じ慈母の
uren toto	両つの乳房
e-shukup utar	もて育ちたる
korachi anpe	さながらの
a-ne wa shir-an.	我等にあらずや。

（1951（昭和26）年日高・二風谷(ニブタニ)、二谷国松氏の伝承せるものを採集）
〔注〕われわれは、川は山から出て海に入ると考えているのに、アイヌは海から山へ向かって遡っていくものという風に organic の考え方をしている。

とあるのを見ても、詩のような表現の巧みさに驚かずにはいられない。

次に、「会釈・会見の詞 Uwerankarap-itak」について1例を挙げよう。日高・三石Nitushiのアイヌ某が沙流・紫雲古津(シウンコツ)のワカルパにあって述べた会釈の詞と、それに対するワカルパの答辞は、次のごとくであったという（金田一京助博士『アイヌ叙事詩ユーカラの研究』第1冊、128〜130ページ参照）。

会釈の詞

Kotan at'akka 郷は沢なれど

moshir at'akka	国は沢なれど
Aeoina kamui	われらが伝への大神
kamui ekashi	神のみ祖の _{おや}
aeeupashkumap	ふるごとに語り伝へし
nupur Sar-kotan,	あやに尊き沙流の郷 _{サル}
ainu moto	人間のみなもと
eshipirasap	そこに啓けてひろごりたる _{ひら}
kiyanne kotan	郷々のいや年上の
tan kamui kotan	これの神郷、
kotan-upshor	郷のふところを
o-ek ekashi	出で来られし翁
chierankarap	懃のよろこびと
chiko-onkami	礼拝とを
ae-ekarkan na.	さゝげまつらむ。

　　上に対する答辞

Ekashi irenka	祖翁の心掟て
shiroma hine	なごやかに
utashpa pakno	かたみに
aukopaserep	相うやまひ来れる
akor Nitush	わが三石と
akor Sar-kotan	わが沙流の里
iki rok awa,	さすがに、
ashir amkir	初の見参を
aki yakkaiki	するわれらなれども
teeta itak	ゆかし古語 _{ふるごと}
a-pirka-ye wa	ねんごろに仰せ
a-en-nure yakun	きかされたり。それに就きては
i-onuitasa,	かへしとして当方よりも
aukopaserep	敬ひ合ひ来し所の
ekashi kar itak	祖翁の云ひ置きし詞

ne a kusu	のまにまに
ekor pirka itak	ねもごろなるおん詞の
eonuitasa	かへしとして、
eashke kashi	手をあげて揉み
k'eko-onkami na.	恭しく拝しまつるかな。

　この会見の詞を見ても、詞に冗がなく、洗練された辞句を揃えて、相互の村を褒めて、堂々たるものがあり、さながら、万葉の長歌でも誦するような心持ちが感ぜられるではないか。
　神禱の詞 Kamui-nomi-itak の一例を挙げよう。次は、日高・沙流・荷負部落の一青年が胆振の鵡川谷(ムカワ)の杵臼 Kina-ushi(キナウシ) で催された草競馬に参加し、落馬して気絶した折り、同じ川筋の辺富内 Petonnai(ヘトナイ)（現在、富内(トミウチ)と改称）の森本エカシモが神々に祈って蘇生させたという詞である。

〔注〕これを私がエカシモ翁から筆記したのは、1941（昭和16）年8月15日、事件はそれより30年も昔のことだった。

Kina-ushi kotan	杵臼村の
kotan sermaka	村の背後に守護として
ko-pase kamui	尊く在す神なる
Shirampa kamui!	森の大神よ！
kamui ekashi!	神なる翁よ！
shisam shinot	和人のなす競技(あそびごと)を
a-koikar kusu,	我等（アイヌ）も真似て、
apane utar	我が親戚(みうち)の人々も
anunne utar	他人の方々も
shinot teksama	競技の場所へ
ewekarpa awa,	集ひ来れるに、
nishpa kotan	長者の村なる
Nioi-kotan wa	荷負の村より
apkash a kur	来られし人
shukup okkaipo	うら若き青年は

shinot kurkashi	競馬に出でて
ko-appene katu	誤ちて
eor-koshne-ko	甚だ大事にも
chimoneanu.	物に衝(つきあた)りて落馬しぬ。
kimatek tap	慌て驚きし
ku-ne akusu	我なれば
yai-asurani	事の仔細を（神々に）告げ
ku-ki hawe-ne.	知らせ奉る次第なり。
Kina-ushi kotan	杵臼村の
kotan sermaka	村の背後を
ko-punkine utar	守りいます神々の
ko-haita kunip	守護に手落ちありとは
ku-yai-niukeshte na.	我なし難し。
ikineipeka	努々(ゆめゆめ)
chikoramputuye	この事を見捨て
aene-karkan na.	給ふことあるべからず。
kewor kane	一命にもかかはること
newane yakne,	ありとせば、
Nioi-kotan	荷負の村
nishpa kotan	長者の村の
kotan sermaka	村の背後に
ko-pasere-rok-kur	鎮まります神々にも
shi-apapure	（非難せられて）お詫びせらるる
a-ki kuni	やうなことをなさるるは
ku-yai-niukeshte na.	我等の忍び難きところなり。

〔注〕後段24句以下は、このような凶事が起こったことは、この杵臼コタンの守護神たちの守護のし方が悪かったためとは思えないが、もし負傷者が死ぬようなことがあれば、あなた方も負傷者の出た荷負コタンの守護神たちに申し訳ないこととなり、お詫びしなければならぬようなことになるだろう。そんなことをさせては、われわれ村人としても忍び難いところであるから、どうか１生懸命に目を配って、負傷者を蘇生させ、元の身体に恢復できるようにして戴きたいという意味である。

誦呪の詞 Ukewehomshu-itak の一例を挙げて見よう。ukewehomshu とは、変死者・横死者等を生じた際、あるいは火災・洪水等の災害が起こった際、その1村を挙り、また、遠近の村々からも男女が弔問応援して行う重い宗教的儀礼を意味する語である。アイヌの考え方によれば、上に述べたような凶事・凶変は、すべて、善神と人間とが享受する幸福と繁栄とを羨み嫉む魔神の所為とされるので、この魔神を威嚇し畏怖せしめ、遠い国土の果てへ、あるいは宇宙の最下底にありと想定せられる「陰湿の下界teine-pokna moshir」に踏み落とすことにより、今後、人間界に近づけしめないようにするとともに、1方、人間を守護する善神を声援し、今後は魔神を油断なく監視するようその注意を喚起することを目的とするものである。部落の酋長 kotan-kor-kur, ottena、あるいは長老 por-ekashi が村人の列の先頭に立ち、男子は、いずれも右手に太刀 emush を抜き持ち、rorumpe-kuwa（凶事の杖）と称する杖を左手につき、女子は、これも「凶事の杖」を左手につき、男子の列の後に従い、一定の順路をたどって行進し、祭壇 nusa-san の前に到ると、一旦停止して横隊となり、先頭の酋長もしくは長老は、「神々に対する誦呪の詞 Kamui kewehomshu itak」を述べ、再び行進を開始して、変死者あるいは罹災家族およびその親戚等の整列している前に到り、停止して横隊を作り、酋長もしくは長老が代表して、「人々に対する弔問・誦呪の詞 Ainu kewehomshu itak」を述べる。

行進の際は、男女とも、一歩一歩力足を踏みしめ、一歩ごとに（あるいは、行進路の曲がり角ごとに）、男子は太刀を持つ右腕を前後に屈伸して、"hu ō hoi! hu ō hoi!" と雄詰びの声 okokse, hokokse を発し、女子も、また、右手の拳を握りしめ、右肘を前後に屈伸しつつ、男子の雄詰びの声に応じて、甲高い声で "uōi! uōi!"（女子の叫び声を peutanke という）と叫ぶのである。この際の、「神々への誦呪の詞」も「人々への誦呪の詞」もやはり、雅語による節付けの叙事詩が、一句一句、力強く誦呪されるのである。

ここに一例として挙げる「誦呪の詞」は、日高・沙流の貫気別(ヌッキベツ)部落で、平村フユという女が溺死して、Ukewehomshuの宗教的呪術儀礼が行われた時、上貫気別部落の長老タカンノリ翁が村人を率いて弔問に来て、述べたものだという（沙流・二風谷の二谷国松氏伝承）。

Ku-kon rok nishpa!	我が首領よ！
utar orkehe!	方々よ！
oripak kunip	恐懼を

ku-ne-hi mashkin	我がする余り
itak pokaiki	物を聞こえ上ぐることも
ku-yai-ko-niukesh	出来かぬる
sekoran yakka,	やうな次第なれど、
teeta puri	古よりの風習(ならわし)
shinrit puri	先祖の慣習(しきたり)
iki rok hine	にてあれば
ko-ar-or-kishne	黙(もだ)して
ku-ki he tapne,	あらんこともあたはず、
iyaikootka,	（この度の凶事は）実に遺憾なり、
a-yai-komorep	今まで、我等恙なからんことを望みし
a-kor petior	我が里川（額平川(ノカビラ)）の川面
iki rok awa,	にてありしに、
Wakka-ush kamui	水の神の
kamui tunchihi	配下の神には
ko-inne katu	数多ありて
petior so-ka	川水の面に
e-uwe-orir-o	互(1)ひに模様を描きては
e-uwe-nupetne	喜び睦びあひ
pikan korachi	ゐるかのごとく
a-nukar kunip	我等には見ゆる
kamui tunchi	水の神の眷属の神
ne wa shiran.	にてあるなり。
etakasure	（然るに）余りにも
sakanram orke	その心逸り勇むを
a-e-ko-yaiaptep	我等危ぶみ恐れ
ne rok awa,	たりしに、
nep wen kamui	如何なる悪神の
kar irenka	なせる企みの
oka a kusu	ありしにや
Wakka-ush kamui	水の神の

ior so-kashi	領らす川面の上にて
chi-pa-koatte	過ち事ありて
chi-ratush-kore.	死者出でたり。
rorumpe ashur	その凶報
chi-kor a kotan	我等の村（上貫気別）の
kotan upshor	村中にも
e-ashur-oshma.	突如伝へられたり。
ukemnu kunip	互ひに憐み愛しみ合ふものは
kamui ne rok kur	神々なると
tekkisama ta	同時に
ainu otta	（我等）人間同士も
chi-ne a kusu tap	また同じく
chi-kor a kotan	我等が村の
kotan sermaka	村の背後に
ko-pase kamui	重く鎮まりいます神々にも
chi-shi-turente	我等とともに
tapan rorumpe	この凶変の
rorumpe kashi	凶変の上に
chi-koshirepa	弔問に駆けつけ
uneno kamui	神々は神々どうし
u-haita sakno	手落ちなく
u-kewehomshu,	弔問を交はされ、
nehi samata	それとともに
okkayo otta	男たちは
ekashi mutpe	祖翁の佩刀
kamui ipe-tam	神授の宝刀
heru sak tami	光りなき太刀を⁽²⁾
rorumpe kurka	凶事の上に
a-e-uko-santek	互ひに手にして
turpa katu	さし伸べたる
ne wa shiran.	次第なり。

sekoran yakun	然らば
nep wen-kamui	如何なる悪神の
kar sanniyo	なせる企み
ne a yakka,	なりとても、
ekashi mut-tam	祖翁の佩料(はきがね)
heru sak tami	光りなき太刀に
ramu-tasarep	命蘇(よみが)ること
eaikap nankor.	よも能はざるべし。
eepakita	次に
okkayo otta	男子(おのこ)らも
matainu otta	婦人(めのこ)らも
e-yai-santek or	その手に
rorumpe kuwa	凶事の杖を
karkar kane	携へて
rorumpe puri	凶事のをりの慣習(しきたり)を
a-uko-wairuke	我等ならひて
oka rok a yak	ここに実行する次第にて
rorumpe kuwa	凶事の杖の
kuwa pen-nish	杖の上端は
tap anakne	これこそは
i-wente-kamui	禍神(まがつみ)の (たとへ)
tu-shinish utur	高雲の間に
re-shinish utur	蒼空の間に
o-nuinak yakka	隠れひそむとも
a-chiu-op kunne	投げ槍のごとく
kurkashke	その上に
e-op e-karpe	突き刺さる
sekoran yakun	ならん、然らば
ramutasarep	命生くる者
somo tapan na.	よもあるべしや。
orwa un sui	それよりまた

kuwa pan-nish	凶事の杖の下端は
okkayo otta	男子(おのこ)らも
matainu otta	婦人(めのこ)たちも
horipi tuika	突き立て躍らせば
tu toi-sosh utur	幾重の土層(つちくれ)の間(あわい)に
re toi-sosh utur	幾重の土の中に
e-ko-shir-otke	ぐざと突き立て
ikeshkep anak	禍ひなす神
tu-toi-sosh utur	深き土中へ
re toi-sosh utur	幾重の土層の間に
o-nuinak yakka	身をひそむるとも
a-chiu-op kunne	投げ槍のごとく
chi-ko-otte-kar	突きささる
sekoran yakun	べし、然らば
ramutasarep	命蘇るもの
somo-ne nankor,	よもあらざらん、
pakno ku-itak	と我が申し述べん。
eepakita	次に
a-kon nishpapo	我が涙子(死者)の
pone okkashi	屍(むくろ)の上を
chi-e-epiru	祓ひ浄め
inki-to ta	いづれの日にか
kor ikesui	あの世へ旅立つこと
ani an yakka,	あらんとも、
shinrit pirkap	よき先祖
ekashi pirkap	よき祖先の
eyayoopepep	系統(ちすじ)を引ける者
oka rok a yak	にてあれば
oheuke sakno	傍道に逸るることなく
shinrit tono	先祖の
e-koshirepa	許へ到着し

sekoran kusu	得るやう
matainu otta	婦人ら(めのこ)も
moshir-kor haru	稗その他の食物(おしもの)
i-resu haru	我等の育ての糧(かて)を（携へ供へ）
okkayo otta	男子らは
tono kar tomi	和人の殿の作れる宝（金銭）を
(tono-kar icheni)	
e-yai-oteknure	（香奠として）用意し来りて供へ
oka rok a yak.	たる次第なり。
icheni anak	この金銭は
nep tonoto	酒や
nep aepi	食物を
a-onere yakka	買ひ調へて
i-resu haru	我等の育ての糧なる稗と
ko-eturenno	ともどもに
hoshki imek	その初穂の半ばと
hoshki tuki	最初の杯とは
Iresu kamui	火の姥神(ばばがみ)が
yai-komuye,	御手に執られ、
imek arkehe	その馳走の半ばは
a-kemnu nupe	我が悼はしき涙子の
pone okkashi	屍の上に
a-e-koitomte	懇ろに手向け
newane yakne,	たる次第なれば、
shinrit orun	先祖の許へ
pirka imoka ne	よき土産とするやうに
chi-otek-nure	我等が調へ供へ
nehi tapan na.	たる次第なり。
eepakita	次に
tan pase kotan	この貴き貫気別村の
ru-esan kashi	川の下口(おりぐち)の上に

ko-pase kamui!	重きを置かれ給ふ神よ！
ior sokashi	領有し給ふ川面
patek he tapan,	のみにとどまらず
nishpa kotan	この貴き村の
kotan epitta	村人ことごとく
tan a-kor pet	この里川（額平川）の
petior kurka	川面の上にて
chi-yaikoshinire	（今後）災難なき
sekoran kuni	やうに（お守り戴きたく）
nehi tapan na.	かく願ひ奉る次第なり。
wayasap ainu	至らざる人間にて
ku-ne akusu,	我があれば
inampe pishno	何事につけても
itak epishte	適切なる言葉を
ku-ki a ruwc	言ひ得る
shomo-ne yakka,	ものならざれど、
shinrit puri	先祖の風習
rorumpe puri	凶事のをりの慣習を
eshikarpano	簡単
newane yakka	ながら
ukewehomshu	弔問の辞を
ku-ye hawe tapan na.	申し述べし次第なり。
hu ō hoi!	フォー　ホイ！
hu ō hoi!	フォー　ホイ！

〔注〕
（１）川水があるいは淵となり、瀬となって波紋を描き、白く泡立って流れて行くのを、水の神の配下の神々の遊び戯れる所為のごとく叙した表現。
（２）heru sak tami「光りなき太刀」、すなわち錆刀ならば、魔神もかえって油断して斬り伏せられるが、磨ぎすまされた太刀ならば、その眩いばかりの閃々たる光に、魔神も気づいて、逸早く遁れ去ってしまうため、とうてい斬り得ないというアイヌ一般の考え方である。
（３）「涙子（死者）の屍の上を、祓ひ浄め、いづれの日にか、あの世へ旅立つことあら

んとも」とは、不日、今日の水死者の葬式が営まれ、その霊を先祖の許へ送ることをいう。

　以上、日常語をもってせず、改まった雅語をもってする場合について説明したが、詞曲（叙事詩）の詞はしばらくこれをおき、「会釈の詞」「談判の詞」「神禱の詞」「誦呪の詞」等は、何故に、日常語を用いないのであろうか。「神禱の詞」や「誦呪の詞」は神々に対する言挙げであるから、祖々の遠い過去から伝承され来たったタブーの観念に基づいて生じた忌詞として、これを用いることによるものであろうし、人間同士の「談判掛け合い」や改まった「会見・会釈の辞」も、アイヌの考えでは、双方、それぞれの身を守護する神々を伴なって、ここに会見することになるので、神々にも聞こえるように、一名「神々の言葉 kamui-itak」とも称せられる雅語を用いなければならなかったと思われる。

　文字を持たないアイヌの言葉に、日常語の口語と一種の文語ともいうべき雅語との分化を生じた一つの理由は、実にここにあるのである。

第2章　アイヌの歌謡

　アイヌの若い人々は、今日では、もう1昔前の古老たちがやったように、昔の歌謡（シノッチャ）も歌わず、舞踊（リムセ）も踊らないかわりに、こちらの流行歌を歌い、浪曲をたしなみ、ピアノやレコードに合わせて、スクエア・ダンスを楽しんでいるほどであるが、一昔前のアイヌの生活──未開社会にあっては、歌謡がかれらの生活において占める位置は、実に重要なものがあった。生の享楽のために歌うというよりも、もっと真剣に、その生活を安固たらしめるために、その生命を守るために、歌謡を必要としたのである。アイヌの歌謡は呪術的・宗教的な起原をもって発生する。

　神々の意志を知るため、善神の援助を求めるため、あるいは魔神を威嚇し遠く追い退けるための叫びとして、歌謡は発生しているので、その生活と歌謡との関係は、文明社会における生活と歌謡との関係とはよほど違っているものであることを認めなければならぬ。前章において述べた「談判の詞」・「会釈・会見の詞」・

「神禱の詞」・「誦呪の詞」等が雅語をもって歌謡の形式をとる理由も、まったくこれに基づくものなのである。

　かくのごとく、歌謡は、一昔前のアイヌ生活とは、切っても切れぬ重要な関連を持っていたので、かれらは、よく歌った。山へ行っては歌い、川端へ水汲みに下っては歌い、浜辺に行っては歌う。労働しては歌い、独居の徒然を託（つれづれかこ）っては歌い、2、3人寄り合っても歌う。酒をのんで陶然となれば、もう歌い出し、遠く離れた相思の人を哀慕しては、その心持ちを歌に託して自ら慰めるといった村人の姿は、われわれのように、異郷の者として、たまさか村を訪れる者をして驚異の目を瞠らしめたのである。

　例えば、川ばたに水汲みに行った少女が、濁り水を手で掻きやりながら、
　　　Nupki san, Pe san.「濁り水、下がれ、水、下がれ」
と即興的に歌ったり、老婆が、シウキナ（エゾニュウ、アイヌ・ミツバ）の茎の皮を剥（む）きながら、
　　　Shiu-kina topen, kina topen,「シウキナ（苦草（にが）の意）甘くなれ、草あまくなぁれ」
と歌うなどは、まだまだ、言葉に対する関心が先だち（すなわち、こう歌うことによって、あるいは濁り水の澄むことを、草の苦味のなくなることを、期待する点において）、節調は従であるから、単に、歌謡の形式をとっただけだと言えるかも知れない。金田一博士が『アイヌ叙事詩ユーカラの研究』第1冊、85ページに、博士から酒を贈られた青年が、即興的に感謝の気持を歌った歌が載せられているので、次に引用する。

Yaishamane na!	ヤイシャマネナ！
yaishamane na!	ヤイシャマネナ！
nekon ku-ye?	どのように私は言おう？
yaishamane na!	ヤイシャマネナ！
yaishamane na!	ヤイシャマネナ！
yaishamane na!	ヤイシャマネナ！
shisam nishpa	和人の旦那様
yaishamane na!	ヤイシャマネナ！
yaishamane na!	ヤイシャマネナ！
yaishamane na!	ヤイシャマネナ！

「ヤイシャマネナ！」という折り返しの囃詞(はやしことば)は、yai-sama「自分を真似る」「自分を表現する」「自ら心緒を述べる」という意。yai-shama-ne na は「自分の心緒を述べる歌ですよ」という意味で、抒情歌謡の基調をなす折り返しの句となるもの。上の歌は、囃詞の中に、歌詞が即興的にただ2句挿入されているだけであるが、それだけでも、アイヌは立派に歌謡と観じている。否 yaishamane na という囃詞に節調をつけて繰り返すだけで、すでに抒情歌謡となっているのである。

　私が、旭川・近文部落の鹿田シムカニ媼から録音した抒情歌謡に、次のごときものがある。これは、滝本シュスン媼が自ら若き日を懐想して謡ったものを、その遺言によって、シムカニ媼が伝承していたものだったという。

Nep keukata!	哀れだな！
nep kashta!	情けないなあ！
iram-sarakka!	口惜しいなあ！
ku-upen hita,	妾(わたし)が若かった頃には
shinotcha poka	歌などは
ku-e-yai-oshik	自分でも惚々する
nukare awa,	ほど(うまいもの)だったのに、
tane anak	今では
tane ku-onne	老い果てて
tane ku-rettek	老いさらぼえて
shinotcha poka	歌さえ
ku-ki ka	歌うことも
ku-yaiekush,	出来なくなった、
iram-sarakka!	口惜しいなあ！
nep keukata!	可哀想なことだなあ！
ku-itak hawe	妾の物言う声も
o-rau kot	痰が絡まり
mut-kot kane,	息も塞がり、
iram-sarakka!	口惜しいなあ！
nep keukata!	情けないなあ！
yaishamane na!	ヤイシャマネナ！

karimpa-un-ku	桜皮を巻いた弓の
ku tuikashi	弦の上に
ko-chau-chau-atki	(弓弦の音) チャウと鳴り響く
semkorachi	さながらに
ku-itak korka,	妾は物を言ったのに、
tane ku-onne	今は老い果てて
kor ku-itak hawe	物言う声も
orau-kot kane,	痰が絡まり、
mut-kot kane,	息も塞がってしまう、
iram-sarakka!	残念なことだな！
nep keukata!	情ないな！　と
ku-yainu humi.	妾は思っているのです。
yaishamane na!	ヤイシャマネナ！

　こうして、即興的に、自ら節付けつつ(アイヌの古風の人々の考えでは、鳥や虫などにそれぞれ独特の啼き声すなわち歌曲があるように、人も、それぞれ、特有の節まわしを持っているという)、歌う多くの歌は、その場限りで、消え去ってしまうけれども、ゆくりなくそれを聴いた村人などがあって、歌詞も面白く、内容が強くその心を惹いたようなものは、いつかその村人からさらに遠近の村人へという風に膾炙して歌われたり、また次の時代に伝承されて行くこともある。しかし、その多くは、誰にも聞かれず、したがって、村人の涙をそそる種ともならず、人口に膾炙することもなく、過去の忘却の淵に沈み去ってしまう。それが、文字によって記録されることのなかった時代の歌というものがたどる自然の運命であったかも知れないのである。

　前章において述べた、雅語をもって表現する「談判の詞」・「会見・会釈の詞」・「神禱の詞」・「誦呪の詞」等は、歌謡の形式を持っているので、広義の歌謡の中には含ませうるかも知れないが、ちょうど、祝詞が、いかに、ある節調をもって朗々と述べられるにもかかわらず、歌謡という概念とは遠いように、アイヌ自身もこれを歌謡とは考えていない。これらのものにあっては、詞に対する関心が主で、その内容の実現を意図し希求するもので、曲調や旋律の方は従となり、ほとんど意識されていないからである。これらのものが、広く歌謡を生む母胎となっ

たであろうことは否定できないが、我々の持つ歌謡の概念とはかなり隔たりのあるものとして、しばらく、これを歌謡の圏外に置き、さらに狭義の歌謡の概念に限り、アイヌ自身もはっきり歌謡と意識しているものについて、次章において考察することにする。

第3章　アイヌの歌謡の種々相

アイヌの歌謡と呼びうるもので、今日まで知られている範囲では、およそ次のようなものがある。
（1）祭りの歌 Upopo（2）子守歌 Ihumke, Iyonnotka, Iyonruika（3）踊りの歌 Rimse-shinotcha（4）酒謡 Sake-hau（5）シノッチャ Shinotcha, 抒情歌謡の1（6）哀傷歌 Iyohaiochish, Iyohaichish（7）恋慕歌 Yaikatekar（8）ヤイシャマネ Yaishamane, Yaishamanena, 抒情歌謡の1（9）木遣り歌（10）舟歌 Chip-o-hau, Chip-ta hayashi（11）巫女の託宣歌 Tusu-shinotcha（12）神謡 Kamui-yukar（13）聖伝 Oina（14）英雄詞曲 Yukar, Sakorpe, Hau, Yaierap, Hauki（15）婦女詞曲 Mat-yukar, Menoko-yukar 等である。

〔注〕これらのうち、（9）の木遣り歌をのぞいては、私のところに、ノートされた資料とその演奏を録音したものがある。日本放送協会にも、1947（昭和22）年に、北海道大学の知里真志保博士の指導の下に、録音したもののうちから選択して硬盤としたもの26枚52面、放送資料室に保存されている。

以上のうち、（1）の「祭りの歌」から（10）の舟歌に至るまでの歌謡は、歌詞をのぞいても、なお歌として存在しうるが、曲調を除いては、もう歌ではあり得なくなるものであるのに対して、（11）の「巫女の託宣歌」以下、（15）の「婦女詞曲」までは、詞が主で、曲が従となり、曲に対する興味よりもむしろ、詞の表現の巧拙と、内容＝筋の如何が興味の中心となる「語り物」の一群をなす点において、先の一群とは明瞭に区別する必要がある。しかして、後の一群、「語り物」は、いわゆるアイヌ文学を代表し、その中心をなすものであるから、これについては、別章において考察叙述することにして、本章では触れない。本章では、

「語り物」以外の、先に列挙した10種の歌謡について、述べることにする。

（1）「祭りの歌」Upopo

これは恐らく、彼らの持つ歌謡の中で、最も短く、しかも、歌われる機会の最も多いものであろう。

Upopoの語原は、知里真志保博士の解されているように、「一斉にがやがや唄い合う」意であろう。これは主に、女子や子供たちによって歌われる。日高の沙流川筋の諸部落では、祭り(例えば「熊送りiyomante」・「祖霊供養祭shinnurappa」のごとき)の折りなど、部屋の一隅で、婦人たちが集まり、中には子供なども交じえて、円座を作り、座の中央に据えた行器 shintoko の蓋などを右掌で叩いて拍子をとりながら、賑やかに歌うものである。初めは坐って歌っていても、だんだん仲間に加わる者の数を増し、歌声が盛んになり、興に乗って来ると、やがて起ち上がって、これに合わせて舞踊するものも出て来る。また、戸外においては、円陣をつくり、手拍子をとりながら、ぐるぐる左回り(アイヌの舞踊は左回りが多い)しながら歌うことも多い。胆振地方では、踊りおよび踊りに合わせて歌うものをRimseと呼び、坐って歌うUpopoと区別し、日高・沙流では、坐って歌っても、起って踊りに合わせて歌っても、歌の方をUpopoと呼び、踊りの方はRimseと呼んで区別している。しかるに、北海道の中・東・北部一帯になると、坐って行器の蓋を叩きながら歌う坐歌も、立って踊りに合わせて歌う踊歌も、いずれもUpopoと呼んで区別していない。強いて区別をする場合には、坐歌をRok-upopo (坐る歌)とか Kamup-ka-o-rep-upopo (蓋の上で拍子をとるウポポ)と呼び、踊歌をRoshki-upopo (立つウポポ)といって区別する。樺太では、坐歌でも、踊歌でも、どちらもHechiriと称し、特に踊りから独立させて歌のみをいう場合には、Hechir-yukar (踊りの歌)と呼んでいる。

私はかつて、踊歌は坐歌からの転用だと考えたが、起原的には知里真志保氏のいわれるように(『アイヌ文学』58ページ)、「立って踊るのが本来の姿で、坐歌はそれへの準備行動として、二次的に発生したものだった」と考えるのが、より自然で本質的であろうと思うので、訂正する。

Upopoには、種々のものが含まれる。「酒造り歌sake-kar-upopo」(釧路地方)・「杵搗き歌iyuta-upopo」・「熊祭り歌iyomante-upopo」・「鯨祭り歌」・「葦刈り歌moshkar-upopo」・「菱とり歌i-uk-upopo」・「子守歌ihumke upopo」等々がある。本来は、祭

図1　屋内でUpopoをうたう女たち

りの折り、その準備、儀礼、饗宴の際、踊りを伴なったものの中から、祭りの際でなくとも、単に、屋内・屋外での労働歌としても転用されるようになったものもあろうし、これを子守歌として、嬰児をあやしながら歌われたりするようにもなったと思われる。これらの各種のUpopoについては、知里真志保博士の前掲書『アイヌ文学』や『アイヌの歌謡 第1集』等の記述に譲り、ここでは触れず、そのうち、「子守歌」と「杵搗き歌」の二つについて、別に考察することにする。

　Upopoは、本来、踊りを伴なったものであるらしいから、その歌詞を見ると、単なる無意味の音群、あるいは掛け声といったようなものもあるが、またさまざまな内容を持った歌詞を伴なうものも多い。それらの歌詞は概して短く、しかも、古格な言語や修辞を用いていることは、この歌謡が、もともと信仰に根ざした古い起原のものであることを示唆するものであろう。

　そして、ある歌詞が、村々に伝承され、伝播してゆくうち、その成立の事情などは忘れられてしまって、訛り（地方的にも、あるいは個人的にも）が加わったりして、現在では、アイヌの故老にたずねても、意味が不明に帰したものが少なくない。Upopoの曲調は、同1歌詞でありながら、地方的にかなり違っているものがある。

　図1は、屋内において、行器の蓋を叩いてUpopoを歌う女たちの情景（杉山寿栄男氏画）で、次ページの図2は1936（昭和11）年3月、日高・沙流・二風谷部落で行われた「熊送り」の際、戸外の祭壇前で踊りに合わせてUpopoを歌っている様である。

　Upopoの歌い方には、（1）一群の女たちの中の老練な一人が音頭を取り、他が一斉にこれに応じて歌うもの、i-ekai-upopo（それによって曲がる、音頭をとるUpopo）、（2）斉唱するもの、uwopuk-upopo（みな一緒に起こるUpopo）、（3）一句ずつ、「尻取り」に輪唱するもの、ukouk-upopo（互いに取り合うUpopo）の三通りがあるようである。ことに、輪唱の場合は、これに加わる人数が多いほど、歌詞

も、彼一句これ
一句と目まぐる
しく変化し、し
かも、違った歌
詞が、違った曲
調で、次から次
へと、歌い続け
られていくの
で、行器(ほかい)などを
掌で打つトシト
シという拍子の
響きに応じ、
人々のどよめき

図2　戸外のUpopoと踊り（日高・二風谷）

に和して、さながら一大コーラスでも聴くかのごとき思いがして、まことに、賑わしく、興味深いものである。

　Upopoの中で、無意味な音群を繰り返すだけのもの数例を挙げれば、次のごときものがある。
　（1）Eiya ō, hore, eiya ō, hore……（日高・沙流）
　（2）Heiyaurohō, heiyaurohō, heiyauro ho hō, heiyauro hō……（樺太・落帆(オチョポッカ)）
　（3）Ārā ō, hoiyā, iyā ō, hoiyā……（樺太・落帆）
　（4）Hu ush ro hu o ha a ro……（胆振・幌別）

歌詞のあるUpopoについては、知里真志保博士の『アイヌ民俗研究資料』第2の中には、36歌に対訳を施し、詳細な解説を試みられている。これは、私が胆振・幌別で録音した歌詞とも一致するものが多い。同氏の書中から例を二、三とって次に示すことにする。
　（1）Chupka wa kamui ran, iwa tui-sam, o-ran; iwa tui-sam, kani-mai ne chi-nu.
　「東の空から神様が天降った、丘の傍へ天降った、丘の傍に美しい響き（神様の佩刀の金具の音など）が聞こえた。」
　（2）Shupki tom kamui tom, makun tusa ka o-ran, makun tusa ka etone mau a-nu.
　「葦原が光る、美しく光る、後の丘へ神様が降りた。後の丘で美しい風の音が聞こえた。」

（3）Kani kokka so-rarpa, kani kokka so-rari.
「人々は威儀を正して居ながれている。人々は威儀を正して居流れている。」
（4）Kani pon kut-o-shintoko, ita-so kashi e-tunun-tunun, e-tunun raye.
「金蒔絵の小さな箍付きの行器を、板の間の上にチリンチリンチリンと置いた。」
（5）Kamui oman na, okotonki echiu, hoi, okotonki echiu.
「神様がお帰りになった、美しい音を立てて、美しい音を立てて。」

（2）子守歌 Ihumke, Iyonnotka, Iyonruika

現在ではもうそのような姿はほとんど見られなくなってしまったが、一昔前までは、アイヌ部落を訪れると、アイヌの婦人が、子負縄 pakkai-tar で赤児を負ぶいながら、家の内外を行きつ戻りつしていたり、炉辺や戸外の日溜まりに吊るされた揺籃 shinta を揺すりながら、子守歌を口誦んでいる姿を、よく見かけたものであった。

Ihumke(Ihunke, Iunke, Inumke, Inunke, Yunke 等の方言も多い)の原義は、「音を発して嬰児をあやす」ということであり、Iyonnotka は、原義「ほろほろと舌の先を転がして、赤子をあやす」ということであり、Iyonruika の原義は、Iyonnotka と同1である。

次ページの図3はアイヌ婦人の戸外における子守姿であり、図4は shinta と称するアイヌの揺籃を示したものである。

地方によっては、「子を負ぶって歌う子守歌」を pakkai-ihumke、「揺籃をゆすりながら歌う子守歌」を shinta-suye ihumke といって区別しているが、特別な場合をのぞいては、歌そのものには違いがないように思われる。

子守歌は、およそ、次の4つの型に分けられる。

（一）舌の先をふるわせたり、転がしたりして、一種の顫音 trilled sound ともいうべき、「Rū ru ru ru」とか、「Ro ro ro ro」と発声したり、あるいは、赤児の尻を軽く打ちながら「Hanro hor hanro」とか、「Hata hata hata」とか、身体を揺すりながら、「Ahu ash ahu a」などというように、ほとんど、無意味な音群・掛け声のようなものを適当な韻律にのせて繰り返すもので、アイヌの子守歌中、最も典型的なもので、他の子守歌の基調 sakehe となるものである。

舌の先をふるわせたり、転がしたりして音声を発することを hororse あるいは

korseというから、この種の子守歌をhororse-ihumke, korse-ihumkeという。次に、（一）の子守歌の例を挙げる。

（１）Hata, he, hum, hata, he, hum.（日高・沙流）

（２）Hō o hoi, hata hata, ho o hoi, oho ru ru, ho chippo, oho ru ru , ho o he, oho ru ru, hata hata, he hum.（chippoだけが「舟」という意味の言葉。日高・沙流）

（３）Ahu ash ahu, a ahuhu, ahororo horu horuhu, hata hata, ha ha.（胆振・幌別）

（４）Haroi haronna, u u u u u, haroi haronna.（樺太・落帆）

（二）（一）の無意味な音群を繰り返しながら、それを囃詞Sakeheとして、歌詞を投げ入れて歌われるもの。

その歌詞には、伝承的に決まっているものと、その場その場で、心に浮かぶままを文句にして、投げ入れていくものとがある。前者は、伝承的な子守歌であり、後者は、即興的な子守歌となる。その例として、次のようなものを挙げることができる。

（１）O ho ru ru hō hoi, hata hata hō ho, <u>Ayor wa mokor shinta ranran, ruika wa hopunike mokon ne</u>, o ho ru ru hō hoi, hata hata hō hoi.（――の部分が歌詞）
「アヨロの村に（天から）睡りの揺籃が下りて来た、下りて来た。橋の上から立ち上がって（あの中で）おやすみ」という意？（日高・沙流・荷菜、カレピア嫗伝承）

（２）ahu ash a ha a, ahoror horor, ikka chikap, <u>ikka tori, okokko chikap ek na, iteki</u>

図3　子守姿（胆振・白老）

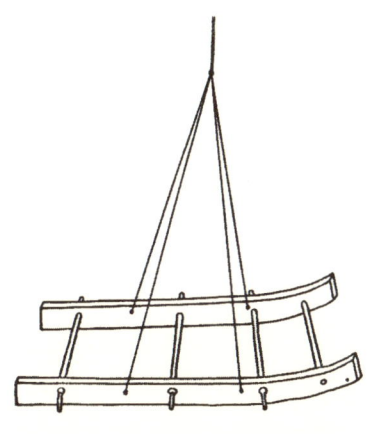

図4　アイヌの揺籃

echishno, pirkano mokor hani, ku-kor ku-omap ayai!

「人盗り鳥、人さらい禽、おっかない鳥がやって来るよ、泣くんじゃないよ、よくお眠りよ、私の可愛いい赤ちゃん！」（胆振・幌別、金成マツ媼伝承）

（3）Hatta haha a hatta haha a, amitanne ho ek na, ahuash ahu a, tunashno mokor, ahu a ahoror horor.

「ザリ蟹がやって来るぞ、急いでお睡り。」（胆振・幌別、金成マツ媼伝承）

（三） 神謡 Kamui-yukar と同一の形式と内容を持つもの。この種のものを、特に、kamui-ihumke（神の子守歌）と称することがある。

私の調査した範囲では、この種のものは、そのほとんどが、疱瘡の神 Pakor-kamui に関するもので、母の子を思う愛情は、半ばは、子に言い聴かせ、半ばは、この病魔の神を遠い国土の果てへ逐いやろうとする心根が、われわれの心を打つようなものが多い。

（1） 囃詞 Sakehe として、「Hanro hanro」と毎句頭につけて歌っていくもので、原文、54句のものがある。原文は省いて、訳のみを示すことにする。

「私の夫は、ある時、遠い沖の国へ船出した。その留守、私は赤ちゃんをお守りして暮らしていたら、ある夜のこと、赤ちゃんはむずかってちっとも眠らない。私は、赤ちゃんをおんぶして、上座の方や下座の方へ行きつ戻りつ、フムフムあやしたり賺（すか）したりして見たけれど、赤ちゃんは、いよいよ気でも狂ったように泣きさわぐだけ。折りから家の東の屋根の破風のところで、神様（たぶん、家の守護神 Chise-kor kamui のことか）が何か言われる声が凛（りん）と響いていうには、『これこれ、人間の妻よ！ 私の言うことをよくお聴き、赤児というものは、神が憑いているのと同様なものだから、何か原因（わけ）がなくては、決してそんなに泣きわめくもんじゃないぞ。今夜は、疱瘡神の一行が村の沖合いや山手を通ってゆかれるはずだ。その前に、汝の赤ん坊は、そのことを汝に囁き知らせているのだよ。さあ、急いで臭（フラ・アッ・ムン(1)）い草を煮たり、針海豚（はりふぐ(2)）を煮て、その御馳走を村中残らずで食べるがいい』とあった。そういわれたと思ったら、今まであんなに泣いていた赤ちゃんも泣き止んで、静かになった。私は家の東の破風の方へ向かって、幾度も礼拝をした。」（胆振・幌別、金成マツ媼伝承）

〈注〉

（1）臭い草 hura-at mun というのは、kikin-ni（エゾウワミズザクラ）、upeu（カラフト

ニンジン）、pukusa（ギョウジャニラ）、atane（センダイカブラ）等の悪臭のある植物で、その樹皮あるいは茎・葉・根等を煮て、煎汁をのみ、あるいは家の内外に撒けば、疱瘡神その他の悪疫の神を逐い退けることができると信じられていた。
（2）針海豚 Ikaripopo cheppo。ハリフグは、その形体の醜怪であることと、棘針の多い点で、除魔力があると信じられていた。

（2）囃詞 Sakehe として、〔Auhottu ru〕を毎句頭に入れて歌うもの。原詩88句、抄訳したものを示す。

> 「汝にもお父さんがあったのだ。お上の掟がやかましくて、和人（内地人）の殿様の許から、夏6年、冬6年（あわせて6年）の間、たびたびお呼び出しの手紙が来たので、とうとう和人の村へ行こうと決心した。出立に先だって、こういったのであった。『和人の村へ行って、万一、私が帰って来なかったら、何時か、よい凪ぎ風が沖から吹いて来る日に、外へ出て海上を見渡したら、こんなものが見えるだろう。沢山の鳥の姿の神々が陸(おか)をさして飛んで来て、その先頭に首のない神が一人混じっていよう。それが私なのだ。どんな野菜料理(ラタシケップ)や野草を煮たものでもいい、それでもって供養してくれたら、私はそれを食糧にもらって、神々の村へ行って、神々と一緒に暮らせるようになるだろうよ』と言い遺して、和人の村へ船出した。さて、その仔細(わけ)が聴きたくて、それ以来、汝はこんなに泣いて機嫌を悪くしているのだね。
> 　或る日、沖から凪ぎ風のそよ吹く日に、外へ出て、遥かな沖合いを見渡すと、ちょうど、お父さんの言われた通りのものが見えた。
> 　私は、いろいろの野草や野菜を煮て、鳥の群の先頭に飛ぶ首のない神様に供えて御祀りしてあげた。だから、汝のお父さんは、今頃はきっと、神々の村で、神々と一緒に暮らしていらっしゃるだろうよ。さあ、その仔細を私が聞かせて上げたから、汝は、もう泣きやんで下さい。私の赤ちゃん！」（旭川・近文(チカブミ)、鹿田シムカニ嫗伝承）

〈注〉この子守歌は、母がその子に、父の亡くなったわけを歌って聴かせている。父は、多分、和人のところへ行って、よくアイヌの昔話にあるような、非業な最期を遂げたのであろう。その魂が鳥の姿の神々の群に混じって、妻子の許へ帰って来て、供養を受け、初めて、神の国へ行って、神々と一緒に暮らせるようになったというのであろう。

(四) 囃詞 Sakehe が毎句頭に繰り返される点では、神謡と同じようであるが、(二) の形式の語句が、神謡の形を採ったようなもの。内容は、夫に対する嫉妬の気持などを歌って、子供に、母の侘びしい心を訴えるようなものである。

　例としてあげるものは、囃詞として、〔Ahu ash ahu a, Ahu rur, hur hur〕を入れて歌うもので、原詩、61句、それを抄訳した。

　　「私の赤ちゃんが、或る日、泣きわめき、泣き狂うので、私はうつむいたりあおむいたりして、フムフムあやしても賺(すか)しても、ますますひどく泣きわめくので、どうしようもなくて、こんな子守歌を歌った。——これこれ、赤ちゃん、何をまあ汝は聞きたくて、うるさいほど泣くんでしょう。そんなに聞きたいんなら、聴かせて上げましょう。

　　汝のお父さんは、和人の国へ交易に出掛けて、お米だのお酒だのどっさり船に積んで帰って来たが、私のところへは帰らずに、村はずれに住む六人の頤(あご)の長いみたくなしの女たちの所へ帰って来て、夜も昼も、一緒に御馳走を食べながら、大笑いしたり、大騒ぎして、歌ったり踊ったりする声が盛んに聞こえて来るのです。汝のお父さんは、六人の頤長女(あごなが)の乳をつかまえようとして、右座 (炉の入口より向かって左側にある、主人夫婦の座席、shi-so) へはね、左座 (炉辺の入口の向かって右側の座、常客の座、harki-so) の方へ追い廻し、褌をぶらぶら下げ、褌を振りまわして、毎日毎日がやがや騒いでいるのです。こういうことを私の赤ちゃんは聴きたくて、泣いていたのだけれど、私がこういったら、もうそんなことは聴くのも嫌だといわんばかりに、はたと泣き止んだ。」(胆振・幌別、金成マツ媼伝承)

これなどは、とうて、子どもに聴かせるべくもないようなものである。

(3) Rimse-shinotcha 踊り歌

　Rimse の原義は、「リムリムとなり響く音を立てる」、「ズシンズシンと音を立てる」ということで、「踊る」という動詞にも、またその踊りに伴なう歌をさしてもいう語である。日高・沙流地方では、Rimse の代わりに Horippa というが、この原義は、「尻を何度も上げる」ということで、やはり「踊る」とか「舞踊」を意味する。この Rimse, Horippa は、次に述べる (4) Sake-hau「酒謡」に伴なう tapkar「踏舞」が、主として、一人の男子によって行われるのに対して、女を主とするもので、それに男子の混じることもあって、円陣をつくり、左まわりに足

を運ばせながら、さまざまの姿態をなして踊るものである。

　右の図5は胆振・白老の舞踊の一齣を示すものである。

　かかる舞踊は、祭りの際に行われるのが本体であるから、男女とも刺繡衣(チカラカラベ)に盛装し、女子はchipanup(礼装用の鉢巻)を額にしめ、頭に玉飾り

図5　舞踊（胆振・白老）

tama-sai、耳に耳環ninkariをさげ、男子は頭にsapaunpe（柳の削り掛けで作った礼冠）を戴き、太刀を佩き、右手に刀を抜き持ってこれに加わるのが普通である（ただし、足は素足である）。知里真志保博士が『アイヌの歌謡』の中で、Rimseは凶事儀礼の行進Niwen-apkash（Ukewehomshu）（第1章、「誦呪の詞」の条参照）に起原を発するものであろうと言われているのは、卓見といわねばならない。悪魔祓いの呪術的行進から発したものであるから、全身の跳躍的運動が古い姿であり、さらに、物真似的なもの（例えば、狐の舞いchironnup rimse、鶴の舞いhararki、兎の舞いisepo rimse等のごとし）を進化させているが、われわれの普通考えがちな舞踊、すなわち、ある歌謡に振り付けをして、その歌謡の中に盛られた内容・情緒を美的に流動化する空間芸術といえるほどの高度のものには、いまだ発達していないのである。

　かかる舞踊に伴なう歌謡Rimse-shinotchaというものは、(1)例えば、"Hoiya ō, eiya o, ……""Herekan hō, herekan hō, hei choi, au hō……""Hei hu hu, hun, hei hat ……"のように、掛け声あるいは囃子でほとんど無意味な音群を繰り返すもの、(2)あるいは無意味の音群の中に詞を挿むもの、"Hunnaka ō, hunnaka ō, peurep rek hau."（――の部分、「仔熊の鳴く声」の意）、"Hikō kō kō, hikō kō kō, hikō kō kō, esapaki karkar, esapaki karkar, eohonto karkar, eohonto karkar."（――の部分、「おまえの頭、動かせ動かせ、おまえの頭、動かせ動かせ、おまえのお尻、動かせ動かせ、おまえのお尻、動かせ動かせ」〔樺太の踊り歌――知里博士『アイヌ文学』83ページより引用〕）、(3)祭りの歌Upopoを歌詞とするもの、例えば、"Urar shuye, kamui shinta, ātui tuima etunun paye"(「靄たなびき揺れ、神の駕(のりもの)海面(うみづら)遥かに、その響とよみゆく——」釧路・春採)のごときものがある。

舞踊の型も、それに対する掛け声・囃詞ないし歌詞も、地方によってかなり相違がある。

私の見た中で、最も面白かったものは、樺太の東海岸落帆Ochopokkaのもので、ここでは、tonkoriと称する「五絃琴」を伴奏として、歌の調子も陽気で、踊りもすぐれていた。1934(昭和9)年3月、胆振・白老で、アイヌ舞踊を16ミリ映画に撮影したが、その時の型の種類は、次の6種であった。型の1例として次に示す。

(1)Hoiyā ō(手を拍ちながら、踵を上下し、左にまわる)、(2)Wa oi、(3)Hotto((2)(3)型の記録なし)、(4)Haikur(左にまわりながら、上体を屈め、手を拍ち、上体を斜めに逸らし、両手を胸に当てる動作を繰り返す)、(5)Heraantō(掌を上に、両手をまっすぐ伸ばし、そのまま腕を屈し、左右交互に掌を下に伸ばす)。のち、上体を斜め前に曲げ、右手で右袖口を持ち、上体を伸ばして手を胸に取り、また曲げて伸ばす)。

(4) Sake-hau 酒謡

Sake-hauは原義「酒の声」。これをまたChikup-hau「酒の声」、Iku-hau「酒宴の声」、Tonoto-shinotcha「酒の歌」ともいうが、男子が踏舞tapkarする際に発する、特有な調子を帯びた唸り声ともいうべきものである。われわれの聴いた感じでは、実に異様なもので、喉の底から絞り出す呻き声のようなもので、普通の歌の概念とは、およそ縁遠いものである。この異様な呻き声も、結局、節調のある1種の音群で、それを踏舞にあわせて反復するのであるが、これを採譜することはあるいは可能かも知れないが、ローマナイズして表わすことなど、ほとんど不可能なほど、複雑微妙な変化がある。ちょっと聴いただけでは、誰の酒謡でも、みな同じように聞こえるが、たびたび聴くうちには、朧ろげながら、人によって違いのあることが分かるものである。沙流・平取(ピラトリ)の平村Itaktukan翁のごときは、酒謡の声帯模写を得意とし、沙流の古老十余人の酒謡を、それぞれ歌い分けた。それを録音したレコードが、筆者の許に保存されている。

酒謡は、祭祀の祈り、酒宴もようやく歓たけなわな頃、長老たちが、頭には礼冠sapaunpe(柳の削り掛けを綯(な)って作る)を戴き、太刀を佩いた姿で、こもごも起き上がり、両手を左右に伸ばし、掌を上向けにし、肘は少し曲げ、それを静かに

上下しつつ、両脚を開いて、床の上を一歩一歩力強く踏みつけて、斜め横の方へ五、六歩行っては引き返して、また同一の動作を繰り返して踏舞する時に発する声なのである。

踏舞の原語tap-karは、「タッタッと音を発する」義で、起原的には、床を踏む音によって、善神を声援し、魔神を威嚇する呪術的意味を持ち、儀礼から次第に舞踏的なものに発達して来たものと思われる。

男子が踏舞する際、時としては、その背後に、一人あるいは二人の婦人が起ち、手を拍って踊り跳ねながら、これに調子を合わせて、ときどき「auchō」とか「auho」「auhoi」などいう叫び声を挙げて、酒謡に和する。婦人が男子の踏舞を助けて踏舞することを、i-e-tapkar（それに連れて踏舞する）、u-e-tapkar（相連れて踏舞する）という。

酒謡は普通、単なる無意味の音群の発声である。中には、歌詞を交じえるものもあるが、前者からの発達であろう。歌詞を交えた1例を、日高・沙流・荷菜(ニナ)の老媼平目カレピアの伝承したものにより、次に示す。

これは日高・染退(シベチャリ)（現在の静内町）の酋長某が、人々が己れの綽名Ikor-kaya-ni（「宝刀を帆柱に縛り付けた男」の義）を軽々しく呼ぶのを憤って、歌ったものであるという。

Teeta kane	その昔
ku-uimam hita	我交易に船出せし時
ku yupkep ko-ash.	我暴風に遭ひぬ。
nehi orta	そのをりしも
iyun emushpo	秘蔵の宝刀の
shino pirkap	すぐれてよきを
kayani kitai	帆柱の先に
ku-ko-shina wa	我結びつけて
ko-itak-kote	禱詞を捧げたり。
kusu keraipo	その甲斐ありて
ruyampe ratchi,	暴風雨(しけ)も静まりて、
utat turano	部下もろとも
ku-shiknu awa,	命生きしを、
neun anpe kusu	そのゆゑをもて

kusu a-en-rekohi	人、我を呼びて
"Ikor-kaya-ni"	「イコロカヤニ」
ne rok awa,	といふことなるに、
neun-anpe kusu	如何なるゆゑか
tu ukot kama	二座を超え
re ukot kama	三席を超えて（向座より）
en-chikoyairire.	我が名を（呼びて）辱しめたり。
ku-rehe motoho	我が名の由来を
ku-opeope	我解き明かし
echi-nure an na.	汝等に聴かする次第なり。
akkari itak	なほこの上に物言ふことを
e-ki he ki ya?	汝等敢へてし得んや。

（5）Shinotcha 抒情曲調

　すでに、本章の初めにおいて述べたように、一昔前のアイヌの人々の生活において歌謡の占める位置は、すこぶる大きなものがあり、歌謡を引き離しての生活というものは考えられなかったといっても過言ではないほどだった。

　しかも、奇異なことには、アイヌの人々の考え方によれば、鳥獣・虫などにそれぞれ違った啼き声（特有の歌曲）があるように、およそ人間にも、各自違った節まわし（曲調）というものがあるべきものだとしていることである。だから、各人、嬉しいにつけ、悲しいにつけ、淋しいにつけ、佗びしいにつけ、歌を歌う時には、いつも口癖のようになっている個人の節まわしというものをもつことになる。それが、Shinotchaというもので、私が、かりに訳して、抒情曲調と呼ぶものである。

　Shinotchaの原形は、Shinot-saである。shinotは、動詞として「遊ぶ」「遊戯する」「踊る」「歌舞する」、名詞として、「遊び」「遊戯」「踊り」「歌舞」を意味し、saは「節調」「曲調」を意味する名詞である。従って、shinotcha＜shinotsaは、「遊びの節まわし」という意味にも解され、「歌舞の曲調」の意味にも解せられる。

　知里真志保博士は『アイヌ文学』97ページにおいて、

　「シノッチャという語は、おおよそ次のようないくつかの意味に用いられている。（1）北海道の北部（および樺太）では『踏舞の歌』をさす。（2）北海道の北でも南でも一般に『歌の曲調』を言う。（3）胆振や日高の沙流地方

では『個人特有の歌の曲調』を言い、また、（４）その曲調に歌詞をつけたものを言う」
といわれ、その語原についても、「歌舞の曲調」という意を重視し、その「歌舞」も「巫女の歌舞」とされ、
　「シノッチャの語原は、シノッ・サ（shinot-sa「巫踊の・曲調」）ということで、本来は巫者が神がかって演じる踊に伴う歌曲を言い、それから一般に踊に伴う歌曲を言ったらしく、北方で言うシノッチャはこの意味から出たものである。また踊の歌曲から転じて一般に歌の曲調をさすようになる。それが個人特有の歌の曲調をさすことになり、その曲調にのせて歌った歌詞をも含めて言うようになったのが、胆振及び沙流地方のシノッチャだったと思われる」
と言われている。
　Shinotcha「抒情曲調」は、それ自身は言葉になってはいない。例えば、
　（１）"Hore ii, hore ii."
　（２）"Hore hore, horenna."
　（３）"Horenna horen."
　（４）"Hau o o haita, hau o o yana."
とかのように、ほとんど意味のない個人的に一定した音群のリズムを、声の高低の変化によって、長めたり、短くしたりして繰り返すのである。
　これだけでも、もう一種の歌であるし、またこれを繰り返していくうち、ほとんど忘我の境、いわば一種の異常意識の状態に入ったかのように、心に浮かび思いつくままに、感興の赴くままに、即興的に一句一句纏めて、その中へ投げ入れていくと、そこに抒情歌謡が生まれて来る。
　従来、アイヌの民謡とか俚謡とか呼ばれて来たものは、たいてい、この「シノッチャ」を基調とする歌謡群である。アイヌの民謡というものを、狭義に解すれば、この一群のみを指してもいいのである。一度、興に乗じて歌詞が口を衝いて出るようになると、とめどもなく、次から次へと続いて果てしがないことがある。
　現に私など、そのような場面にぶっつかって、ノートも何も出来なくなって、精魂も尽きはてて、ただ呆然として聴きほれてしまったようなこともしばしばあった。1929（昭和4）年8月9日のことであった。その頃、私は登別温泉に滞在して、アイヌ細工店に働いていたアイヌの婦人を招いて、アイヌ叙事詩の「神謡」・「詞曲」の採集に没頭していたが、先方もこちらもいいかげん疲れた

昼さがり、「先生、ヤイシャマネナでもやりましょうか」と歌い始めた。その「シノッチャ」は、"Yaishamanena, hore hore hore hoi." で、それを繰り返しながら "Nekon ku-ye ya, nekon ku-kar, ku-keutum konna, ko-shum-natara, ko-noi-natara."「何と私は言いましょう。何と私はいたしましょう。私の心は、悲しみに萎え凋れてしまうのです」……と始まり、彼女の境遇など歌っているうち、いつか私のことに及んで、"Kampi nuye, ki a kunip, shisam nishpa, tono nishpa, iki a yakka, etakasure, mauko-pirka, ki nankonna, nep epetchiu sakno, pirka irauketupa, a-ki nankonna."「これをノートに書かれる、和人の旦那、殿の旦那は、ますます、幸運に恵まれなさるように、いかなる躓(つまづ)き事もなく(epetchiu saknoは、道を歩いても躓くこともなく無事に行くようにという意)、立派に御仕事をなされることでしょう」等と祝福してくれるので、こちらも煽てられたような気持で聴くうち、いつか二時間余も続いて、やっと歌い終わったのであった。

「シノッチャ」は、個人的に幾つかの曲調が、型のようにほぼ一定しているばかりでなく、地方的にも類型があるのではないかと考えられている。だからアイヌの人は、ちょっと聴いただけで、「ああ、これは沙流のシノッチャだ」「静内のだ」「旭川だな」「胆振のだな」などと言うが、幾つか聴いているうちには、我々の耳にも朧ながら、およその当たりはついて来る。ともかく、この「シノッチャ」というものは、アイヌの抒情歌謡の基調となるものであって、この基調の上に、後述する「Iyohaiochish（哀傷歌）」、「Yaikatekar（恋慕歌）」、「Yaishamanena（抒情歌）」等が成立するのである。

（6）Iyohaiochish, Iyohaichish, Ohaichish 哀傷歌

（5）の「シノッチャ」を基調とする抒情歌謡中、特に、悲哀の心緒を歌うものをいう。

Iyohaichishのiは人・物などを「それ」と指示する接辞、yは渉音、ohaiは「泣き叫んで後を追う」「苦悶の声を挙げる」、chishは「泣く」意である。哀傷歌・哀慕歌などと訳しうる。

旭川・近文(チカブミ)部落などでは、この語を用いず、Chish-shinotcha「涕泣歌」といっているが、哀切の情に堪えずして、泣きながら歌ったりするからである。

日高の沙流・紫雲古津(シウンコツ)の伝承詩人ワカルパ(ユーカラクル)が壮時、同村の娘のチモナックの水汲み姿を見て、想いを寄せて歌った「イヨハイオチシ」を、誰かそっと立ち聞き

していたものでもあったか、それが彼の死後にも伝えられていた(荷菜のカレピア媼の伝承を筆記)。ワカルパは、このため、村人から綽名されて、終生 Wakka-ta achapo「水汲み小父さん」と呼ばれていた。

Yaishamane na!	ヤイシャマネナー！〔囃詞〕(1)
Chimonak-monak!	チモナックモナックよ！(2)
Kinamochi-mochi!	キナモチモチよ！(3)
kor opet tono!	私のいとしい少女よ！
kor oper sama!	私の想う娘よ！
heru yainu ne	ただ独り心の中に
heru keutum ne	ただ心の中に
chi-ki rok yainu.	想うだけで口には言えない。
kor opet tono!	私のいとしい少女よ！
inunukashki.	本当に可愛そうでならない。
shukupkur yainu	若い男女の物想い
shukupkur keutum,	若い男女の恋心というものは、
teeta wano	昔から
kamui orwano	神々のみ心で(4)
kamui-kar keutum	神々のなさる心(5)
ne wa kusu,	であるから、
inki shukup-kur	どんな若い男女
iki yakkaiki,	であっても、
e-u-senpir or	互いに人の見ぬ蔭で
ramu-uiruke	想いに沈んで
e-yai-keutum-or	その心を
wente kunip	痛め悩ますものは
shukup-kur keutum	若い男女の恋
ne rok awa,	であるのに、
heru yainu ne	ただ想うだけの
heru keutum ne	ただ慕うだけのことを
chi-ki rok yainu,	私たちがしたのに、

kurkashke	そのために
shukupkur menoko	若い少女の
kimui kashike	頭上に[6]
chi-tam-rayere	刃物を加えることを[7]
toshi wen pakko	あのかったい婆め[8]
shirun pakko	貧乏婆めが[9]
e-karkar hawe.	したというではないか。
kor opet tono!	私のいとしい娘さん！
kor oper sama!	私の想う娘さん！
inan henpar	いつの日にか
u-nukar hawe,	互いに会い、
uko-yaierap!	互いに嘆き合う
tanpe poka	ことばかりも
chi-ki a kunip	することが
nehi oka ya?	出来るだろうか？
toshi wen pakko!	あのかったい婆め！
shirun wen pakko!	貧乏婆め！
yaishamane na!	ヤイシャマネナー！

〈注〉
（1）yaishamanena は、この抒情歌の歌詞の間に挿入され、囃子となる「シノッチャ」。
（2）Chimonak-monak の Chimonak は娘の名。monak は語調を整えるため、後にもつけて繰り返したもの。
（3）Kinamochi-mochi は Chimonak を逆にした飾り言葉。日本語の「黄粉餅」などの連想も働いているようだ。
（4）（5）男女相思の情は神々がそうさせるので、極めて自然の人情だと言うのである。
（6）（7）「頭上に刃物を加える」というのは、娘の母親が怒って、娘の髪を切ってしまったことをいう。
（8）（9）娘の母親を罵っていう語。toshi は東北方言で、「どす」。

そのむかし、江戸時代末、沙流・去場部落のシランポという女が、徴用されて門別会所(モンベツ)で強制労働させられている相思の人、コロクニップを慕って歌ったとい

う歌（沙流・荷菜(ニナ)、カレピア媼伝承）。

Monpechi kaisho	門別会所の
kotchakehe	前わたりに
oma ummaya	建っている厩の
ummaya tekkisama	厩のそばに
e-ash a kash-kot	立つ仮小屋の
kash-kot upshor	仮小屋の中から
ko-itak-rui kamui	私のお話ししたい神様のようなお方
ko-itak-rui pito	私の物申したい立派なお方が
chi-soi-naraye,	外へ出て来て、
monpechi nottu	門別の浜の出崎の
nottu turash	その出崎について
rikin umma-ru	山手へ上る馬路(うまみち)
umma-ru koika	馬の通い路(じ)の東
e-an mauni-sar	にある浜茄子原
mauni-sar koika	浜茄子原の上手に
e-an kuttar-ushi	生える虎杖(いたどり)原
kuttar-ushi tumu	その虎杖の藪中で
ko-itak rui kamui	私のお話ししたい神様のようなお方
ko-itak rui pito	私の物申したい立派なお方が
ene hawe an-i;	こういわれたのでした。
"tane anakne	「今はもう
pakno ne yakun	これほどまでの仲になったのだから
e-kor humi an	汝の考えるところも
ku-kor humi an	私の考えも
shinep-shir ne	全く一つに
shi-ukoraye,	結びあっている、
a-e-usa-turse	互いに別れることなど
shomo-ki kusu	決してしない
nehi tapan na.	のだよ。

kor opet tono!	私のいとしい娘よ！
kor oper sama!	かわいい人よ！
e-keutum orke	あなたは心を
ko-kari kuni	変えることなど
e-ramu na." sekor	思ってもならないよ」と
kuttar-ushi tumu	虎杖原の中で
ko-itak-rui kamui	私のお話したくてならぬお方
ko-itak-rui pito	物言いたくてならぬお方が
hawe-an ruwe	いわれた
nehi tapan na.	ことでした。
eyoyorpe!	おお、切ない！
yaishamane na!	ヤイシャマネナ！

　むかし、沙流・紫雲古津(シウンコツ)のコウセパという娘が、門別の会所に勤めていた下役の秋田の人某（アイヌたちはChokko nishpaと綽名したという）とわりない仲となったが、男が郷里秋田に帰ってしまってから、それを慕った歌った「イヨハイオチシ」が、今に伝えられている。

Neita-an kotan	どこにある村
neita-an moshir	どこにある国であるから
re-kor katu	その名を
Akita ne kusu.	秋田というのだろう。
Akita wenkur!	秋田生まれの乞食野郎！[1]
Akita pinpo!	秋田生まれの貧乏野郎！[2]
an akusu,	汝のお蔭で
tu-sui chi-raike	二度も殺されそうな目に遭い[3]
re-sui chi-raike.	三度も責めさいなまれたぞ。[4]
chikap ta ku-ne	鳥になりたい
tori ta ku-ne.	禽になりたや。
kiwane yakne	そうしたら
Akita kotan	秋田の町へ

ko-yaiterker	飛んで
ku-ki wa neyak	行って、そして
shine-itak poka	せめて一言葉だけでも
tu-itak poka	二言葉だけでも
ku-ye wa ku-nure	いって(あいつに)聴かせて
ki rusui yakka,	やりたいけれど
tekkup sakpe	翼もない
ku-nep nekusu	私のことだから
ene ku-yehi	何と言いようもなく
ene ku-kari	どうして見ようも
oar isam.	ないのです。
haipota! ku-yainu wa	ああ情けない！　と思うて
tapan ku-yainu	この私の切ない思いは
nekon ku-ye ya?	何といったらいいでしょう？
nekon ku-kar?	何としたらよいものでしょう？
haita ya na!	ああ情けない、ああ切ない！

〈注〉
（1）（2）哀慕の情の切なるあまり、男を罵っている。
（3）（4）和人と関係したため、折檻されたのだが、親・兄弟からか、会所の役人からか不明である。

　旭川・近文のシムカニ媼（おそらく、北海道・樺太を通じて最後の名歌手だったと思われるが、今はもう世にない）が、私のために歌ってくれた Chish-shinotcha「涕泣歌」は、私の聴いたアイヌの抒情歌中、最も秀れたもので、さながら、詩の朗読でも聴くような感銘深いものであった。録音レコードで、8分もかかるが、歌詞は、わずか、二三句に過ぎない。
　「Hau o o」という「シノッチャ」は、毎句頭もしくは毎句後に入るだけでなく、時には、一語の中にさえ、割り込んでくる（例えば、Inunukashki「哀れだなあ」という語の中に挿入されて、Inunu-（hau o o）-kashki のような形をとっているが、珍しい例である）。
　今、歌ったままに、「シノッチャ」を入れて、これに対訳を施して示す（ただし、

「シノッチャ」の表記は、冒頭と末尾だけ明記し、他は皆（〃）として示す）。

（Hau o o) haita （〃) yana!		ああ情けない！
（〃) inunu （〃) kashki!		哀れなことよ！
（〃) isam shir （〃) puri		他にない振舞を
（〃) ku-kihi （〃) yana.		妾(わたし)がしたのだろうか(他にもあるのに)。
（〃) kuani （〃) patek		妾だけ一人
（〃) ku-kip （〃) hetapne,		したという、
（〃) shukup-kur （〃) puri		恋の道
（〃) nepne （〃) kusu		でもないのに(かくなり果てたのは)
（〃) inunu （〃) kashki!		哀れだな！
（〃) ku-kor-pon （〃) -shiyon		この妾の赤児も
（〃) numattom （〃) -ushpe		まだ乳を呑むほどの嬰児で
（〃) shomo-ne （〃) yakun		なかったら
（〃) ku-hoppa （〃) korka,		後に遺して(私だけ)死ぬのだが、
（〃) numattom （〃) -ushpe		(まだ稚い)乳呑み児の
（〃) konepne （〃) kusu,		ことだから、
（〃) ku-hoppa （〃) kusu		後に遺して置くことも
（〃) ku-yaiko （〃) -niukesh.		できないのです。
（〃) Tokor （〃) kamui!		(この)沼の神さま！
（〃) ku-kor （〃) shiyon		妾の赤ちゃんの
（〃) peken （〃) ramachi		清浄(きよらか)な魂魄(たましい)を
（〃) en-kope （〃) -ka wa		受けとめて下さって
（〃) en-korpa （〃) -re yan.		(あの世で)私に渡して下さい。
haita (hau o o) yana!		ああ、情けない！

〈注〉

（1）表現が頗る簡潔、象徴的なため、直訳のままでは、よく解らない。この"涕泣歌"は、ある薄倖な女が世をはかなんで、沼に身投げしようとした時、涕泣しつつ歌ったものだと言い伝えている。初め、親たちのとり決めた許婚の男があったが、それを嫌って、相思の愛人の許へ走り、やがて一子の母ともなったが、その夫からも捨てられた。いまさら、親の許へも帰れず、世をはかなんで沼に身を投じたという。この悲歌は、誰が聞いたものか、村人の間に歌い伝えられて来たという。

（2）終わりの四句は、「妾は今この沼にこの児を投げる。沼の神様は、そこへ手をさ

しのべて受け取って下さって、その清浄な魂をあの世で妾に渡して下さい」という意味。アイヌの死者の国は、この人間世界の生活がそのままの連続であるという。肉体の遊離した霊魂は、他界に行って、再び肉体を得て復活し、親子・夫婦仲よく生活するものと信じているのである。

図6は、抒情歌手として北海道第1の美声の持ち主と称せられた、旭川の故鹿田シムカニさんである。

(7) Yaikatekar, Yaiekatekar 恋慕歌
　Yaikatekar の原義は、yai（自身）、katekar（物に憑かれて常態を失う）で、樺太で、「恋慕の歌」を1般的に指す名称である。(6)の Iyohaiochish（哀傷歌）、あるいは Chish-shinotcha（涕泣歌）と本質的に違ったものではない。すなわち恋慕の情に堪えず、物に憑かれたように、常態を失い、うつろな心で歌い出す抒情歌で、人前ではとうてい口に出せないような悲喜交々の恋情、時には、閨房の秘事などにもわたって、かなりセンシュアルな、エロティックな激情を歌ったものもある。

図6　抒情歌手・鹿田シムカニ（旭川・近文）

Sine pon eyami	一羽の若いカケスが
riten nitek ka	しなやかな枝の上に
o-rew ki wa	ちょこんと止まって
o-ripi-ripi	尾を振りまた振る
riten ni ne kusu	しなやかな枝だから
reun reun	たわみたわみ
topun topun.	はね返しまたはね返す。

（知里真志保氏『アイヌ文学』103－104ページより）

私が、樺太で聴き、録音したものの中には、本来、個人的なものだが、いつか

人口に膾炙し、民謡化して行くうちに、曲調も、面白く音楽的に発達して、トンコリ（五絃琴）の伴奏を持つようになったものなどある。

（8）Yaishamane, Yaishamanena, Yaishama 抒情歌

これも、やはり、自己の悲喜交々の感情、思慕の情、不運の境遇等を即興的に歌い出るものであるが、yaishamanenaというシノッチャを基調とする点で、この名がある。

けだし、アイヌの抒情歌謡中、最もポピュラーなものであり、民謡的色彩に富むものといってよい。

yaishamanenaという語の語原は、金田一京助博士が言われるように、yai（自身）shama（模倣する）ne（である）na（よ）と分解され、「自分を真似ますよ」「自身を表現するよ」ということであるが（『アイヌ叙事詩ユーカラの研究』第1冊、84ページ）、結局、音声によって自己の心緒なり、行動なりを、そのまま描写することで、すなわち「歌う」ということになる。

その内容は、すこぶる空想的・幻想的で、心の赴くままに、奔放自在に述べていくので、自分の身は依然として、そこに在りながら、あるいは鳥と化して恋人の村を訪れ、涙ながらに恋人と言葉を交わすとか、あるいはもしこうして私が死んでしまったら、あの人はなんといって悲しむだろうとかいったように述べていくので、哀傷の中に享楽があり、誇張の中に夢幻的・非現実的なところがあって、ひろく「歌」というものの起原を考えさせる好資料となるものである。

これは抒情歌といっても、客観的に事物を叙したり、あるいは自己の感情を傍観的に述べたりする点で、かなり叙事的要素を含んでいるので、厳密な意味の抒情詩とは、必ずしもいい切れない。

私の観るところでは、いかに即興的に作られるとはいいながらも、その表現には、ある類型的なものや、常套的なものがあるので、たくさんこの種の歌謡を聴いたり、書いたりしているうちには、あまり目新しい独創的な表現にぶつからないように思う（このようなことは、独り、アイヌ文学のみでなく、あらゆる民族の口承文芸についていえることであろうが）。

初めは、独白的・個人的な表現であっても、それが一度、民謡化すると、それがあるモデルとかパターンとなって、新しい個人的な歌謡が作られていくからで、けだし止むを得ないことなのであろう。

「ヤイシャマネナ」という折り返しの基調となる曲調も、もちろん、個人的の特質、すなわち声の美醜、節廻しの巧拙などによって違う。

同一の人でも、幾つかの節廻しを持っていて、歌詞により、歌う場の雰囲気によって、種々に変えて歌う。しかも、それが、歌手の気分によって支配されることも多く、同じ歌を同じ曲調で歌いながら、時には、まるで別人の歌かと思われるほど、微妙な変化を来たすことさえあるのは、注意を要する事実である。音譜によらず、楽器の伴奏もなかったアイヌの歌謡にあっては、そういうことが、むしろ、極めて自然であったかも知れないのである。

私の経験した範囲で言うならば、概して、沙流を中心とする日高地方のものは古朴・単調の中に滋味掬すべきものがあり、噴火湾（内浦湾）岸の有珠・蛇田地方あるいは胆振の幌別・白老辺りのものは、優婉な節調で、聴く者をして恍惚たらしめ、その哀怨のリズムは、聴く者の涙をそそるような趣きがある。樺太の「ヤイシャマネナ」に至っては、最も絢爛・華麗で、北海道のものよりはわれわれの耳に親しみやすく、われわれにも多少真似しやすいようであるが、それだけ、日本内地の民謡の曲調の影響が多いのではないかと思われる（もちろん、これは、本来の姿ではないと思うが）。ことに、私が樺太の東海岸落帆Ochopokkaで録音したものなどは、五絃琴「トンコリ」を伴奏として、すこぶる明るく陽気で、近代的な味わいがあることは、かつて北海道においては見られないところである。次に、「ヤイシャマネナ」の例を挙げる。

（1）胆振・千歳Shikotの蘭越Ranko-ushi部落の岩山ヨネさんが、1934（昭和9）年の夏、われわれの千歳の宿へ来て、歌ってくれて録音したもの。

Yaishamanena!	ヤイシャマネナ！
tuima kotan ma	遠くの町（東京）から
shisam tono	和人の殿方が
arki katu	おいでになったということを
neiwano sui	何処からまた（聞くともなく）
k'eram-an	私は知った
ki a pekor	ものででもあるかのように
k'eutomot shir	私もやって来て

ku-nukar hike,	お見かけしましたところ
shisam tono	和人の殿方から
ko-mauko-pirka	幸運を恵まれた
ku-ki akusu	私ですから
shinotcha nechiki	曲でも
samuina nechiki	歌でも
easukai pakno	私のできるだけ
ku-ye iki wa	歌って
ku-nuyeyarka ki,	お聴かせいたしましょう。
eepakita	それからまた
shisam tono	和人の殿方の
kor a ikor	お持ちのお宝（金銭）を
utat turano	私の村の人たちともども
chieunkerai	私も頂戴
ki a shir	いたしました様を
ku-nukar hike	私が見ましたので
yairaike na.	御礼申します
e-rampeutekpe	何も知らない
ku-ne ka anak	私というわけでも
shomo-ne korka,	ありませんが、
pase tono	貴い殿方に
pase ko-itak	申し上げるような立派な言葉が
eaikap kunip	充分にできない
ku-ne akusu,	私ですから、
ene ku-yehi	どう申し上げてよいやら、その言い様も
isam ruwe-ne.	ない次第です。
yaisamanena!	ヤイシャマネナー！
pakno ku-ye na.	とまず申し上げます。（ここまで、前口上の歌）
yaisamanena!	ヤイシャマネナー！
kim-ta patek	山の中にばかり
anpe ku-ne wa,	いる私でして、

shisam neyakka	和人の方にも
ainu neyakka	アイヌの人にも
ku-nukar ka	めったに会うことも
eramishikare	せずに暮らして
kip ne kusu,	居りますが、
ku-shinewe kusu	私は遊びに
irukai ku-san.	ちょっと山から里へ下りました。
ko-ekarino	そこへ折りから
tuima kotan ma	遠い（東京の）町から
shisam tono	和人の殿方が
paye-oka ki wa	おいでになったのを
ku-nukat hike,	私が見ますと、
shisam tono	和人の殿方の
kor shiretok	立派な御容貌を
ku-nukar hike,	見まして、
ko-erayapka.	全く驚嘆いたしました。
kamui ashun ne	神々の噂ともなり
hopuni kunip	高く評判されるはずの
shisam tono	和人の殿方の
ne akusu,	ことですから、
nehi korachi	それと同時に
shiretok hene	容貌も
teketok hene	手先の業も
pirka ruwe.	すぐれていらっしゃることです。
neno ta ku-an ne,	そのように私もありたいもの、
shisam ta ku-ne.	私も和人だったらいいのに。
yaishamane na!	ヤイシャマネナ！
kimoyakeru!	キモヤケル！
yaishamane na!	ヤイシャマネナ！
kimoyakeru!	キモヤケル！
shisam tono	和人の殿方の

newane yakne	ことですから
paye-oka tono	旅をされる殿方が
paye-oka hita,	旅をなさる時、
ku-tura ki wa	私も御一緒に
ku-apkash yakne,	旅ができたら、
neita kotan	どこの村
ne a yakka	であっても
ku-itura ki wa,	私も一緒に行って、
pirka kotan	美しい村や
pirka moshir	美しい国を
ku-yai-nukare	見物して
k'e-kirot an	楽しむことも
kip ne korka,	できるのでしょうに、
wen menoko	みたくない女の
ku-ne akusu	私ですから
ku-yainu a he	（こんなに）私が考えても
ku-ramu rokpe	思って見ても
ku-tek-haitare	とても手が届かない
ki a shir	ということを
ku-nukar hike,	解(わか)って見ると、
e-rai-ekotne,	残念でたまりません、
shiknu eyororot	生きの涯(きわ)み
e-ki ya? sekor	そう思いつづけるだろうと
ku-yainu hike,	独り思えば、
tu-nupe ram ne	泣かんばかりの心となり
re nupe ram ne	涙心になって
ku-keutum orke	私の心も
ko-shum-natara	しおしおと
ko-rai-natara	死なんばかりに
ko-yak-natara.	崩(くず)おれ弱るのです。
yaishamane na!	ヤイシャマネナ！

| kimoyakeru!   キモヤケル！

〔注〕
（1）この時の1行は、恩師金田1博士、私、私の若い助手と私の妹弥生との四名であった。容貌を褒め、手業の妙なることを讃えられたのは、はなはだ面はゆいが、他に対していう1種の常套的表現なのである。
（2）囃詞はyaishamanenaのほかに、kimoyakeruという語も入って来るが、これは、もちろん、「肝焼ける」という内地方言（北海道・青森・岩手・秋田・新潟の一部などに行われる）である。本来「腹立たしい」とか「口惜しい」とかいうような意味であるが、ここでは、「羨ましい」「自分がそうなれぬのが残念だ」というような意味で使われている。
（3）岩山ヨネさんは、千歳の村里から離れて、山深く、樵夫の妻として暮らしていたが、たまたま町へ出て来て、我々1行にめぐりあったことを述べている。彼女は当時、22、3歳だったが、その年配の女性としては、珍しく、アイヌ語も確かだし、節廻しも巧みであった。その後、20年の歳月を距てて、1952（昭和27）年の秋、私が千歳に滞在した折り邂逅したが、これがその人かと疑われるほど、世渡りの辛酸に蔫れ切った姿になっていたのは侘びしかった。

（2）次の例は、昔、胆振・幌別の7歳の娘が、親類の許で歌ったものだとして、金成マツさんが、私に伝えたものである。幼い子供ながら、成人の「ヤイシャマネナ」にならって、歌っているが、札幌の町を見たいというあどけない憧憬の気持が現われている。

Kamui ka tapne	神様でさえ
kotan-kar ki ko	（その昔）村造りされたら
moshir-kar ki ko,	国造りされたら、
utur tokse	ところどころ高くなり
utur kot ne	ところどころ凹地ができたりした
e-nu ki awa,	と（昔話に）聴いていたのに、
chi-nukar shisam	私たちの見る和人の方々
chi-nukar-tono	私たちの見る殿方の
teke-kar kotan	手で造りなさった町
Satpor kotan	札幌の街は
nekona an wa,	どういうわけか

kamui ashun ne,	神様の噂同様に、
pirka ashur	立派だという評判が
chi-hopunire.	高く立つことです。
nekon kata	どうかして
ku-ki yakne,	できることなら、
Satpor kotan	札幌の町を
ku-nukar okai!	私は見たいものです！
ku-yupo yupo!	私の兄(にい)さん！
ku-yupo nishpa!	私の兄(あに)さま！
e-oman chiki,	あなたが(あそこへ)行かれるなら、
en-tura,	私もつれてって下さいな、
Sat-por kotan	札幌の町を
ku-nukar	私も見物し
kusu-ne na.	ようと思うのです。
e-entura yakne,	私をつれてって下さったら、
pirka attush	綺麗な厚司を
ku-tomte-kar-wa,	立派にこしらえて、
e-e-ko-yaiattasa	御礼に上げ
kusu-ne na.	ますよ。

（３）次の歌は、昔、胆振・幌別の秀才、金成太郎氏（アイヌ出身の小学教師として前途を嘱望されたが、夭死した）が札幌師範在学中、寄宿舎で、望郷の念に堪えず、戯れに口ずさんだもの（神成マツさん伝承）。

Tono irenka	お上の掟
shisam irenka	和人の規則(師範学校の学則)
an kusu	があるので(私は、それを守って)
Satpor kotan	札幌の町の
kotan upshor	街の中に
ku-e-horari.	住んでいる。
ku-utaripo	故郷の人々に

ku-e-shikarun,	会いたいものだ、
chikap ta ku-ne,	私が鳥であったら、
tori ta ku-ne,	禽になれたらいいになあ、
kiwane yakne,	そうしたら、
kamui-kar kanto	神様の造った空に
uko-hopuni,	飛び立って、
kanto kotor	天際を
ku-ra-ko-tesu	羽搏き翔って
ku-ra-ko-chupu	翼すれすれに
ku-oman chiki wa	私が行って
ku-kor kotani	故郷の村の
Por-pet kotan	幌別村の
kotan enkashi	村の真上に(行って)
ku-e-shirappa,	ばたばた羽搏きの音を立てて、
ku-utaripo	私の村の人々
utarorkehe	あの人たちを
ku-nukar okai.	見たいものだ。
ku-utari utari	私の村人たちに
ku-yei anak	私が話しかけることは
somo tapan na,	しなくても、
Shimoshi ne ya	シモシ(娘の名)
ku-tureshpo	私のいとしい人には
ku-eshikarun.	会いたいものだ。
ku-kor operpo!	私のいとしい娘さん！
tapan-to otta	今日あたり
nep monraike	何の仕事を
e-iki kor	汝はして
e-an ruwe ta an	いることだろうか
ari ku-yainu chiki,	と私が想えば、
utarpa rakpe	首領の裔
rametok rakpe	勇者の子孫

ku-ne a korka,	たる私ではあるが、
tu-peken nupe	二つらの熱涙
re-peken nupe	三つらの熱涙を
ku-yai-ko-ranke	さめざめと流して、
ku-montum konna	我が身内(みうち)の力も
ko-shum-natara.	衰えしなえてしまうことだ。
a hai!	ああ、つらいなあ！

（9）木遣り歌

「木遣り歌」は、私も実際聴いたことはない。北海道にあったかどうかも不明であるが、山本祐弘氏の『樺太アイヌの住居』(1943年)によれば、

「……伐り出した用材を建てる場所まで運ぶ段取りとなる。これも村の人達が出てする。特に重い主要材は一本一本海豹(あざらし)の革紐で結わえ地上を曳いてくる。所謂木遣りである。(中略)材の運搬の際、白浜では木遣り音頭によってすることはない。だから音頭もないというが、落帆(オチボ)コタンでは、この音頭が残り、採取されたものが、記録となっているから、もとは矢張、華やかに音頭によって、木を運搬したことと考えられる」とある。知里真志保博士は、葛西猛千代氏の『樺太アイヌの民俗』によって、「木遣り歌」についての記述を、『アイヌの歌謡』と『アイヌ文学』の中でされている。同氏の『アイヌ文学』(92～94ページ)から引用すると、

Tani paxno	今まで
huxkara tonta	密林の中に
hotaxse tex an	立っていた
poro ni-kamuy	大木の神が
an-orachiwka	切り倒されてから
tu to paxno	二日ほどは
re to paxno	三日ほどは
katepase tex an	気分も重かったが
tantoantoke	今日はもう
pekere shiroro	明るい場所へ出て

ko-katu-nupexte	気もうきうきしている
aynu-utara	人々よ
ar-uramu-kon-no	心を一つにして
ehotaxtax yan	ひっぱれよ
toyru ka ta	山路の上を
si-toyko-toyko	えんやらやっと
ehotaxtax yan	ひっぱれよ
ne kusu-ne ike	そうすれば
poro ni-kamuy	大木の神は
eramukininusi	気も浮きたち
ekannukara	出迎える
utaroroke	人々は
san-cha ka ta	唇の上に
mina kanne	笑みを浮かべて
ekannukara.	出迎える。

　知里氏は、このうち、「人々よ、心を一つにして引っぱれよ、山路の上をえんやらやっと引っれよ」という部分が、おそらくもとの木やりの音頭だったのであろうと推定されている。
　北海道の日高の沙流では、材木などすべて重いものを運ぶ時、"Hetak shiyuppa yan, hetak shiyuppa yan, heiya he" というような掛け声をかけて、共同動作をするが、これだけでは、単なる掛け声で、「木遣り歌」とは言えない。こういう、掛け声を繰り返して、詞を挿む歌があったかとも思うが、まだ調査していない。

（10）Chip-o-hau, Chip-o-hayashi 舟歌
　アイヌの伝承して来た詞曲 Yukar, Hau の中などには、例えば、

Nanun-rap kata	舳の方には
usshiu nishpa	使人の長
utarorkehe	たち
chip-o-hayashi	船囃し（を）

earukutkesh	異口同音に
peka kane	歌ひ
hawe-oka kor,	囃しつつ
……	……

（日高・新平賀、エテノア媼伝承の Hau より）

などあるのを見ても、古く、舟歌が存したことは知られる。私が、樺太の西海岸、多蘭泊(タラントマリ)で録音したものに、Chip-o-hayashi「船漕ぎ囃子」と「船踊りの歌」の二種がある。いずれも、単に、掛け声や囃詞のようなものの連続で、歌詞は少しも入らず、曲調のテンポも早く、すこぶる豪壮な感じを与えるものである。アイヌも、一昔前までは、狩漁生活を主とし、海上に舟を駆っては、カジキマグロ shirkap や鯨を獲ることを一種のスポーツともし、また時には、間宮海峡を超えて、大陸に、あるいは津軽海峡を横切って、津軽半島の三厩(ミウマヤ)や十三潟(ジュウサンガタ)辺りにも交易に出かけた民族であるから、必ずや、舟歌のようなものも発達していたはずである。

しかし、不幸にして、現在まで、蒐集された資料は極めて乏しい。

私自身、1940（昭和15）年の夏、胆振・登別で、金成マツさんに、「子供の遊び」についてたずねた中に、Chip-o shinot「船漕ぎ遊び」というものがあり、その時、"Hoō hippo, hō chippo, takanput kiririt" と歌うことをノートしてあった。私には、わからなかったが、知里真志保氏は『アイヌの歌謡』の中で、この子供の遊戯に言及され、この歌詞を、「そらこげ、タカマの根本、キリリッ　キリリッ」と訳され、この遊戯は、子供たちが、屋内で対坐して行うもので、船を漕ぐような姿勢で、体を前後に倒したり起こしたりすると説明され、さらに、この歌は、まさに昔の舟歌であろうと推定されている。

知里真志保氏の『アイヌ文学』によれば、北見の美幌では「ヤッサホー」という、舟を漕ぐ時の掛け声があり、そういう掛け声を含む歌を「チポハウ」Chipo-hau（舟こぐ声）、あるいは「チポ・ウポポ」Chipo-upopo（舟こぐ歌）というと見え、樺太の鵜城(ウショロ)では、「ウムレワ　エアシソレワイ　アキウ　アキウ」という舟歌の囃しを折り返しにして、櫂をかきながら、あるいは櫓を押しながら、「恋慕歌」ヤイカテカラ（（7）で先に述べたもの）を歌い、それを Chipo-hau というと言うし、また、北海道の長万部(オシャマンベ)では、海獣を突くため沖に出た際、ヤイカテカラ（恋慕歌）を舟歌にして歌い、それを「チポシノッチャ」Chipo-shinotcha（舟こぐ抒情歌謡

と呼ぶと言われ、恋歌を歌うことに、獲物を呼ぶ何か呪術的な意味があったらしいと、傾聴すべき説を提唱されている。なお、同氏は、長万部には、「オキクルミの舟歌」（オキクルミはアイヌラックルとも呼ばれ、アイヌの始祖神）というものがあり、それは、舟の各部にいます神の名を挙げて、航海の無事安全を祈る内容のものであると言われている。

名取武光氏は、『北方文化研究報告』第3輯（1940年3月）の論文「北海道噴火湾アイヌの捕鯨」149〜151頁で、長万部の人々に伝承された Kamui-yukar「神謡」として、42句のものを挙げて居られるが、これはおそらく、知里氏のいわれる「オキクルミの舟歌」と同一の内容のものであろう。

海上で、暴風雨などに遭った時、舟を力づけ、難船するのを免れるためには、その舟の各部分の名称を唱え、その根元を高らかに唱え祈り、あるいは舟歌として歌うことは、アイヌの考えとして、極めて自然なことである。

第4章　巫女の託宣歌

すっかり開けてしまった現在でも、アイヌの部落をまわって見ると、巫術に長じた老嫗で、村人から、一種畏憚の念をもって見られている者がぽつぽつあるのに驚かされる。

かつては、アイヌの社会生活の上に絶大な力を揮っていたらしい巫覡（ふげき）の力も、固有の信仰が衰えるとともに弱まって、あまりわれわれの注意を引かなくなってしまった。

アイヌの宗教においては（少なくとも現在のわれわれの調査資料や古文献等の研究の上からは）、神々に木幣 inau を供え、祷詞 inonno-itak を捧げることは、男子のみがやることであり、女子はこれに参与する資格を認められない。女子は身の汚れたものであるから、神々を祀ることなどは、常に遠慮すべきものだという考えが強いからである。

しかし、巫呪の事になると、これに関与するものは、主として女子である。アイヌ語で、巫呪（ふしゅう）のことを Tusu、それを行う巫女を Tusu-menoko というが、詞曲（ユーカラ）などに出てくる雅語では、Nupur（巫術）、Nupur-pe, Nupur-mat（いずれも巫女の意）な

どが用いられる。Nupur は pan（淡い）に対する形容詞で、「濃い」「強い」「畏敬すべき」「恐るべき」「尊き」等の意を持ち、名詞としては、「畏るべき法術」の意を持ち、Tusu よりは語義が広い。

　巫呪には、二方面があって、（1）は人を呪う方面で、その方法について、アイヌの故老などにたずねても、顔色を変えるほどであるから、外来者などはとうてい窺い得ないものである。その際、用いられる呪詞 pon-itak という語そのものが、すでに禁忌（タブー）として、これを口にすることさえ怖れられているのである。呪術の方は男子もやったらしい。例えば日高・沙流の故老によれば、貫気別 Nupki-pet の部落には、かつて Kikinni-un-kur（kikinni はエゾウワミズザクラという除魔力の強いと信じられている植物の名、un「の」、kur「人」の義である。胆振の鵡川の谷に Kikinni という地名があるので、もと、そこにいた人かも知れない）という者があって、これをよくしたという。かかる呪詞をよくするものは、それによって人を呪殺したり、あるいは人の財宝などを掠め盗ったりするので、村人たちから畏怖されたのは当然であるが、その身にも不幸が重なり、裔が栄えないなどと言っている。

　（2）は「吉凶禍福を占う」方面で、この方ならばまだ、われわれの見聞することも不可能ではなく、詞曲などにもしばしば現われるものである。卜占の方法、あるいは呪文のようなものも種々あるが、今は多岐にわたるので、省略する。

　吉凶禍福を占う巫呪の方面には、主として女子が関与する。例えば、飢饉・洪水・悪疫・不慮の災禍等が起こったとする。酋長を初めとして村人たちが大勢集まり、巫女を招いて、巫女をして神意を伺わせるのが習いであった。まず、男たちが木幣（イナウ）を供え、禱詞を述べて、神々を祭り、神降ろし kamui-nishuk の詞を唱えると、巫女が神懸かりして異常意識に陥り、口ばしる託宣の詞によって神の意志を知るのである。神懸かりした巫女は、初めのうちは、何か小さい声でぶつぶつ言っているが、次第に眼つきも変わり、体がふるえ出しなどし、時にはうつらうつら居睡りしたり、あるいは嗚咽したりなどして、語るがごとく、歌うがごとく、調べ出るものだという。託宣する時には、声なども、不断の声とは違って、太い幅のある声で、まるで人柄が違ったようになってしまう。もちろう、後からたずねても、本人は何をいったか知らぬと言うのが常である。これが巫女の託宣歌 Tusu-shinotcha というものなのである。

　さて、アイヌの宗教の根本観念をなすものは、生物・無生物を問わず、あらゆるものに精霊を認めるアニミズム（精霊崇拝）である。アニミズムの観念を背景と

するシャマニズムは、広く西シベリア一帯の諸民族、蒙古・ツングース・フィン・ラップ人等の間に見出されるもので、樺太においては、ギリヤーク族やオロッコ族の間にも行われており、古くは、日本や琉球の原始神道にも、その痕跡があると言われているものである。

　このシャマニズムが、アイヌ固有の宗教観念であるか、あるいは対岸大陸から将来されたものであるかは明らかでないが、少なくとも、アイヌの宗教儀礼・呪術・禁厭、あるいは古くから伝承され来たった「神謡（カムイ・ユーカラ）」・「聖伝（オイナ）」・「英雄詞曲（ユーカラ）」等を見れば、アイヌの社会において、シャマニズムは極めて古くから存在し、複雑多岐な変化の様相を呈しているように思われる。

　樺太アイヌには、シャマン「巫女」という語が一般に行われていて、北海道アイヌよりは比較的純粋な形でシャマニズムを伝えていた。1935（昭和10）年8月、私は、樺太の東海岸、日露国境の町敷香（シスカ）より僅か南に位置する新問部落（ニイトイ）において、シャマンの行事を見学し、これを16ミリ映画に撮影し、シャマンの託宣の歌を録音したことがあった。

　シャマンの名は春日コタルンケといったが、同媼の語るところでは、呪術 Tusu には、オロッコ風のものと、ギリヤーク風のものとがあるが、今日やるのは、オロッコ風のものだということであった。村の古老たちが、炉辺に集まると、その中の一人が羚羊（かもしか）（あるいは麝香鹿（じゃこうじか））の皮を片面にだけ張った太鼓 kachō を火に翳し炙りながら打ち始める。太鼓を打つ桴（ばち）rep-ni は羚羊の毛皮のついたままの脛骨で、その中心を執って棒の前後を、交互に太鼓の皮面にあてて連打するのである（棒の末端を執って打つこともある）。始めは、緩やかであるが、次第に急調になり、ひっそりと静まった屋内にその音が高く響きわたる。太鼓を打つ男は、頭に柳の削り掛けを房々と結び垂れた姿で、炉の周囲を巡りつつ、身体を前後左右に激しく動かして太鼓を打ち続ける。やがて、その太鼓と桴とは、巫女の手に渡される。巫女コタルンケは、着衣の上に、金属の環のいくつも垂れ下がった海豹の革帯を締め、さらに革帯には、刀の鍔など幾つとなくずっしり重く吊り下げ、頭には黒ずんだ祭冠（柳の削り掛けで造る）を戴き、その上に、さらに、柳の削り掛けで作った冠様のものを腰の辺まで垂らして被り、頭から胸へかけても、柳の削り掛けを結び垂れ、筒袖は上膊まで手繰り上げ、これも柳の削り掛けで括ってある。なお、座の傍には、二本の手草 takusa（邦語「たくさ」の借入語、祓いの具）が置いてある。太鼓を手にとって起ち上がった巫女は、これを激しく叩きながら、炉辺をぐるぐ

ると歩きまわる。激しい身体の動揺に伴なって、腰に吊るした鍔などが互いに触れて高くなり響く。こうして、急調の太鼓の音と喧(かまびす)しい金物の触れ鳴る音とによって、巫女は次第に神懸かりの無意識な状態に入る。音と身体の動揺とにより、呼吸が激しくなり、肩で息をしながら、やがてぐったりとなって炉端に坐る。そのとき太鼓の音がはたと止んで、巫女の口から流れ出るように「託宣の歌 Tusu-shinotcha」が歌い出された。

　激しい呼吸に途切れ途切れながら、その声は、まるで男のような幅のあるしっかりした声であった。この村の長老の森モヤンケ翁が、この託宣の歌を聴いて、神意を判断するのであった。

図5　樺太の巫女（新問）

　巫女は、再び起って、手草を両手に打ち振り、踊るようにして、炉辺をまわり、座に居流れた人々の頭上を軽く祓って、この行事を終わったのである。

　図5は太鼓を手にして立つ、巫女コタルンケ媼の姿。次ページの図6は託宣を終えて憩う巫女、その右は、託宣を聴いて神意を判断する村の故老。

　巫女の持つ巫力は、その憑き神 turen-kamui, turen-pe の所為と信じられている。アイヌの考え方に従えば、人は誰でも、生まれ落ちるとともに、それぞれ1定の憑き神があり、それによって、その人の賢愚・不肖なり、能・不能、運・不運が決定されるという。すぐれた憑き物を持つ人は傑出し、拙い憑き物を持つものの生涯はみじめなものとなる。しかも、憑き物は、必ずしも一つに限らない、できるだけ多くのすぐれた憑き神を身に持って、その恩寵に預かり、加護を受けたいと念じるのである。巫女の憑き物は、多く蛇体のものと考えられているようである。部落をまわっているうち、「あの婆は蛇憑き媼 tokkoni-huchi だからえらいもんだ」とか「あの婆さんには竜蛇 shak-shomo-aye-p（蛇体で翼があり、悪臭のあるものだという。夏の雨季などには力を増すものなので、これを忌名で呼んで、shak「夏」shomo「打消。ない」aye-p「われわれが言うもの」すなわち「夏には口に出しても言うことを憚る物」の意。もちろん、想像上のもの。神謡などにしばしば現われる）が憑いているから、enupur（巫術にすぐれている）している」などという話を聴かされる。また、そう

した巫力に恵まれた婦女の多くは、神謡や詞曲の伝承者であることも多い。

　1950（昭和25）年以降1953（昭和28）年にわたって行われた、日本民族学協会の「アイヌ民族綜合調査」の一つの収穫としては、一昔前のアイヌの社会構造においては、男系ekashi-ikirと女系huchi-ikirとは、判然対立して、アイヌ社会の根柢に横たわる2つの大きな流れとなっていることが明瞭にされたことである（日本民族学協会編集『民族学研究』16巻3・4号に掲載の論文――杉浦健一氏の「沙流アイヌの親族組織」、瀬川清子の「沙流アイヌ婦人のupshorについて」、久保寺逸彦の「沙流アイヌの祖霊祭祀」等――参照）。

図6　託宣を終えた巫女（新問）

　女子の巫術によって、神意を聴いたり、あるいは病気を治したりする才能や、他の産婆iko-inkar-matとして助産しうる才能、神謡・詞曲等を伝承する能力のごときも、女系を辿って伝わることが多いことも確認された。

　アイヌの人々はそれらの才能を、習得するというよりも、むしろ天賦のものと考えているので、その系統の女なら、別に習得しなくても、やって見れば、自然に巫術もでき、産婆もやれるし、詞曲の伝承もできるもののように説明する。天賦のものということは、結局、かかる特殊な才能を恵む憑き神が、ある女系huchi-ikirの女に、遺伝的に憑依するものであるということになるであろう。

　アイヌの人々にあっては、およそ、男子の美徳が、豪族の家に生まれ、勇力・弁論に秀でることであったのに対して、その好配たるべき婦女の資格は、美貌にして、巫術に長じていることであった。ゆえに、英雄詞曲Yukarなどには、主役たる小英雄 Poi-Yaunpe（あるいは Pon-Otashutunkur, Pon-Otasamunkur など）の壮烈果敢なる戦闘ぶりを叙するとともに、この妻たるべき美少女は、「nish-or-kushpe, tusu-e-ranke, toi-tum-kushpe, tusu-e-pusu雲中にひそむものをも、巫術もて下ろし降し、土中に蔵るる者をも、巫術もてあばき出す」と述べられているように、巫力に

よって敵方の巫女を圧倒し、小英雄を援けて、勝利に導く様など歌っているものが多いのである。

　さて、巫女の託宣歌そのものはいかなるものであろうか。私の採録した英雄詞曲(ユーカラ)の中から、代表的と思われるものを引照して見よう。この部分の原詩は、196行であるが、原文は省いて、その対訳のみを示す。

　「カネサンタ人の妹と覚しきもの、座に出で来る。驚くべし、かかる美しき女もあるものかな。顔の輝きは、さし出づる旭日のごとく、光さし映え、まばゆきばかり。

　げに、巫術にたけし者と覚しく、巫術の鉢巻nuput-channoyepを鬢髪の中に、包み隠しつつ、隠形の憑物 mukke-turenpe は、星の瞬きなして、その頭上に閃々として光を曳きて、相交叉し、顕形の憑物sar-turenpeは、蝙蝠の群成して、その身の周囲に、真暗にくらみ纏はり、相交叉せり。

　その美貌なる言ひも知らぬ処女、歩み寄りて、杯の許に坐りて、杯を手に呑み乾しぬ、それよりして、炉端にいざり行き、巫術の小桴 tusu pon rep-ni を取り出し、炉縁の上を打ち叩き、これなる占ひの謡ひ、その口許に、世にも妙に調べ出でたり。

　それよりして、占ひの歌の先々に、我(詞曲のヒーローたる小英雄が単身、海を渡りて、沖の国 Repui-shir なるカネサンタの里人の酒宴も酣なる頃、そこへ寄せて、身をひそめて、敵状を窺ひ居るところなり)を引つかけ引つかけ露はし出ださんとすれど、我危くのがれ遁れす。あはれ、驚くべし、如何ばかり、この処女の憑き神のいみじきにや、我言ひ知らず、巫占の間あひだに、息も絶え入り、消え入らんとすること屢々なれども、辛うじて、巫占の謡ひを、涕泣しつつ歌ひ了へたり──『いでいで、我が兄君たち、我が言ふことを詳らかに聴き給ふべし。たやすからざる出来事これより出で来るものと覚えたり。如何にしたることならむ。本州人の国 Yaun-kur moshir (「沖の国 Repun-moshir」に対して、北海道をさす)の上より靄の橋 urar-ruika こなたを指して寄せ来る様白々と見え、その靄の橋、我が村里の真上にかかりたり。その上には黄金の霊鳥 konkani kesorap ひらひら羽搏き、まっしぐらに、我が村里のただ中に入り来たりけりとばかり我が思ふ間に、いづこへ翔けり行きしか、分からずなりにけり。

　その気はひの蔭に、その気はひの後に、我が占を通してやりて、強占(つようら)に我

が占ふに、かくこそあれ。海原の上に、小さき鯱の神 Pon repun-kamui その眼も鋭く見開きて、背鰭に海潮を切りつつ、ただ一筋に我が里さして来るとばかり見えて、いづこに行きしか分からずなりたり。そこをもて、その気はひの蔭に、その気はひの奥に、我が占を通して占ふに、砂の上に、黄金の小狼 Konkani pon horkeu つつ立ち居て、その眼の中、血の筋立ちて、ぐつと我が山城を睨みつけてゐるとばかり、我が思ひしが、いづこへか跳び行きしか、分からずなりたり。我が占を強めて、強占に占ひ見るに、如何にせしことにや、この屋なる、上座の窓の下蔭に、本州人の靄立ち籠めたり。我いぶかしく思ひて、件の靄を掻き掃へば、窓の下に、小さき熊 kimunpe の身を綯じらせて、蟠りゐる。下顎の牙は上顎に喰ひ違ひて露出し、上顎の牙は下顎に喰ひ違ひて露出し、その眼爛々として、見る目も恐ろしとばかり見えしが、それよりいづこへ行きしか、分からずなりたり。我いぶかしみて、いよいよ我が強占に占ひ見れば、かかることよもあるべしとは夢にも思はざりしに、ここに集へる我が兄君たち、ただ一人としてこの戦に命生き給ふ者あるまじく、我が思ふなり。また沖の国人なる我が兄君たちも、一人として助かり給ふまじく見ゆるなり。世に恐ろしき禍事、将に起こらんとす。人々つとめ給ふべし』——とうら若き処女、嗚咽の声も絶え絶えに、卜占の物語、卜占の歌、歌ひ了へたり」(日高・沙流・新平賀、平賀エテノア嫗伝承「虎杖丸 Kutune-shirka の曲」の一節)。

かくして、この後には、カネサンタ媛 Kanesanta-un-mat なるうら若き処女の卜占の歌による予言が、一々適中して行くことになっているが、巫女は、このように、居ながらにして、幾山河を隔てた遠いところのことも、これから起こらんとする事件の仔細をも、その異常意識に入った心のうちに浮かび来るままを、さながらまのあたりに見るかのように、歌い出るのである。ここに、奇しき巫覡の力が畏怖され信仰される理由がある。単に、アイヌのみに止まらず、遠いギリシャの昔のデルフォイの神殿におけるアポロの託宣 oracle の例にも見られるごとく、あらゆる民族の未開時代において、巫覡および巫覡の託宣(おそらくいずれの民族においても、律語の歌謡形態をとったであろう)は、大いなる威力を持ち、その社会生活において、重要なる役割を果たしたことは、今日我々の想像する以上のものがあったに違いない。

かかる巫女の託宣の歌 Tusu-shinotcha なるものは、もちろん、一回きりで、そ

の場限りで、忘れられてしまうものもあろうが、そのうち、後々の集団の生活に必要なものは、どうしても、人々の共鳴と支持を得て、伝承されて行かねばならぬ理由がある。

かかる一種の原始的歌謡たる巫女の託宣の歌こそ、叙事詩の濫觴であり、それが母胎となり、幾多の叙事詩群を生み、さらに抒情詩を発展させ、やがて散文学に展開して行くものではないかと、われわれは考えている。

少なくとも、アイヌ民族の歌謡・詞曲・物語すなわちアイヌ文学については、このことは、はっきり立証しうるように思う。

すでに、金田一京助博士は『アイヌ叙事詩ユーカラの研究』『アイヌ文学』『アイヌの研究』等において、この説を提唱され、知里真志保博士も、『アイヌ文学』「アイヌの神謡」(『北方文化研究報告』第9輯)等において、この説を支持されているところである。

すなわち、巫女の託宣の歌は、のちに章を改めて述べようとする「神謡 Kamui-yukar」・「聖伝 Oina」等の起原をなすものであり、「神謡」・「聖伝」はさらに、アイヌの誇るべき「英雄詞曲 Yukar, Sakorpe, Hau」等の大叙事詩となり、より文芸的なものへ発展して行くのである。

それらの展開の跡は、最後の、第9章において詳細に辿ることにしたい。

第5章　神　謡

神謡 Kamui-yukar の語原は、Kamui（神）i-ukar（i「物を・事を」、ukar「互いになす」、実際あったことを言葉で模倣し表現する)で、神々の言動を、人間がその言葉で模倣し再現叙述するということであるらしい。

神謡とは、神々が巫女の口をかりて、その身の上を自ら叙して歌う神話的内容を持った叙事詩をいうと定義しうる。第4章において、巫女の託宣歌 Tusu-shinotcha すなわち、巫女の口から流れ出る託宣の歌は、アイヌ歌謡の母胎となるものであり、そのうち、重要なものは、信仰上、未開社会の規範ともなり、原典ともなるべきものであるがため、当然、後世に伝承され行かねばならぬものであることを述べた。

かくして、アイヌ部落の間に、長短幾千篇の説明神話 explanatory myths が発生する。そして、この説明神話たる無数の神謡は、どこの部落にも伝承されて、現在に至ったのである。

神謡は、アイヌの信仰・宗教の典拠や、祭神・祭祀の根原・由来を明らかにし、また、日月蝕・海嘯・洪水・飢饉・悪疫等の起因および、これを防止しもしくは免れる方法を説き、あるいは善神と魔神の争闘・征服の跡、善神の人間に対する恩寵・加護・膺懲等について説くものである。

神謡にあらわれる神々は、汎神的な信仰を持つアイヌの神々であるから、我々の考えるいわゆる神とは、およそ懸け離れたものである。私の採集した神謡140篇を見るに、雷神・天の神・火の女神・家の守護神・狩猟神・水神・風神・疱瘡神・熊・狼・兎・狐・貉（むじな）・川獺（かわうそ）・蛇・蝮蛇（まむし）・蚯蚓（みみず）・栗鼠（りす）・蟬・蜘蛛・螢・鯱（しゃち）・鯨・メカジキ・梟・鷲・雀・懸巣・郭公鳥・嘴細烏（はしぼそ）・鵜・啄木鳥（きつつき）・鵞（しぎ）・鶴・舟等々が主体の神となり、時には魔神や化け物のようなものさえ、神として現われている。それらの汎神的な神々が自ら身の上を述べ歌うのである。

神謡の叙述は、雅語をもって、「我何とせり」というふうに、第一人称叙述をしていき、結末は、日常語（口語）をもって、「……と何神が自ら物語った。sekor okaipe——kamui isoitak ruwe-ne;——kamui yaieyukar.」とか、「だから、これらの人間はそうせよ。tane oka ainu utar, neno iki yan.」とか、いうような言葉つきで終わることが多い。第一人称叙述をもって述べられる部分は、本来、神そのものとなって、その口調で述べる巫女の託宣の言葉の形式をそのまま伝承したものであり、結末の日常語の部分は、神謡が口承文芸として形をととのえていくうち、後になってから、伝承者の説明として付加された部分であろう。

神謡の言語は、日常の口語 yayan-itak（普通の言葉）とはかなり違ったもので、いわゆる雅語 atomte-itak をもってする（雅語を用いる他の場合については、第1章において述べた）。英雄詞曲 yukar も同じく、雅語を用いるが、第一人称の形が異なる。日高・沙流で私の採集したものは、ほとんど、英雄詞曲と同一の人称法をとっているが、これは、後世の混同であって、幌別・近文・美幌・芽室あるいは樺太等の神謡のように、詞曲とは違った第一人称形を用いるのが古格であろう。知里氏は、神謡と英雄詞曲の人称法について、

「第一人称を、神謡では chi-〔われが、われらが、われの、われらの〕-as〔同上〕un-〔われを、われらを〕等で表すのに対して、英雄詞曲では a-〔われが、わ

れらが、われの、われらの〕-an〔同上〕i-〔われを、われらを〕等であらわす」といわれ、次の例をあげて、神謡と英雄詞曲との形を対照されている。

(1) 神謡 amset kashi, *chi*-e-horari, kepushpe-nuye, shirka-nuye, *chi*-ko-kip-shir-echiu, neampe patek, monraike ne, *chi*-ki kane, okai-*ash*.（高床の上、我そこに坐り、鞘彫り、鞘刻み、我それに没頭し、それのみを、仕事に、我なしつつ、我暮らせり）。

(2) 英雄詞曲 amset kashi, *a*-e-horari, kepushpe-nuye, shirka-nuye, *a*-ko-kip-shir-echiu, neampe patek, monraike ne, *a*-ki kane, okai-*an*（同上）。(「アイヌの神謡」参照)

この区別については、知里氏は、「神が人間と異なる言葉で自分を区別する意図に発したものであるらしい」と言われている。

神謡を歌うには、短い言葉は、伸ばして長めに歌い、長い言葉は早めに歌って、ほぼ四拍子に合う程度にして、多く対句にして歌う。だから、これを筆録して見ても、各ラインは大体同じ長さとなって、簡潔なものである。10行も書いて見れば、その歌手の神謡伝承者としての技量はほぼ分かるように思えるほどのものである。

神謡の数は、ほとんど無数といってよいほどたくさん村々に伝承されている。曲は一篇ごとに違っているが、それでも、歌うと語るとの中間を行くようなもので、抑揚変化にとぼしく、単調なものが多い。

注意すべきことは、神謡はいかなるものでも、必ず sakehe（原義「節のところ」）と称する「折り返しの囃詞」を入れて歌うことである。知里氏は、「この折返を以て謡われることは、神謡に於いては必須条件であって、この条件が満たされるならば、主人公が人間であっても、説述が第3人称で行われても、アイヌはそれを神謡と認めるに躊躇しないが、反対に主人公が神でも、第1人称で語られても、折返を以て謡われるのでなければ、それを直ちに神謡とは認めないのである。……神謡とは、形式的に言えば、折返を以て歌われる叙事詩である、――もっと簡単には、折返をもつ詞曲である、と定義することができよう」と言われている。

Sakehe は、普通、一篇の神謡には、1個つくのが普通であるが、中には、1篇の神謡に2個以上つくものもあるが、それは極めて稀だといっていい。金田1博士の『ユーカラの研究』第1冊、149頁の「雀の酒宴」という神謡のごときは、自叙する主体の神が変わって、雀・鶴・啄木鳥・烏・鵄が登場するが、それに伴なって sakehe も hanchikiki（雀）、hantokkuri wa koroーro（鶴）、esokisokiya（啄木鳥）、hanchipiya

（鵐）というように変化して面白い。私の採集したものの中でも例えば、雷神 Kanna-kamui の自叙の神謡（後述）は、rittunna, humpakpak という2つの sakehe を持っているし、kikaoreu（鳥名、未詳）の自叙になる神謡は、matateyatenna と horenren という二つの sakehe を持っている。

　Sakehe が変わる場合には、（1）途中から主人公が変わるに伴ない変わる場合と、（2）同一の主人公でも叙述の内容が変わるのに従って変わる場合とがある。知里氏は、前の場合が断然多く、それが本原に近い形式であると言われているが、確かにそうであろう。金田一先生の「雀の酒宴の神謡」や私の「kikaoreu の神謡」のごときは（1）の場合で、「雷神の神謡」のごときは（2）の場合である。

　Sakehe は、（1）各句の句頭に来ることもあり、（2）各句の後につくこともあり、（3）ある個所にだけ繰り返されるもの、（4）所々に思いついたように挿入されることなどあって、種々であるが、神謡の sakehe は、その神謡の主体の神の名乗りのようなものであるから、まず、句頭につけるのが古い形式であろう。

　Sakehe の起原について、金田一京助博士は、「サケヘというものの意味はわからぬものが多いが、神々すなわち鳥獣・樹霊等の擬声あるいは啼き声等を、人間の詞をもって、半ば言語化したようなものもあり、掛け声のようなものもあって、異様であるが、いずれも、起原的に深い意味のあるものである」と言われている。

　知里真志保博士は、sakehe を、
（1）その神謡の主人公たる神本来の歌声が折返しとなっているもの。……この種の神謡にあっては、その折り返しが直ちにその神謡の主人公の何神であるかを推測せしめる。神謡としては最も本原的な形式であると思われる。
（2）その神謡の主人公たる神を、一般的に観察した場合、その特徴となるような動作または性質を捉えて、その主人公を象徴的に示すもの。
（3）その説話における主人公の臨時的にとる動作、あるいはその説話の中の状景あるいは事件そのものを象徴的に表わすもの。
（4）叫び・はやし・掛け声の類。
等と分類を試みられて、例証されている。

　各部落に伝承され来たった神謡の数は、余りにも多い。金田1京助博士の諸業績、知里真志保氏の「樺太アイヌの神謡」「アイヌの神謡」『アイヌ文学』、知里幸恵氏の『アイヌ神謡集』によって学界に紹介されたものも数多くあり、私も雑誌の『民族学研究』『ドルメン』『郷土研究』『ミネルヴァ』等に数篇を発表して

いる。

　私が採集して、そのほとんどが未発表のものに、日高・沙流の伝承を中心とする140篇、3万5千行に及ぶものがある。これはすでに対訳を施してあるので、発表の機会を得たいと思っているが、今までに筆録蒐集された神謡の数は九牛の一毛に過ぎず、そのほとんどが、アイヌの生活の一変するとともに滅び去ろうとしていることは、惜しみてもあまりあることである。

　神謡の一例を、次に示す。

雷神 Kanna-kamui 自叙の神謡

〔sakehe(囃詞)、初め Rittunna, 途中より Humpakpak, 毎句頭に挿入〕

Ainu kotan	人間の村を
a-nukar rusui	我見まく欲りせしかば
tapampe kusu	その故に
Ainu-moshir	人間の国へ
a-o-ran ruwe-ne.	我天降れり。
Repun-kur moshir	沖つ国人の国の
moshit tapkashi	その国土の上に
a-o-ran ruwe-ne.	我天降りぬ。
orwa kaiki	それよりして
Yaun-kur moshir	本州人(北海道人)の国に
a-o-yan ruwe-ne.	我上り行けり。
Shishirmuka	沙流川(さる)の
sanoputuhu	川口を
a-yaipekare	我目指して
yan-an ruwe-ne.	上りけり。
tap orwano	それよりして
Shishirmuka	沙流川の
pet turashi	川沿ひに上流へ
ratchi apkash,	徐ろの歩みに、
a-ko-yaishikurka	我が身体を
omare kane	運びつつ

moshir-so kurka	国原の上に
a-shik-kushpare	眼を放てば
a-nukan rusui kusu	我が見まく欲りして
ran-an kunip	天降れるはずの
Ainu moshir	人間の国
Ainu kotan	人間の村
ne akusu	にてありしだけ
kotan pirka ruwe	その村の美しさ
moshir pirka ruwe	その国の美しさ
anramasu	あな楽し
anuwesuye	あな面白と賞で
kane kor	つつ
Shishirmuka	沙流川の
pet turashi	川伝ひに
ratchitara	静かに
arpa-an aine,	我行き行きて
Shishirmuka	沙流川の
pet hontomo	川の中游
e-kotan-kor-kur	そこに村長たる人は
Ainu-rak-kur	アイヌラックル
Okikurmi kamui	オキクルミの神
ne ruwe-ne.	にてあるなり。
kor kotanu	その村の
kotan tapkashi	村の真上に
ratchitar	徐ろに
a-e-arpa ruwe-ne.	我行きたりけり。
ki rok awa	しかしけるに
kotan-kor nishpa	村を領る首領
Okikurmi kamui	オキクルミの神
puyar-ka e-oshma	窓の上に首さし出して
shi-kotan-pa un	己が村の上手へ

shi-kotan-kesh un	己が村の下手へ向かつて
hotuipa hawe	呼ばはる声は
ene okahi;——	かくありき、——
"pase kamui	「尊き神（雷神）の
apkash noine	お通りなさるるやう
hum-ash na,	なるぞ、
menoko hene neyakka	婦人にまれ
okkayo hene neyakka	男子にまれ
pirkano oripak wa	よく謹しみ畏まりて
oka yan,"	あれかし」
——sekor okaipe	——と
kotan-pa un	村上に向かひ
kotan-kesh un	村下に向かひて
e-hotuipa.	呼ばはりたり。
ine-rokpe kusu	あはれ、いみじくも
u-itaknu kusu	よくその命を聴く
shirki nankor'a,	ことかな、
menoko otta	婦女子らも
okkayo otta	男子らも
oripak wa oka	畏れ慶みてをりけるを
a-nukar kane kor	我見つつ
Shishirmuka	沙流川を
pet turashi	川沿ひに
ratchitar	静かに
arpa-an aine	のぼり来て
Samai-un-kur	サマイウンクルの
kor kotanu	治むる村の
kotan tapkashi	村の真上に
ratchitara	徐ろに
a-e-arpa awa	到り着けば
Samai-un-kur	サマイウンクル

kotan-kon-nishpa	村長たる首領
puyar-ka e-oshma	窓の上につと顔を出して
kotan-pa un ma(wa)	村上へ
kotan kesh un ma	村下へ
hotuipa hawe	呼ばはる声は
ene okahi;——	かくありけり、——
"pase kamui	「尊き神の
apkash noine	御通りなさるる
hum-ash na,	やうにてあるぞ、
a-utarihipo	我が村人よ
pirkano	よく
oripak wa	つつしみて
oka yan"——sekor	あれかし」——と
kotan-pa un ma	村の上手へ
kotan-kesh un ma	村の下手へ
hotuipa ruwe-ne.	呼ばはりたり。
kirok awa	しかせるに
shine chise orwa	一軒の家より
shine menoko	一人の婦女
soine ruwe	現はれ出でて
ene okahi,	かくしたりけり、
nupuki-o shu	汚水の入りたる鍋を
ampa kane	手に持ちて
soine hine,	外へ出で来て、
nea nupki	その汚水を
chari tuika	ぶち撒きながら
itak-o hawe	いひし様は
ene okahi;——	かくありけり、——
"kamui an yakun	「神様なればとて
shomo sukep	飯炊がざるもの
ne wa hetap	なればとて

haw-ash?"——sekor	かくはいふか」——と
hawe-an kane	言ひつつ
nea nupki	その汚水を
chari hine	打ち撒かして
ahun ruwe-ne.	家に入りたり。
shine chise orwa	(また)一軒の家より
shine menoko	一人の女子
soine ruwe	出で現はれ
ene okahi;——	かく振舞へり、——
kina-ashkor	菰草一抱へ _{こもぐさ　かか}
ampa kane	手に持ち
soine ruwe-ne.	出で来たる。
nea kina-ashkor	その菰草を
uor-kushte wa	水に浸して
a-an-nan orke	我が顔めがけて
e-suye hawe	ふり掛けて
ene-okahi;——	かく言ひけり、——
"kamui ne ahike	「神様なりとても
shomo kip hetap	何もせざるや
itese ne kusu	莫蓙編みぐらゐは
haw-ash?"——sekor	するならんに」——と
hawe-an kane	言ひつつ
nea kina-ashkor	その菰草を
a-an-nan orke	わが顔めがけて
e-suye-kar.	ふりかけたり。
pakno nekor	それよりして
ahun wa isam.	家に入り見えずなりぬ。
(ここより Sakehe 変わって、"Humpakpak" となる)。	
a-rushka kusu	我腹立たしくて
a-shinta-pake	我が乗る神駕の上手を _{かみて}
a-kik a-kik	われ打ちに打ち

a-shinta-kese	我が乗る神駕の下手(しもて)を
a-kik a-kik,	我打ちに打つ、
kane-ito at	（神駕に付せる）黄金(こがね)の綱
ane ito-at	細き綱
ruwe ito-at	太き綱
shiyupu humi	引き緊まる音
orneampe	おびただしく
ko-shiwiwatki,	シウシウと鳴り、
ane-ito at-kan	細綱の末
ko-shiwiwatki	シウシウと鳴り
ruwe-ito at-kan	太綱の末
ko-hummatki.	ブンブンと鳴り轟く。
nehikorachi	忽ちにして
kane shinta	黄金(こがね)の神駕
shinta ka wa	神駕の上より
usat rayochi	焔の虹
chi-hopunire	燃え立ち
shirki awa,	たれば、
Samai-un-kur	サマイウンクルの
kor kotanu	領(し)る村は
kotan-pakehe	村上より
kotan-kesehe	村下へ
nui-ko-terke	焔燃え移り行き
nea kotan	その村の
kotan unahi	村居の跡には
uhui nichicha	焼け柱
chi-hetukure	残り立つのみ
ash ruoka	我が後を
nukar kane kor	見つつ
Rikun-kanto ta	天つ空なる
a-un-chise ta	我が棲家に

ikesui-an wa	憤りつつ
arpa-an ruwe.	帰り来れり。
nehi orwa	それより
shiyoka-un ma	わが後を
hosari-an awa	振り返りて
inkar-an ruwe	わが見る様
ene okahi;――	かくありけり、――
ainu anak	人間といふもの
shinep poka	一人として
shiknup anak	生きてあるもの
isam kunak	なしと
a-ramu awa,	我が思ひゐたるに、
a-koipak rokpe	我が罰せし
tu menoko	二人の女は
shiknu wa oka.	助かりてあり。
a-rushka kusu	我腹立たしくて
ene-ne yakne	しかあらば
kamui koipakpe	神の罰することを
ainu otta	人間どもに
a-eramu-ani	思ひ知らすることを
a-ki rusui kusu	我がせんと
po a-koipak hikehe	少し重く罰したる方には
yaini ham	白楊(どろのき)の葉を
a-o-kotukka wa	その隠し所につけ
pirka hike	軽く罰せし女には
tunni ham	槲の葉を
a-o-kotukka	その隠し所に付し
ruwe-ne.	たりけり。
sekor okaipe	と
Kanna-kamui	雷(いかづち)の神
iso-itak.	その身の上を物語りぬ。

(原詩207句、日高・沙流・新平賀、エテノア媼伝承。1932年8月採集)

〔注〕
(1) この神謡は、雷神 Kanna-kamui (kanna「上方の」kamui「神」の義)が、人間の世界を見物に赴き、沙流川沿いにあるアイヌラックル(オキクルミ)の村とサマイウンクルの村を訪れる。アイヌラックルの村では、その命を村人がよく守って、家の中に入って謹んでいるが、サマイウンクルの村では、不敬な振舞をした女が2人いたので、雷神は怒って、これを罰したという筋である。
(2) 現在でも、沙流川の本流、振内市街の上流 Shumarpe という所の道の傍に焼石がたくさん堆積しているが、アイヌは、ここがサマイウンクルの村の焼跡だと信じているのである。
(3) 雷鳴 kamui-hum は、アイヌによれば、雷神のみならず、神々が神駕 shinta に乗って、大空を飛翔して行く時の轟音。雷鳴のする方に向かって、これを拝したのである。
(4) 雷鳴がして、尊い神が空を通る時は、家に謹んで居なければならぬ、戸外で働きなどすると、神罰を受けると信じることが、結局落雷による感電を免れることになるのである。この神話の目的は、これを人々に教訓するところにあるのである。

狐神 Chironnup-kamui 自叙の神謡

〔Sakehe（囃詞）——Chichi（狐の啼き声の擬声か）を毎句後に挿入する。原詩を省略、対訳のみを示す〕

　私(狐自らいう)が川下の村へ行って、立ち聴きしたところ、人間どもは、こんな話をしていた。「毒のついた魚 surku-ush chep は上に積んで置け、毒のついていない魚 surku-sak chep は下に入れて置けよ」と話していた。私は、これを聴いたものだから、その夜、人の寝静まった頃、川下の村へ行って、倉の中へ忍び入り、上に置いてある魚は奥へ押しやり、下に積んである魚を食いたいだけ食って、それから、私の家へ逃げ帰って、何食わぬ顔で暮らしていた。
　或る晩のことだった。川上の村へ行って、また、立ち聴きしたところ、人間どもは、こんな話をしている。「毒のついた魚は下に置け、毒のつかない魚は上に置けよ」と。それを聴いて、私はしめたとばかり、その夜、人の寝静まった頃、川上の村へ行き、倉の中へ忍び入り、上に置いてある魚をたらふく平らげて、下に置いてある魚は投げ散らし、自分の家に逃げ帰って、何食わぬ顔ですましていた。ところが、多分、人間どもは、毒のある魚を上に

置き、毒のない魚を下に入れてあったらしく、毒のついた上の魚を私は食ってしまったらしいと気づいた。

　今はもう、死のうとして、苦しんでいる。それゆえ、これからの狐どもよ、人間のところでは、決して盗みをせぬがいいぞと、狐の神が自らその身の上を物語った。

　　　　　　　　　　　（原詩、67句、日高・沙流・荷菜、カレピア媼伝承。）
〔注〕
　（1）「毒のついた魚」surku-ush chep の surku は、トリカブト（ブシ）の根からとったアルカロイド性の毒を塗った干魚。
　（2）この神謡は、狐の神の自叙で、人間の狡智に敵し難いことを、その眷属に諭す筋であるが、その目的とするところは、人間の子に、如何にして狡獪なる狐を却けるかということを教訓するところにあろう。

第6章　聖　伝

　Oina は、広義に解すれば、第5章で述べた神謡 Kamui-yukar に属するものであるが、北海道南部の胆振・日高地方では、神謡中、特に、アイヌの始祖として天つ国より下土に降臨して、アイヌ文化の基を開いたと信じられる Aeoina Kamui（我等の言い継ぎ、語り伝える神＝伝承神）またの名 Ainu-rak-kur（人間臭い神、半神半人の神）、あるいは Okikurmi, Okikirmui, Okikirma の自叙になるものを神聖視して、そう呼んでいる。金田一博士が、Oina を「聖伝」と訳された所以もまたここにある。しかしながら、北海道の中・東・北部から樺太にかけては、Oina という語を、「神謡 Kamui-yukar」と同義に用いて、内容も形式も、全くこれと等しいものを指している（知里真志保博士『アイヌの歌謡』『アイヌ文学』等参照）。

　「聖伝」は、アイヌの始祖、アエオイナの功業を讃え、徳化を称える、宗教上重要な神話を内容とする叙事詩であるが、もちろんこれを諷誦する場合には、「神謡」のように、「折り返しの囃詞」sakehe を挿入して行く点では、全く同じであるが、人文神アエオイナ・カムイ（オキクルミ）が主体神となって、第一人称叙述の形式をとる点で、一般の神謡と、明瞭に区別される。神話の内容は同一であっても、他の神（例えば、アエオイナ神の妹神が自叙しても）が主役となって自叙すれ

ば、たとい、アエオイナ神がその中に現われて来ても、それは「神謡」であって、「聖伝」とは呼ばないのである。

金田一博士は、この「聖伝」を、

（1）神伝 Kamui-oina　文化神の出自と天界の神々の系統を物語るもので、「聖伝」中、結構雄大で、形も長大のもの。
（2）大伝 Por-oina　文化神が巨魔を討って、日神を救い、人間生活を安んじた物語。
（3）小伝 Pon-oina　文化神が村の守護神なる梟神 Kotan-kor kamui の美しい妹神を Anrurun kamui「西浦の神」と争ういわゆる妻覓譚（つままぎ）を内容とするもの。

などと分類されている（金田一博士『アイヌ聖典』『アイヌ文学』『アイヌの神典』等参照）。

この三種の聖伝（オイナ）は、普通の「聖伝」（オイナ）と違って、sakehe「折り返しの囃詞」をつけずに歌われる点で、「英雄詞曲 Yukar, Hau, Sakorpe 等」や「婦女詞曲 Mat-yukar」と同様であることは、神々のユーカラから、人間の英雄自叙の詞曲へ発展していく過程を示すものではないかと思われる。金田一博士のいわゆる、神伝 Kamui-oina、大伝 Por-oina、小伝 Pon-oina なる三種の名称は、日高・新冠川（ニイカップ）流域の諸部落における名称であるらしく、私の採集した沙流川流域などでは、このような区別を意識せず、すべてアエオイナ神の自叙であれば、Oina と一括して呼ぶようであり、私の採集したもの23篇について見ても、16篇は sakehe「囃詞」を伴ない、残りの7篇には sakehe がない。

7篇中、伝承者がはっきりと、伝承者がはっきりと、詞曲のような節づけ (shinotcha-ki) で歌うといったものもあるが、中には、sakehe を忘れてしまったものも、あるかも知れないのである。しかし、たとえ sakehe を伴なうものでも、人文神自叙のものだけあって、その常套的に用いられる表現などは、全く、「詞曲」の表現と一致するものが多いことは驚くべきものがある。すなわち、アエオイナ神の半人半神的な性格の一面、人間的な性格や活動を「詞曲」の主人公たる小英雄の上に移して叙述していくことは、極めて自然であり、また、可能であるからである。

この立場に立って考えても、アイヌの誇るべき英雄詞曲 Yukar の直接の母胎となったものは、この聖伝 Oina であろうことは肯定されるであろう。

「神謡」が、大小数知れず、各部落に伝承されているのに対して、「聖伝」の方

は、この語をはっきり、他の「神謡」から区別して使う胆振や日高でも、そうたくさんあるものではないらしい。金田一博士が発表紹介されたものが、十数篇あるし、私の採集したものに、異伝を含めて 23 篇ある。

聖伝 Oina の一例として、次にあげるのは、原詩 300 行もある長大なもので、sakehe として〔hei inou〕を句頭に繰り返すものである。これは、アイヌラックルが巨魔神を討ずることを内容とするものであるが、そのうち、人文神の育ての姉が、人文神の出自を物語り聞かせる部分を抜いて、対訳のみを示すことにする(訳文中の〔/〕は原句の対訳であることを示す)。

「その昔/そのかみ/国造りの大神 Kotan-kar kamui/村造りし給はんと/国造りし給はんとて/この人間の国土へ/天降り給ひぬ/しかして/村を造り了へ/国を造り了へ給ひぬ/さてその後に/これなる我が里山は/その名はオプタテシケ（大雪山）てふ/かの神岳(みたけ)にてあるなり/かの神岳の山嶺より/神雲の空に/国造りの大神/昇天し給へり。

その時/春楡 Chikisani の柄にすげたる鍬もて/国造り/村造りし了へ給ひたれど/その鍬の柄をオプタテシケの/神の御岳の/山頂に/置き忘れて/昇天し給ひぬ。

いみじき大神(おおみかみ)の/手づから造り給ひしもの/空しく地とともに朽ち果てんこと/あまりにも勿体なければ/そは/小さき春楡の樹となりて生ひ出でぬ/さる程に/天つ空より/神々たち/国見をせんと/天降りては/雲居の空へ/帰り給ひつつ/国土の美しさを/歎賞して帰り行くを/疱瘡神 Pa-kor kamui/聞き聴きしてありたり。

その故に/(彼の神)、我も国見をせんと/村見をせんと/天降りぬ/されど/天降り見れば/草とても一つだになし/立樹とて一幹(ひともと)もなし/その上に腰を下ろして/村見をすべき/国見をすべき/場所とてもなし/それよりして/国伝ひに歩み給ひて/オプタテシケの神の御岳の/御岳の頂に/到り着き給ひぬ。

見渡せば/オプタテシケの神の御岳の/山裾に/小さき春楡(はるにれ)の木/生ひ出でてありぬ/樹とては/ただこの一幹のみなりければ/その上に腰を下ろして憩(いこ)ひぬ/それより/国見し/村見をなして/人間界の美しさに/驚嘆しつつ/彼の神/思ひ運らせる様はかくありけり——人間世界の美しさを/神々たち/讃美せしだけありて/さても/その美しきことかな——と。

かくて/彼の神/天つ空へ/昇り去りぬ/その後/かの小さき春楡の樹/その

上に/いと重き疱瘡神の/休み給へることなれば/その跡/空しく地に落つることも/畏ければ/ついに妊娠りて/子生れ出でぬ/それよりして/小さき春楡の樹は/我が子とともに打ち揺られて/風起ち来れば/オプタテシケの神の御岳の/山の裾に/己が子もろとも打ち揺られ/夜も昼も/その子もろとも揺り動かされてばかり/ありたりしが/ある一日/小さき春楡の木は/抱きてありし子を/オプタテシケの/神の御岳の/山の頂に/振り上げつつ/その途端/言へることかくありけり──『悩ましきかな/わづらはしきかな/南の方より風吹けば/オプタテシケの/神の御岳の/山の東に/我が子もろとも打ち揺られ/北より/風吹き来れば/神の御岳の/山の西に/我が子もろとも打ち揺られ/悩ましきことかな/オプタテシケの/神の御岳を/守り領らさんため/天つ空より/天降されし神/いますはずなれば/我が子を/保護し育ててたまはれかし』──といひつつ/山の頂に（春楡自ら梢の上より）投げ上げぬ。

妾（人文神の養姉自らをいう）こそ/オプタテシケの/神の御岳を/領らし守るため/天つ国より/天降らされし神/にてあるものなり/さる程に/あたかもその時/汝が若君の投げられし故に/妾手に抱き受けて/その時より今に至るまで/鄭重に養ひ/斎きかしづき/仕へ奉りてあるなりけり。……」

　以上は、この「聖伝」の一節であるが、この長大な叙事詩には、三つの小聖伝が包含・統一されているらしい姿が見られる。それだけ、古い人文神話の型から離れているものかも知れぬが、神話の統一・成長・文芸化していく過程を考える上の、好個の資料たりうるものかも知れないので、これ三段に分かって、大筋を示すことにする。

〔第一段〕　人文神が、養姉に、鄭重に養育せられて、ただ独り、静かに、壮麗な山城に成長し、やがて、養姉の物語によって、自らの尊貴なる出自を知り、さらに、人間界を奪わんとする大魔神を討つべく、善神たちへの応援に赴くこと。

〔第二段〕　大魔神と悪戦苦闘したあげく、辛うじて、これを屠り得たが、諸斃れとなって、意識を失ってしまう。そして、その魂魄のみが肉体を遊離して、目覚めて見れば、樽前山の麓のとある立樹の枝の上に、手をだらり、足をぶらりとさせて引っ掛かっていた。

　そして、我が目の下には、いずれの郷の者であろう、髯も未だ黒み渡っていない若者の屍が横たわり、その体の上には、二重の明光、三重の明光が差

し映えているのが見える。

　自らの屍とも知らず、可哀想な者だなと愛憐の情を催す。

〔第3段〕　肉体から遊離した人文神の霊魂は、それより諸方を漂泊し、至るところの神々より贖物(あがないもの)を出されて、人間界へ帰るように懇願されたが、聴き入れずして人間界を去り、ひたすら、空への道を辿る。霞の橋(ウララ・ルイカ)を渡り、星居の空(ノチウ・オ・カント)を通り、霞居の空(ウララ・オ・カント)を抜け、蒼天の空(シ・ニシ・カント)に到ったが、ついに、犬に追われて、霊魂のこととて恐怖のあまり、下界へも逃避して、再び、樽前山の麓(もと)に生ずる立樹の下なる旧の屍体に入ると、やがて、夢ともなく、現ともなく、人声が聞こえて来るので、意識を取り戻すと、先に犬と見て恐怖したのは、実は、天つ国なる狼神(ホロケウ・カムイ)の妹神の、うら若い美少女で、我を人界に帰らしめ、我に妻として侍(かしず)くべく、遣わされたものであったことを知る。

ついに、その美少女のすぐれた巫術(Tusu)の力によって全く蘇生し、負傷も癒え、相携えて我が育った山城へ帰り来り、養姉と妻と我と三人、睦まじく暮らすという筋で終わる。

第7章　英雄詞曲と婦女詞曲

1　英雄詞曲 Yukar

人間の英雄をヒーローとする、いわゆる「ユーカラ」の名で知られている英雄詞曲には、種々のものがある。（1）胆振および、日高・沙流地方などでいうYukar、（2）胆振から渡島(オシマ)へかけてのYaierap, Yairap、（3）十勝(トカチ)・釧路・北見などで行われるSakorpe、（4）日高その他で行われるHau、（5）樺太でいうHaukiなどが、それである。

そのうち、古くから最もその名を知られていたものは、（1）のYukarと（2）のSakorpeであろうか。

最上徳内（白虹斎）序、上原熊治郎編『蝦夷方言藻汐草』（1804年刊、再版）の世事部には、「軍談浄瑠璃ユーガリ」「騒動浄瑠璃サコルベ」と見えている。

（1）のYukarの語原は、「神謡Kamui-yukar」の所で説いたように、i-ukarで、詞曲のヒーローの言動を、伝承者が、言葉をもって模倣し再現する意味であろう。

（2）Yaierap, Yairapは、知里氏は、原義を「自分について物語る」ということらしいとされている。（3）Sakorpeは「節を持つもの」というのが原義、（4）Hauは、「声」「歌声」の意、（5）Haukiは「声をなす」「歌声をなす、すなわち歌う」の義と解せられる。

かく名称は異なっても、吟誦の仕方も、内容も、ほとんど同1で、1篇の主人公の名と発祥の地を異にするに過ぎない。すなわち、（1）のYukarにおいては、Shinutapkaを発祥地とし、主人公は、Poi-Shinutapka-un-kur「小シヌタップカ人」。シヌタップカの城主Shinutapka-un-kurの子、綽名してPoi-Yaunpe（小さい本土の者、小さい我が国の者）と呼ぶ少年であり、（2）のYaierapは、Otasam（「砂の側、すなわち砂丘の傍」の義）の地を発祥地とし、Pon-Otasam-un-kur（小オタサム人、オタサムの城主の子）を主人公とし、（3）のSakorpeは、発祥地も主人公も全く（2）に同じい。（4）のHauにおいては、発祥地がOtashut（「砂丘の麓」の義）、もしくはOtasamであり、主人公はPon-Otashutunkur（小オタスヅ人）もしくは、Pon-Otasamunkurであり、（5）の樺太のHaukiは、Otashutの地を根拠地とし、Pon-Otashutun-kux（ポノタシュヅンク）をヒーローとしている。

Yukarの発祥地のShinutapkaは、石狩川口の浜益の地だとされているが、他のユーカラの変種の発祥地とされるOtasam, Otashut等の地名は、「砂の側」「砂の麓」の原義からも推測せられるように、海岸に砂丘の発達している所なら、どこにもあり得る地名であり、また実際、北海道・樺太には、かなり多い地名でもある。かかる地名と、それに因んだ主人公の名は、さながら自分の村の出来事のように、諷誦者にも、聴者にも、強く印象されて親しみやすいわけであろう。

これらの各詞曲は、内容も歌い方も、大同小異のものであるから、これを（1）のYukarで代表させて解説することにする。

英雄詞曲「ユーカラ」は、シヌタップカの山城chashiの奥深く斎き育てられた強勇無双、鬼神のごとき小英雄、小シヌタップカ人、またの名ポイヤウンペを一篇のヒーローとして、その数奇（さつき）な生い立ち、やや長じてより敵との間の壮烈果敢な戦闘の状景を内容とし、詞曲伝承者Yukar-kurによって諷詠吟誦され来たった、アイヌ民族の持つ大叙事詩である。アイヌの持つ叙事詩中、最も文芸的な発達を遂げたもので、短くても2～3千行、長大なものは数万行におよぶ一大雄篇も少なしとしない。

かかる長大なものであるがゆえに、途中まで伝承されて、結末を喪失して、完

全な形では伝わらないものも少なくない。

江戸期より、「蝦夷浄瑠璃」「軍談浄瑠璃」などと訳されて、その名は多少、内地の人にも知られてはいたが、『蝦夷談筆記』(1721、松宮観山)、『蝦夷随筆』(1737)、『北海随筆』(1739、板倉源次郎)、『東遊記』(1784、立松東作)、『蝦夷草紙』(1790、最上徳内)、『渡島筆記』(1808、最上徳内？)等は、ユーカラについて、それぞれ、多少の消息は伝えているが、単なる実演の様の記述に止まったり、一篇の筋を述べても不正確であったりした。従って、その存在は知られながらも、金田一京助博士がこれを採集・筆録され、これに対訳を施されて、学界に紹介されるまでは、何人も、いまだその真髄に触れることのできなかったものである。

神謡Kamui-yukarに対して、この英雄詞曲のヒーローは、アイヌ民族理想の神人「ポイヤウンペ」であるから、「人間の詞曲」Ainu-yukarとも呼ばれる。

ユーカラ一篇は、ヒーローの試みた戦闘の数によって、あるいは三戦記 re-tumi yukar、六戦記 iwan-tumi yukar、八戦記 tupesan-tumi yukar 等と幾段にも分かれているが、その内容は、英雄説話をなすものであるから、アイヌ民族の戦記文学とも称することができよう。

アイヌ民族の歌謡も、ユーカラに至って、初めて文学的領域に一歩を踏み入れたということを得ようが、しかしながら、狭義の純粋な意味での文学ではあり得ない。第6章に述べた「聖伝」Oinaの主体神「アエオイナ・カムイ」の英雄的一面、すなわち悪神・魔神等を討じて、人間の世界を人間の棲みよい所として、人間を安堵せしめるために、勇猛果敢な戦闘を試みている一面を、さらに強調して、人間の英雄「ポイヤウンペ」に移し変えたかの観があることは、「聖伝」のある種のものと「英雄詞曲」とを比較して見れば、明らかに認識される事実である。要するに、厖大な大叙事詩「ユーカラ」も、幾多の「神謡」や「聖伝」が母胎となり、規範となり、骨子となって、成立したことは疑いないことである。

しかしながら、「ユーカラ」に至って初めて文芸的になり、文学的領域に一歩を踏み入れたといえる一つの理由は、「神謡」・「聖伝」における神々やアイヌの始祖神に対するような信仰が、ユーカラに至ると幾分うすれて、やや享楽的になっているらしいことである。享楽的になったといっても、彼らのポイヤウンペ観は、われわれの判官義経に対するがごとき観念とはかなり違ったものがあり、今日においても、アイヌの故老の間では、「ポイヤウンペ」は人間世界の堕落を怒って、他の隣国Sam-or-moshir（原義、「傍にある国」。これを日本内地に擬するもの

もある)に去ったと信じられており、いまだ実在している人物かのごとく考えているものもあるほどである。従って、ユーカラ1篇を実在した歴史のごとく考えているものも少なくないのである。

「ユーカラ」も、もちろん、その起原においては、誰かの謡い出したものであろうけれども、すべて前代の故老から伝承したままを演奏するのであって、伝承する間に、多少変化することはあっても、それは無意識的に起こることであって、伝承者が意識的に、あるいは故意に改変したり、あるプロットを懐いて、新たな創作を試みるなどというようなことはなかったのである。

ただ、語る者(伝承者)も聴く者も、「神謡」や「聖伝」に対するほどの敬虔な気持が薄らいで、「ユーカラでもやれや」「それならやるか」というだけ、それだけ、享楽的になったと言えるのである。

しかしながら、現在では、甚だ稀ながら、「ユーカラ」をやる人たちの中には、自分が伝承した幾つかの「ユーカラ」の構想を、かれこれ取り合わせて、面白く聴かそうと試みるような者も出て来たことは事実である。そうなればなっただけ、文芸的な色合いが濃くなったとも言えるのである。だが、そういう試みをする者に対して、敬虔に古風を崇ぶ故老たちが、これを喜ばない気持を抱くのもまた事実である。

この長大な叙事詩「ユーカラ」を伝承する人をYukar-kur (伝承詩人)と呼ぶ。文字の使用を早くから知り、もっぱら筆録することを記憶の助けとすることに慣れてしまった者から考えれば、何万行にもわたる厖大な叙事詩を伝承するといっても、伝承されたまま一句一句誤らず記憶して、そのまま吟誦し得るものだろうかという疑念は、当然起こって来る。文字のない社会、文字以前の社会生活(かつてのアイヌの社会をさすので、現在がそうだというのではない)では、すべてを記憶しなければならぬ必要から、かかる1見不可能なことを可能ならしめていたのである。『古語拾遺』の「上古之世、未有文字、貴賤老少、口口相伝、前言往行、存而不忘」という記載は、1昔前のアイヌの伝承詩人を見ることによって、推測しうるし、太安万侶をして、「為人聡明度目誦口、払耳勒心」(『古事記』序文)と驚嘆させている稗田阿礼のような老翁・老媼は、アイヌの中では、今でもなお見出されるのである。

かつて私は、1931 (昭和6) 年の夏、日高・平取の平村コタンピラ (1863、文久3年生まれという) 老伝承詩人から「Naukep-kor-kur (毒鉤の魔神)」というユーカラ

を筆記したことがあったが、長い夏の日、朝は7時ころから、暗くなるまで、昼飯ぬきで書きつづけて（筆記できる程度で、節なしで、ゆっくり言ってもらったので、実際の演奏よりは、はるかに手間どる）、5日もかかって、やっと書き終えた経験がある。一句一句のラインを数えて見たら、3万1000余行もあって、いまさらのように驚いたのであった。ことの序でに、コタンピラ翁に、知っているユーカラの題目aekirushiを訊ねて見ると、ざっと20余曲、これを筆記するとしたら、2、3年続けて書いても書き了えられるかどうかというほどの量である。私は、しみじみ、筆録するということが、口でいうことに比して、いかにもどかしく、手間どるものかということを痛感したのであった。図7はコタンピラ翁を示す。

図7 伝承詩人コタンピラ翁（日高・平取）

　私は「ユーカラ」9曲、「ハウ」4曲、「婦女詞曲 Mat-yukar, Menoko-yukar」15曲ほど、採集した経験から、アイヌの伝承詩人の伝承には、常套句の反覆ということが、いかに記憶を便ならしめているかということを知った。アイヌ詞曲の表現には、もちろん、同じく雅語を用いても、地方的な違いもあり、個人的にも違いもあるが、少なくとも、その表現の語句は、驚くべきほど常套的である。

　常套的な表現の語句は、ある場合の叙述には、必ず用いられなければならぬ。聴く方でも、およそ、次はいかなる語句が謡い出されるかほぼ見当がつく。例えば、小英雄と他の数人の豪傑とが、戦闘するとなると、その争闘の仕方は何人とやっても、同一なのである。ただ変わるのは、その対手の豪傑の固有名詞だけ、あるいはその争闘の行われる場所だけである。それを覚えるだけで、一定の叙述表現をもって演奏すれば、場面はどんどんと進行していくことになる。私も、いくつか書いているうちには、常套句も記憶できるものも出て来るので、伝承者のちょっと休憩しているうちに、難行か先を書いて置いて、伝承者が始める前に読んで聴かせて、伝承者をびっくりさせたことがある。

　常套的表現の繰り返しということは、伝承文芸の上に、一つの重要な問題であ

ろうと思うのである。次に、私は、「ユーカラ」の表現如何を見るため、若干の常套句を挙げる。

　「ユーカラ」の語句の簡古なことは、われわれをして啞然たらしめるものがある。が、訳文の方はどうしても、そう簡潔にはいかない。

　諷誦・伝承されているうちに、この簡潔古雅な表現が、自から洗練されて来たのであろう。

例1　小英雄の育った山城の宏麗な様を叙する常套句

Tanepo tapne	今し初めて
iresu chashi	我が育ちたる山城の
soikesama	外の面のたたずまひを
ayaiamkire	我自ら知る
chashi hetap	山城かこれ
nepne kunip	何たる
pirka ruwe	宏麗さにて
oka nankor'a	あることならん
aeramishkari.	言ひ知らず。
Hushko ash rashu	古く立つ柵は
rash-emaknakur	柵ゆがみて
roshki kane	立ち
ashir ash rashu	新しく立つ柵は
rash-tap-riki	柵のいただき高く
roshki kane	立ちて
hushko rashu	古き柵は
kunne nish ne	黒雲のごとく
ashin rashu	新たなる柵は
retan nish ne	白雲のごとく
chash-enka	山城の上に
eonishtakur	一群の雲を
pukte kane	立ちわたらせたり
anramasu	あら美しや

anwesuye.	あら楽しや。
Rikun sakma	上なる柵の渡し木は
chirashkorewe	柵のままに畝り
ranke sakma	下なる柵の渡し木は
tu-toyankuttum	土中深く
chi-orente.	埋もれたり。
Ranke oppui	下なる綱目（つなめ）
erum-sui-ne	鼠巣くひ
rikun oppui	上なる綱目
chikappo-suine	小鳥巣くひて
uwetuimakur	ところどころ間遠に
kurok-kurok.	陰影を作りて黒みわたりたり。
Oppui-karpe	綱目にあたる風は
chirpo-hau ne	千鳥の声なして
uwetunuise	相和して響き
tununitara.	美しき調べを奏でたり。

例2　小英雄が臥床について、眠ろうとしても眠りかねる場合を叙する時の常套句。

Mokor pokaiki	少しの眠りも
a-ewen kane	我なし難く
shotki-asam-ampa kamui	臥床の底を領（し）る神
ieriknakur	我を上へ
otke pekor	こづき上げ
amanempok	梁の下を
ampa kamui	領る神は
ieranakur	我を下に
otke pekor	つき下ろすやうに
yainu-an kane	我思はれて
emko kusu	そのため
mokor pokaiki	少し眠ることさへ

aetoranne	わづらはしく	
shotki kurka	臥床の上へ	
a-ko-shikirmampa…….	われ寝返りを打つ……。	

例3　小英雄が山狩りに行き、鹿が草を食むを見る時の常套句。

Toi shi-apka	大牡鹿の奴
ipekonampe	草を食む様の
komoinatara	静けさよ
hanke-ukpe	近き草を食むとては
ko-kirau-riki	角を高々と
pumpa kane	起こし立て
tuima-ukpe	遠き草を食むとては
ko-kirau-shika	角を己が背の上に
omare kane…….	打ち伏せつつ……。

例4　小英雄が敵陣に押し寄せる時、その憑き神を伴ない轟音をとどろかし、地上に、暴風を起こして行く様の常套句。

Nep kamuye	何神の
nep pitoho	如何なる神の
ituren rok kusu	我に憑けるとてや
ikurkashke	我が真上に
kohum-epushpa.	音を鳴り轟かしむる。
Tapan kamui-mau	これなる神風の
yupke hike	激しきが
moshir-so kurka	国土の面(おもて)に
eweshururke	渦巻き荒るれば
emko-kusu	そがために
kantoi-karpe	地面の上打つ風は
ko-turimimse	とどろと鳴りとよみ
iwatek-karpe	山の支山(はしりで)打つ風は
kosepepatki.	はためき騒ぐ

awa kina	生ひいづる青草
kina chinkeushut	根は根こそぎに
kamui-mau pumpa	神風吹き上げ
kamui-mau soshpa	神風吹きめくる
wen toira	はげしき土埃に
wen-munira	草の吹きちぎれ
kamui-mau etoko	神風の面に
ewehopuni	互ひに吹き上げたり
emko-kusu	そが故に
wen toira	はげしき土埃に
a-yaikopoye	我が身を混じへ、
arpa-an humi	我が行く音
a-ekisar-shutu	我が耳の根に
ko-mau-kurur.	風まき起こる。

例5　一騎討ちの決闘を叙する常套句。

Moshir-so kurka	大地の上に
niwen chinika	猛き足踏みを
i-koturikar	（彼）我に延ばし
iyonuitasa	こなたよりも
niwen chinika	猛き足踏みを
a-koturikar	我延ばしたり
hoshkinopo	真先に
i-chiu-op kuri	我を突き来る矛の蔭
i-yannukamu	我にかぶさり来る
op-kurpoki	この矛の下を
a-ko-henkuror	我前へ屈みて
e-shitaiki	はたと伏せば
kasa-so-ka	兜の上に
op-teshke hum	矛すべる音
tununitara.	鏗爾（こうじ）。

Op-kurpoki	彼が矛の下に
a-op-kotesu	我が矛の目当てをつけ
a-mukchar-tuye	我(彼)のみづおちを切つて
a-shir-ko-otke	(我)ぐざと突き刺せば
shiunin omke	重々しきしはぶき
kotash-nittom	息咽せかへりて
e-shitaiki,	くわつと 迸り、
etuhu kushpe	彼の鼻より出づる血は
num-ne turse	粒々なして落ちこぼれ
paroho kushpe	彼の口よりいづる血は
para tepa ne	幅広の赤褌を口から吐くやう
ashirikinne	新たにまた
i-kachiu hita	(彼が)我を突き来る
op-etoko	矛さきに
a-ko-notak-nu	我身をそばめ
a-penramkashi	我が胸の上に
op-tesure	矛をそらしめ
rapokke ta	そのをりに
emush-ani tek	刀を執る手
a-kopeka-kar	我むづと摑み
urepetkashi	足の甲の上を
a-ko-oterke	我踏みつけ
herikashi wa	上の方より
herashi wa	下の方より
chepatatne	魚を割くごとく
ayaimompok	我が手許
tushmak kane	疾く競へば
sampe-kechip	うめき苦しむ彼
ashirikinne	またさらに
ikachiu hita	我を衝き来る時
shish poka	避けんも

a-etoranne	面倒くさく(突かせをれば)
imukchattuye	我が鳩尾を切り
ishirkootke	我をしたたに刺す
shiunin omke	重々しきしはぶき
akotashnittom	わがつく息のひまに
eshitaiki	くわつと迸り
a-etuhu	我が鼻を
kushpe	迸る血は
num-ne turse	どろどろに落ちこぼれ
aparoho	我が口を
kushpe	通る血は
para-tepa ne	幅広の赤褌のごとく
annikippo	我が勝ち誇れるままを
iemontasa,……	我に仕返し、……

(金田一京助博士『アイヌ叙事詩ユーカラの研究』第2冊、232ページより引用)

　以上の常套句の数例を見ても、「ユーカラ」の表現は、いかに洗練されたものであるかがわかる。かかる洗練された句は、動かない型となって、これを諳誦し伝承する上に、いかに好都合のものになったかということは、想像に難くない。「ユーカラ」は、かくも厖大なる叙事詩なるがゆえに、これを諷詠吟誦するにしても、長い冬の比較的無聊閑散の折りなどに、宵早くから、炉辺で歌い始めても、夜が白々と明け放たれても、まだ終わらないようなことも珍しくない。従って、そこにまた、「ユーカラ」の中には、演奏者が途中で止めたり、あるいは聴者が中座することもありうるから、その一部分しか伝承されずにしまうようなこともしばしば生じることになる。「神謡」・「聖伝」などは短いから、こういうことは、まず起こり得ないから、たいてい全形のままで伝承されていく。

　さて、「ユーカラ」を演奏する時、昔は、演奏者は、炉端に仰臥して、右手で胸を叩きつつ、演奏したこともあったが (例えば1799〔寛政11〕年の谷元旦の『蝦夷紀行』中の挿図には、蝦夷が仰臥して右手を額にあて、左手で腹を打ちながら、ユーカラを歌っているのがある)、今日では、演奏者は、手に、4、5寸の棒 rep-niを持ち、炉縁を打ち叩き打ち叩き、拍子を取りながら吟誦する。それを聴く人々も、手に手

に棒を取って、炉縁や床を叩き、時々、口々に「ヘッヘッ」と囃し（これをhetcheという）ながら聴く。演奏者も聴者も、渾然相和して、あるいは主人公「ポイヤウンペ」の強勇ぶりに感嘆し、あるいは薄命の美少女の運命に歔欷流涕するといった場面も展開するのである。

　なお、「ユーカラ」演奏にあたって、演奏者が棒を用いることについて、松村武雄博士は「この棒ぎれでものを叩くことは、ただ拍子をとるばかりのものであったろうか」と疑われて、古代ギリシアの語り物の吟誦者「ラプソーイドイ」Rhapsoidoiが、必ず一本の棒を手にして、それで拍子をとって語ったことを挙げられ、「物語の語り手が持つこの種の棒または枝をギリシア語でラブドスRhabdosというが、これは本原的な役割においては、単なる拍子取りの具でなく、語り手を霊的勢能者たらしめる呪具であった」と説かれているのは、示唆するところが多い。これを持ち、これで炉縁を打つことによって、演奏者は恍惚たる異常意識の状態に入るのであろう。

　次に、「ユーカラ」の曲調はいかにというに、演奏者は、これを伝えた先人の節を模することはいうまでもないが、固有の声の美醜如何によって、その節廻しに巧拙を生じる。

　「神謡」の演奏と同様、概して、長い句は早口に、短い句は長くゆっくりと引っぱり、調子を整えて吟誦するのであるが、詞つきをあっさりと簡約に演ずるもの、詳細に場面の推移を叙して謡うもの、あるいは歌詞はともかく、曲調は長めにゆっくりとしたテンポで歌うもの、早口に短く歌うものなど種々である。

　「ユーカラ」を「蝦夷浄瑠璃」「軍談」などと江戸期の人は解したが、浄瑠璃や浪曲のように、対話の部分が対話口調になるというようなことは全然なく、謡って行く。ただ、同一演奏者でも、曲調のテンポを早めたり、あるいは遅めたりする、もしくは、低い調子に落として叙したりするというようなことはあるが、それも、演奏者が、任意に、演奏の単調平板化を救うために試みる程度のものであるように思える。

　「ユーカラ」の発祥地は、石狩川の川口近い浜益（古くは、浜増毛）のシヌタップカShinutapkaだとされる。私は1935（昭和10）年の夏、この地を訪れ、数日滞在した。往時の殷賑を極めた漁村も、次第に鰊漁に恵まれなくなって、寒村と寂びれ果てていた。

　アイヌの故老の説では、「ユーカラ」のヒーロー「ポイヤウンペ」（この地では、

Yairesupo「独り育った者」「孤児」と呼んでいた)の棲んだ故地は、四カ所ぐらいこれに擬せられてはいるが、判然としない。金田一博士によれば、Shinutapkaなる名称は、shi-は美称、「真」・「大」等の義、nutapは、「河の彎曲した内側に沿う沃野(河内)」の義、kaは「上」の義で、トメサンベツ川の彎曲した河内の上に立つ山城、あるいはその部落名であろうと説かれ、また「トメサンベツTomi-esan-petはtomi-san-pet (宝がそこを降る川)の意か、あるいはtumi-esan-pet (戦が出る、あるいは降る川)か」とも説かれ、また、時には「光が流れ下る川」とも解され、古老はこの川が宝の光が川水にしみ込んで流れが金色を漂わせて流れるからだといっているとも書かれている(平凡社『社会科学大辞典』の記述)。私の聴いたこの地の故老、門田重吉氏も、最後の説であった。しかし、Shinutapka, Tomesanpechiのいずれの地名も、今日存在しない。

Shinutapkaについては、四説ある。その一説は、黄金山(一名浜益富士) Pinne tai-or-ushpe (木原に聳える雄山の義。標高740メートル)、その二説は、摺鉢山 Matne tai-or-ushpe (木原に聳える雌山の義。黄金山とともに、夫婦の山といわれている)、その三説は、浜益の南端に突出して断崖をなす海岬、「愛冠岬Aikap」上の高地をもってこれに擬するもの、その四説は、愛冠岬より数町北に当たって、海岸に迫る丘陵をもってこれに擬するものであるが、判然としない。

Tomesanpechiについても三説ある。その一は、黄金山および摺鉢山に沿うて流れる浜益川をそれというもの、その二は、浜益川の南を流れて、川口近くで浜益川に合流する黄金川をもってこれなりとするもの、三は、愛冠岬近く柏木部落を流れる毘砂別川 Pit-san-pet (急流なれば、「小石流れ下る川」の義か)をもって然りとするものなどあって、これも定めがたい。この浜益の地は、今日では、交通の便悪しく僻村となり果ててはいるが、往時1706 (宝永3)年には、松前藩が、今日の黄金川 Ota-kot pet (砂地川の義)の両岸(今日の川下部落)に住んでいたアイヌを茂生(Moi 波静かな小湾の義。現在の浜益の船着場)の地に移して益毛場所を置いた由が、古文献に記載されているので、相当殷賑な漁場であったことが分かる。また、この地が石器時代の遺跡にも富んでいる点から見ても、この地の文化は相当古くから開けていたことが考えられる(杉山寿栄男氏「北海道石狩国浜益村岡島洞窟遺跡」『人類学雑誌』第53巻7号、参照)。

後掲の図8は黄金山、図9は摺鉢山、図10は愛冠岬、図11は毘砂別川を示す。いずれも、昭和10年に著者撮影のものである。

またこの地は、地勢上から見ても、あるいはまた金田一博士が「英雄のユーカラは、西海岸を舞台として物語が発展し、北は天塩・宗谷・礼文・利尻から、沖のカラプトの国、陸のカラプトの国などという名で現われ、石狩・後志の辺が中心で、南は松前か、或は津軽の十三港と思われる辺まで出て来る」（『採訪随筆』197ページ）と言われている点から見ても、さらにまた、石狩川川口に近く位置する点から考えても、北は樺太より、西は松前の地に、ないしは石狩川を遡って、石狩川の中流・上流地方（支流、空知川を溯れば空知へも入りうる）、胆振・日高方面への交通の要路に当たる地であった。小シヌタップカ人すなわちポイヤウンペならずとも、アイヌ民族の大酋長が、この地に山城 chashi を営み、付近に配下を住まわせ、その勢望、四方を圧したことも、あり得ないことではない。すなわち、この地を中心として、大陸文化と日本内地文化とが交渉して、一つの文化圏を形成し、さらにその波紋を他に及ぼしたと考えることは、決して無理ではない。けだし、英雄詞曲「ユーカラ」の発祥地とされることも、無理からぬことであろう。

2 婦女詞曲 Mat-yukar, Menoko-yukar

これは、北海道の日高・胆振地方で、婦女の間に伝承されている叙事詩である。この名称の起こりについては、婦女のみ伝承しているからとも、女性を主人公とするからだとも言われるが、おそらく、後説が当たっているのではないか。婦女詞曲は、女性のシヌタップカ媛 Shinutapka-un-mat もしくは、オタサム媛 Otasam-un-mat、ときには、ムライ媛 Murai-un-mat、沖津国媛 Repuishir-un-mat、ルペットム媛 Rupettom-un-mat 等をヒロインとする。概して、「ユーカラ」より詞も砕けてやさしく叙述する。私の採集したもの15篇中、シヌタップカ媛を主人公とするもの9篇、オタサム媛を主人公とするもの3篇、ムライ媛・ルペットム媛・レプイシリ媛を主人公とするもの各1篇である。詞曲なる以上、当然「繰り返しの囃詞」sakehe がないはずなのに、オタサム媛自叙の2篇には Hum と Noou、シヌタップカ媛自叙の1篇に Heinoou、ルペットム媛の自叙のものに Notkurunka という sakehe のついたものがある。そのため、伝承者は、神謡の仲間として私に伝えたのだが、内容からは、明らかに、婦女詞曲である。不思議なことであるが、広義の「神謡」に属する「聖伝」の或る種のものが「サケヘ」を欠くのと同じく、これも神謡から詞曲へ移り行く一過程を示すものかも知れない。婦女詞曲の主人公も、女ながらも、武器を持って男子の敵と渡り合って、敗を取らないほど、武力

[ユーカラの発祥地]

図8　黄金山（石狩・浜益）

図9　摺鉢山（石狩・浜益）

図10　愛冠岬（石狩・浜益）

図11　毘砂別川（石狩・浜益）

に秀で、このヒロインの育ての姉も、武力をもって、女主人公の身を守って、堂々と敵に対して戦いを挑んでいることが多い。また恋愛を主とする場合も多いが、ユーカラとは違って、かなり露骨な描写にわたる嫌いがあったり、呪詛や巫術の信仰も織り込まれて、妖魔幻怪にわたる筋が多い。金田一博士は、「可憐な欧州の中世のバラッドを思わしめるような好個の小品がある」と書かれている。私の採集したものの中から、露骨にわたる描写の一節を訳出すれば「今宵こそ、若き男女の風習なれば、(その如く)男の情を我に与へ給はば(shukup-kur keutum, ikore yakne)、嬉しからんに。汝が優しき言の葉を、我に寄せ給へと、我(シヌタㇷ゚カ媛)が言ひしかど、彼は声をひそめて、我に囁き言ひけるは、かくありけり。……」(原詩16句。日高・新平賀、エテノア媼伝承)のごときである。このような描写は、ユーカラなどには見られない。

　婦女詞曲は、ほとんど、原文対訳つきのものはいうまでもなく、梗概すらも、学界にほとんど紹介されていない。金田一博士が『アイヌ文学』の「原始文学に現われたる性」の章で、「口琵琶の曲」という一篇の梗概を示されているのが、唯一の資料だと思う。

　なお、知里氏の『アイヌ文学』117ページには、Machukar(釧路および北見で、神謡をそう呼ぶ人もある。「女のユーカル」の義。神謡が後にはもっぱら女によって演じられるようになってからの名称である)とMatnukar(北見でそう呼ぶ人もある。前項の転訛)という名称を挙げ、名称は胆振・日高のMat-yukarと語原は同じであるが、内容は、これと違って、いわゆる「神謡」を指すものなることを明らかにされている。

第8章　散文の物語

　半年の久しきにわたって、雪と氷とに閉ざされて暮らした一昔前のアイヌの人々の間には、閑散無聊の冬の生活を楽しくするために、いつか話し好きの習性が培われたと見え、アイヌの人々は驚くべきほど話し好きであり、聴き好きでもあった。アイヌ語で、「話を楽しむ」「歓談する」ことをuweneusarという。

　心の合った人々が会えば、自分の家でも、旅の泊まりでも、山の狩小屋においても、囲炉裡火を囲んで、夜の更けるのも忘れ、時には夜を明かしても、話しに

興じたのである。かくして、人々がuweneusarすることによって、アイヌの人々の間には、無数の神謡・聖伝・英雄詞曲・婦女詞曲の一群や散文の物語類が発達し、伝承されて来た。

散文の物語の一群は、神謡・聖伝・英雄詞曲の類と同様に、叙事的なものではあるが、それらが雅語の詩形をとるに対して、後者は口語の散文であり、前者が節付けして歌う（sa-kor-ye, sa-ko-ye）歌謡文学であるのに対して、後者は、節なしで語る（ru-pa-ye, ru-cha-ye）散文文学である。金田一京助博士は、『アイヌ叙事詩ユーカラの研究』第1冊、20ページにおいて、この散文物語の一種であるUwepeker（昔話）について、「昔話はやはり『はなし』であって歌ではない。律語ではなしに、散文ではある。ただ実際、炉ばたにそれが実演されている所を聞くと、立派に一つの体をなした語り物であって、ただの『話』ではない。ただの『話』とは語法も異なった古体を用い、のみならず、その調子も朗読体であって、『しゃべる』よりは寧ろ単調な一本調子な特殊な調子であり、態度も普通会話の刻々その語につれて動く表情は全く抑えられていて、客観的な寧ろ無表情の連続であること、さながら名所の案内者が言い馴れた説明を機械的に口演するあの調子がある。換言すれば、『しゃべる』のと『歌う』のとの間を行っている」云々と説明されて、余すところがない。

私も、しばしば、この昔話を聴き、あるいはこれを筆録したが、それは、英雄詞曲・神謡・聖伝等のように一句一句畳みかけて行く節調をもって諷詠・吟誦されるものとは違っているが、韻律がないようで、どこか韻律的であり、朗読的であり、あるいは高く、あるいは低く、時には早口で簡潔に、時には、長めにゆっくりと語られる、一種、型にはまったあの口調には、言い知れぬ愛着を覚えたものである。内地では早くから、神話も伝説も昔話も、子供たちだけのものとなり、その子供たちも、昔のように耳からは聞かず、眼から文字を通して読むだけとなったから、その中から受ける興味や関心も、もっぱら説話の構想・内容だけに止まるようになってしまったのに対して、アイヌの人々の間では、説話はまだ子供だけのものとはなり切らず、大人も子供（現在では、子供でアイヌ語のわかるような者はなくなった）も区別なく、炉辺に集まってこれに参加したのであった。単に興味本位というよりは、そこに教訓や比喩をも感じて、昔話に耳を傾けていたのであった。散文の物語に属する一群の名称を挙げれば、北海道には、

（1）Uwepeker（北海道西南部の散文物語）

（２）Tu-itak（北海道中・北・東部の散文物語）
（３）Pon upashkuma（北海道西南部、なぜなぜ話）
（４）Aemina pon-itak（胆振・幌別、笑い小話）
等があり、樺太には、
（５）Uchashkoma（本格的な散文物語）
（６）Tu-itax（三人称叙述の散文物語）
（７）Charahau（噂話—怪談）
等がある。その一々について、説明すれば、

　（１）Uwepeker（昔話）
　Uwepekerの原義は、「互いに相手の消息を訊ね合う」ということから、「噂話」「四方山話」という意となり、北海道の西南部では、散文の物語の一形式を指す名称に固定している。金田一博士の訳語に従って、「昔話」としておく。
　Uwepekerと称せられるものには、次の四種がある。
（イ）Kamui-uwepeker（神々の昔話）
（ロ）Ainu-uwepeker（人間の昔話）
（ハ）Panampe-Penampe-uwepeker（川下の者と川上の者の昔話）
（ニ）Shisam-uwepeker, Sam-uwepeker（和人の昔話）
そのうち、（イ）と（ロ）は、第一人称叙述の形式をとり、（ハ）と（ニ）は、第三人称叙述の形式をとる。また、（イ）（ロ）（ハ）の三つは、アイヌ固有のものであり、（ニ）は、その名称が示すように、内地から渡った説話が、アイヌ化されて、伝承されているものである。

　（イ）Kamui-uwepeker（神々の昔話）
　これは神々が自ら自分の身の上を叙べる昔話で、神謡や聖伝からsakehe（折り返しの囃詞）を取りのぞき、口語をもって語れば、そのまま、この物語りの形式となる。私の採集したものの中から、鯱の神Repun-kamui自叙の昔話の一節を例として示す。

　Repun-kamui an hine an-an ruwe-ne kusu, shirka nuye ankor patek an-an, tomika nuye ankor patek an-an ruwe-neap, shine-an-to ta, apa chimaka hine inkaran akusu, Iwa-eyami tono ahun ruwe-ne, itak hawe ene-ani, Nupuri-kor kamui, sake kar hine iyashke-uk an kusu ek-an, sekor Iwa-eyami tono hawe-ani, aemina rusui kusu, itak-an hawe ene-ani……

「私は沖を守る鯱の神です。いつも毎日刀の鞘を彫って暮らしていました。すると、或る日のこと、戸が開いたので、見ると、山カケスの殿が入って来て、私に、『山の神(熊の神<ヌプリコロ・カムイ>)様が酒を造ったので、あなたを御招待にきたのです』といったので、私は、おかしくなって、こういってやりました……」(日高・新平賀、エテノア媼伝承。原文の「コンマ」は、そこまで一口に言った息切れを示す)。

この形式のものは、「神謡」から発達したもので、律文の説話が、散文の説話へ発展していく過程を示すものである。

(ロ) Ainu-uwepeker (人間の昔話)

これも、第一人称叙述で語られる。(イ)の「神々の昔話」の主体を人間に置きかえれば、「人間の昔話」が生まれるわけであるから、前者から発展したものであることは疑う余地がない。この中には、村の酋長・首領の自叙の物語が多く含まれているが、普通の村人の身上話、実歴談も少なくない。私が、沙流に採集旅行をした折り、ある中年のアイヌに、「ウエペケレ」を聴かせてくれと頼んだら、その話は、まったく話者自身の実歴談 iso-itak で、その口調は、すっかり「アイヌ・ウエペケレ」の口調ではあるが、自分がたまたま行き会わせて、つぶさに見聞した1910(明治43)年の有珠岳<ウス>噴火の実況談であったのに驚いたことがある。この種の説話の発達して来る一過程を示すものであろう。「人間の昔話」の一例を示せば、

胆振・虻田辺のある昔の酋長が「死者の国へ通じる横穴から死者の国へ行って来た」実歴談。

Shino nishpa an hine an-an, wenkashu uimam utar, epirka shir, aekoitupa hi kusu, a-machihi a-shietunushte, hine uimam-an ruwe-ne, orwano tono-kotan ta paye-an hine, chihoki sanke-an akusu, tono otta, tu-ikor pirkap, re-ikor pirkap, amam ne chiki, sake ne chiki, a-rura hine, chip aeshikte yap-an, neun neyakka, ru ututta, reush-an reush-an eashir ki, hunakta, wei-shir kotcha ta, pon otanikor an……

「私は本当の偉い首領であった。あんまり、交易に出掛けた人たちが、ぼろい儲けをするのが羨ましくなったので、(私も)家内と船に2人乗りで、交易<ウイマム>に出掛けた。和人の村(松前辺?)に行って、鹿の皮や熊の皮など出すと、和人の殿がたは沢山の宝物(刀や漆器など)を出してくれたので、それを

運んで、船一ぱいに積んで帰途についた。どこという当てもなく、途中で泊まってはやって来ると、（ある日）名も知らないところに、嶮しい崖があり、その前に、狭い砂浜があった。……」（日高・荷菜、カレピア嫗伝承）

（ハ）Panampe-Penampe-uwepeker, Panampe-uwepeker（川下の者と川上の者の昔話）

これは、内地の「隣の爺」型の話で、常に「川下の者」（パナンペ）が成功し、「川上の者」（ペナンペ）がそれを羨んで真似して失敗する昔話である。内地の「隣の爺」型（例えば、「花咲爺」の話）や西洋の *True and Untrue type* では、正直なものが常に最後の勝利を得、不正直なものが、終わりには失敗するが、アイヌにおいては、「下の者」の成功する原因は、必ずしも正直さによらず、むしろ、その狡知と抜目なさにあるようである。この説話は、第三人称叙述形式をとり、常に Panampe an, penampe an hine shiran「川下の者と川上の者とがあったとさ、そうして……」というように始まり、内容も滑稽なものが多いようであるが、そこに、幾多の教訓が含まれていることも見のがせない。

知里真志保博士の『アイヌ民譚集』（1937年）は、北海道におけるこの種の型の昔話を15採録して、原文と対訳を施された好著である。

〔注〕
（1）*True and Untrue type* は、英国の *Folk-lore Society* が定めた印欧語族の *Folktales* の型70の中のNo.63のもので、その筋は、
　①*Two companions set out on a journey, one good tempered, the other surly.*
　②*This surly one at first gets advantage, but other obtains fortune by overhearing demons, etc.*
　③*The surly one tries to do the same, but is destroyed by demons.*
とあるもの（*C.S.Burne:The Hand-book of Folk-lore, 1914*）。
（2）知里氏の『アイヌ文学』によれば、北海道の東北部では、逆に、「川下の者」（パナンペ）が失敗し、「川上の者」（ペナンペ）が成功するようになっている所もあるという。
（3）なお、Panampe-penampe-uwepeker と同型のものに、Auta-weishisam-uwepeker「隣の貧乏和人昔話」（日高・沙流）、Auta-onchiko-uwepeker「隣のお爺の昔話」（胆振・幌別）があり、知里氏によれば、樺太には、Penkankux-Pankankux tuitax Pankankux tuitax「川上の者と川下の者の昔話」（「川下の者の昔噺」）と Isoykun-wenheysu-tuitax「隣の貧乏爺の昔話」というものがあって、いずれも、北海道のものと同型だという。

（ニ）Shisam-uwepeker, Sam-uwepeker, Tono-uwepeter（和人の昔話）

これも、常に、第三人称叙述の形式をとる。例えば、Pisun machiya kot tono an, kimun machiya kot tono an,「浜の町屋を治める旦那と山の町屋を治める旦那とがいた」というような形式をとる。

　この種の昔話には、それがさも和人の昔話だということを聴者に知らせでもするように、ほとんど不必要かと思われるまで、日本語がたくさん中に織り込まれているが、訛った形で使われていることは、古くからそのような形で伝承されて来たことを示すものであろう。

　　Hatango tono an hine shiran, nishpa ne tono ne wa, ashur-ash kor an kur ne an ruwe-ne, shine matnepo kor ne oka ruwe-ne aike, shinean-to ta tapeto-tono ek hine, nea hatango tono orta yanto-ne ruwe-ne.

　上は「和人の昔話」の1節であるが、アンダー・ラインの部分はみな、日本語である。

　　旅籠屋の旦那があったが、大金持ちで評判が高い人だったと。一人の娘を
　　持っていたが、或る日のこと、反物行商人（アイヌ語でtapeto-tono「旅人殿」の
　　訛り）が来て、その旅籠屋に、宿をとったさ。……

　この「和人の昔話」の中には、金田一博士が採集された「鬼鹿毛物語」（オニカンギ）（博士は、これをかなり古い形の小栗判官・照手姫の物語がアイヌに伝承されたものと見ておられる）や、私の採集した「安珍清姫の物語」の系統に属するようなものも見出されることがある。

　おそらく、内地の説話のあるものが、往時、蝦夷地に入り込んだ和人の口からアイヌに伝えられたり、あるいは奥州に交易に行ったアイヌがそれを将来したりして、多少原型を歪ませたり、アイヌ化を行なったのであろうけれども、丹念に語り伝えているのは、興味深いことと言わねばならない。かの九郎判官義経を蝦夷地に、伝説の上で再生させ、ついには、判官神（ホンカイ・カムイ）と崇め、義経神社（日高・平取在。神体たる義経の像は、近藤重蔵が江戸の仏工をして彫らせたもの）を建立させるまでに至らしめた経路も、こうしたものであったかも知れないのである。

（2）Tu-itak（北海道中・北・東部の散文物語）

　これは、前述のUwepekerと全く同一なものであるが、北海道中部の石狩、北部の北見、東部の釧路・十勝および日高の東半部（静内（シズナイ）から東は、日高西半部や胆振などとは、言語も習俗も異なり、道東部と通じるものが多い）では、Uwepekerと言わ

ず、Tu-itakという。これも、それぞれ、（イ）Kamui-tuitak（神々の昔話）、（ロ）Ainu-tuitak（人間の昔話）、（3）Panampe-tuitak（川下の者の昔話）、（4）Shisam-tuitak（和人の昔話）と分かれている。

（3） Pon upashkuma（なぜなぜ話）

これは、知里氏が発見されたもので、同氏によれば、「兎の尾はなぜ短い」と言ったようなことを子供にやさしく説いて聞かせるような短い説話をいうとある。同氏の『アイヌ民俗研究資料』第一は、唯一の資料である。

〔注〕なお、北海道アイヌには、Upashkuma, Uchashkumaという語があって、神々の起原、人間界の事物の由来・起原を説く故事、旧事に関する知識や説話を意味して使われている。神々の起原や人間界の事物の由来や起原に関する知識は、一昔前のアイヌの生活では、是非とも伝承されなければならぬ重要なものであった。

これを説話として述べる場合には、三人称叙述形式をとるが、「ウエペケレ」のようにある抑揚をもって語る形式は必ずしもとらないようである。北海道の「ポン・ウパシクマ」、樺太の「ウチャシコマ」は、これと同一の語でありながら、本格的な散文の物語の形式をとるところをみると、北海道にも、本来は、そういう一つの散文の物語があったのかも知れないが、現在の姿では、これを昔話の一形式と認めない方が無難であろう。

その一例として、日高・二風谷の二谷国松氏が私に話した「ウパシクマ」の内容を書いてみよう。「国土創造神（コタン・カル・カムイ）が国造りをした時、まず白楊（レタラ・カラ・ニ）の木の火鑽臼（カラ・ソ・カッチ）と火鑽杵（きりくず）を造って火を鑽った際、白い鑽屑から生じたものは、疱瘡神（オリパック・カムイ）であり、黒い鑽屑から生じたものは信天翁（イペルスイ・チカップ）であった。火鑽臼は、モシリ・シンナイサムという妖魔神となり、火鑽杵は、ケナシ・ウナラベという木原の女魔となった。しかし、ついに、火は燃えなかった。次に、春楡（チキサ・ニ）の木で火を鑽ると、白い鑽屑からは狩猟神（ハシナウ・カムイ）、黒い鑽屑からは山の神（熊）（キムン・カムイ）が出て、初めて火が燃え出した。火鑽臼は大幣の神（ヌサ・コロ・カムイ）となり、火鑽杵は、蛇の神（キナシュッ・カムイ）と化成した。白楊の木から生じた悪神たちは、兄神（キヤンネ・カムイ）であり、春楡（チキサ・ニ）の木から生じた善神たちは、弟神にあたるが、互いに悪口をいい合って喧嘩ばかりして仲が悪いのである」と。

これなど見ると、人間に善神・魔神の出自を説き、火の起原を説く重要な知識を含むことが理解される。

（4） Aemina pon-itak（笑い小話）

知里氏によれば、特殊な噂ばなしで、胆振の幌別で言う話だという。

（5） Uchashkoma（樺太の本格的な散文物語）

知里氏の解説によれば、第一人称叙述をとり、北海道の「ウエペケレ」のうち、「カムイ・ウエペケレ」(神々の昔話)と「アイヌ・ウエペケレ」(人間の昔話)の二つを合わせたものに相当するものだという。これの前者に当たるものが、(イ)「カムイ・ウチャシコマ」(神々の昔話)、後者に当たるものが、(ロ)「エンチウ・ウチャシコマ」(人間の昔話)と呼ばれるということである。

(6) Tu-itax (樺太の三人称叙述の昔話)
知里氏は、これを
(イ) Enchiw-tuitax (アイヌの昔話)
(ロ) Sisan-tuitax (日本人の昔話)
(ハ) Pankankux-tuitax (川下の者の昔話)
(ニ) Isoykun-wenheysu-tuitax (隣の貧乏爺の昔話)
の四つに分類されている。(ロ)(ハ)(ニ)がそれぞれ、北海道のものに相当することはいうまでもない。

(7) Charahau (噂ばなし)
知里氏によれば、「噂」「噂話」「よもやまばなし」の意味であるが、樺太西海岸の中南部では、一種の型として伝えられているという。
以上をもって、北海道・樺太に伝承され来たった散文の物語についての1応の叙述を終える。

第9章　アイヌ文学の発生的考察

以上、私は、8章にわたって、アイヌ文学の種々相を考察・記述して来たが、それは、文学の概念を、最も広く解しての立場からであった。
広義のアイヌ文学は、これを歌謡文学と散文文学とに二大分し、さらに、前者を叙事詩と抒情詩との二つに分かてば、大体、次のようになるかと思う。
ただし、叙事詩と抒情詩という名称の限界は、いずれの民族の文学にあっても、截然と区別し得ないものであろうから、今は、極めて大まかに、叙事的・客観的

アイヌ文学序説　143

```
                    ┌ 叙事詩 ┬ (1) Uwerankarap-itak〔会釈・会見の詞〕
                    │        ├ (2) Kamui-nomi-itak〔神祷の詞〕
                    │        ├ (3) Ukewehomshu-itak〔誦呪の詞〕
                    │        ├ (4) Charanke-itak〔談判の詞〕
                    │        ├ (5) Upopo〔祭りの歌〕
                    │        ├ (6) Ihumke〔子守歌〕？
                    │        ├ (7) Rimse-shinotcha〔踊りの歌〕
                    │        ├ (8) Sake-hau〔酒謡〕？
歌謡文学 ┤          │        ├ (9)〔木遣り歌〕？
                    │        ├ (10) Chip-o-hau〔船歌〕？
                    │        ├ (11) Tusu-shinotcha〔巫女の託宣歌〕
                    │        │           ┌ Kamui-yukar〔神謡〕┐
                    │        │           │ Oina〔聖伝〕       ├〔神々の詞曲〕
                    │        └ (12) Yukar┤                    ┘
                    │             〔詞曲〕│ Yukar〔英雄詞曲〕  ┐
                    │                    │                    ├〔人間の詞曲〕
                    │                    └ Mat-yukar〔婦女詞曲〕┘
                    │
                    └ 抒情詩 ┬ (1) Shinotcha〔抒情曲調〕
                             ├ (2) Iyohaiochish〔哀傷歌〕
                             ├ (3) Yaikatekar〔恋慕歌〕
                             └ (4) Yaishamanena〔抒情歌、ヤイシャマネナ〕

                    ┌ 1人称叙述 ┬ (1) Kamui-uwepeker, Kamui-tuitak,
                    │            │     Kamui-uchashkoma〔神々の昔話〕
                    │            └ (2) Ainu-uwepeker, Ainu-tuitak,
                    │                  Enchiu-uchashkoma〔人間の昔話〕
                    │
「散文文学 ┤        │            ┌ (3) Panampe-uwepeker, Panampe-tuitak,
                    │            │     Pankankux-tuitax〔川下の者の昔話〕
                    │            ├ (4) Shisam-uwepeker, Shisam-tuitak,
                    │            │     Shisan-tuitax〔和人の昔話〕
                    │            ├ (5) Auta-weishisam-uwepeker
                    │            │     〔隣の貧乏和人の昔話〕
                    └ 3人称叙述 ┤ (6) Auta-onchiko-uwepeker
                                 │     〔隣の爺の昔話〕
                                 ├ (7) Isoykun-wenheysu-tuitax
                                 │     〔隣の貧乏爺の昔話――樺太〕
                                 ├ (8) Enchiu-tuitax〔アイヌの昔話――樺太〕
                                 ├ (9) Pon-upashkuma〔なぜなぜ話〕
                                 ├ (10) Aemina pon-itak〔笑い小話〕
                                 └ (11) Charahau〔噂ばなし――樺太〕
```

傾向の多いものを叙事詩群に入れ、抒情的・主観的・独白的傾向の強いものを抒情詩群に入れることにした。

文学の概念を、さらに狭義に解すれば、叙事詩の中から、(1)―(10)までを除き、(11)も、厳密にいえば、あるいは(12)の詞曲中に含めるべきものかも知れないが、巫女の異常意識の託宣の歌なるがゆえに、これも除き、(12)の「詞曲Yukar(神謡・聖伝・英雄詞曲・婦女詞曲)」と、抒情詩群中、(2)「哀傷歌Iyohaiochish」、(3)「恋慕歌Yaikatekar」、(4)「ヤイシャマネナYaishamanena」と、散文文学の全部を含めて、アイヌ文学と呼びうるであろう。

そのうち、アイヌ文学の中核をなし、彼らが世界に誇るに足るものは、いうまでっもなく、詞曲 Yukar と呼ばれる叙事詩群である。

その一群に属する叙事詩の口承文学名を表示すれば、下のごとくになる。

文学ないし広く芸術の起原・発生に関して、これまで諸学者によって提唱され来たった説の主要なるものを挙げれば、(1)遊戯本能説、(2)模倣本能説、(3)自己表現説、(4)異性吸引説、(5)実用起原説、(6)感情起原説、(7)宗教起原説、等々があるであろう。

文学の起原・発生を、ある一つの立場から説明しさることは困難であり、またおそらく、不可能であろう。なぜなら、悠久な人類の社会生活の裡には、種々な

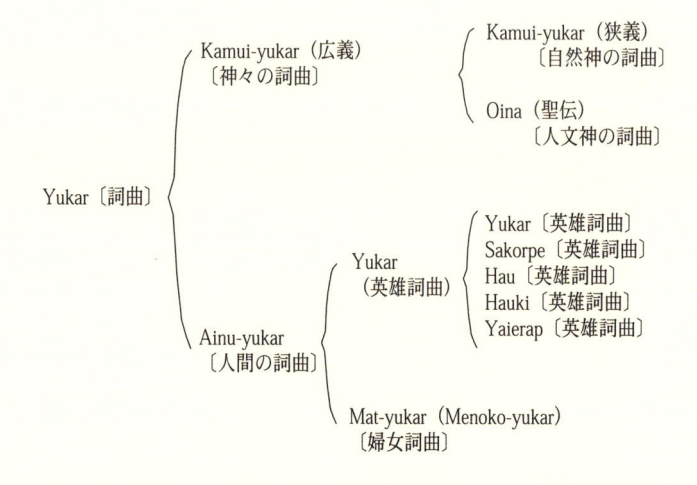

Yukar〔詞曲〕
├ Kamui-yukar（広義）〔神々の詞曲〕
│ ├ Kamui-yukar（狭義）〔自然神の詞曲〕
│ └ Oina（聖伝）〔人文神の詞曲〕
└ Ainu-yukar〔人間の詞曲〕
   ├ Yukar（英雄詞曲）
   │ ├ Yukar〔英雄詞曲〕
   │ ├ Sakorpe〔英雄詞曲〕
   │ ├ Hau〔英雄詞曲〕
   │ ├ Hauki〔英雄詞曲〕
   │ └ Yaierap〔英雄詞曲〕
   └ Mat-yukar（Menoko-yukar）〔婦女詞曲〕

る因子が重なり合って、文学ないし芸術を発生・展開させて来たものであろうからである。

しかしながら、私が今まで考察し来たったアイヌ文学に関して言えば、少なくともその発生の主要動機となったものは、彼らが大自然に対して畏怖し、大自然の猛威から自己の生命と生活とを防備し、保護しようとする切実なる宗教的な心緒であると信じる。近世まで、狩猟生活に終始して、農耕生活を知らなかった彼らは、宇宙の森羅万象に霊の存在を信じ、いわゆるアニミズムの考え方――すなわち、宗教発達の段階からいえば、最も原始的なものとされる段階――に彷徨することが久しかった。

かかるアニミズムの色濃い宗教の段階においては、巫女の果たした社会的任務は、われわれの今日想像する以上に重大なものであったに違いない。金田1博士が、すでに、『アイヌ叙事詩ユーカラの研究』中において提唱されたことではあるが、私もまた、アイヌ文学の最も原始的な形態は、「巫女の託宣歌 Tusu-shinotcha」であったと想定する。「巫女の託宣歌」を原始的な文学形態と想定するがゆえに、アイヌ文学における叙事歌謡と抒情歌謡の先後についても、前者が後者に先じたものと信じる。

叙事歌謡は、「巫女の託宣歌」を母胎とし、「託宣歌」中、後の人々の生活に重要なる意義を持つものは、口々伝承されて、「神謡 Kamui-yukar」となる。「巫女の託宣歌」の第一人称表現形式は、「神謡」に継承せられる。「神謡」の持つ必要条件たる「折り返しの囃詞 sakehe」は、本来、「巫女の託宣歌」において、すでに伴なっていたものが、神謡に承け継がれたものか、あるいは、本来、「託宣歌」にはなかったものが、「神謡」となって初めて、それが、何神の自叙であるかを聴者にはっきり印象づけるために、主体神独自の発声（例えば、動物神の啼き声）、あるいは、その主体神を特徴づけるような動作または性質をもって象徴的に示すもの、あるいはまた、その主体神の動作もしくは、説話中の状景・事件等を象徴化して表すものとして、挿入されるようになったかは、にわかに断定できないと思う。

一般の神謡、いわゆる、狭義の「神謡（カムイ・ユーカラ）」の主人公は、自然神であるが、その様式を、人文神アイヌの始祖 Aeoina-kamui, Ainu-rak-kur に移したものが、神謡中、特に「聖伝 Oina」と呼ばれる叙事文学となる。「聖伝」の主人公、アイヌラックルが、魔神と闘争し征服する雄武の性格を、民族理想の小英雄 Poi-Yaunpe（小

さい本土人)の上へ、そのまま投影させれば、そこに、人間の詞曲Ainu-yukar、いわゆる「英雄詞曲Yukar」が生まれて来る。「英雄詞曲」における著しい形式上の変化は、「折り返しの囃詞」を脱離させていしまったことである。

婦女詞曲Mat-yukarは、恐らく、「英雄詞曲」に範をとって、生まれて来たものであろう。

「巫女の託宣歌」や「神謡」・「聖伝」は、内容は飽くまで神話であり、そこに、なお強い信仰の裏づけを持ち、個人的な創作意欲などは少しも働いてはいない。もちろん、誰かが謡い出したものであろうけれども、それは、集団の意志を代表し、その共鳴と支持とを得られるようなものでなければならなかった。そういう点から見ると、それらは真の意味の文芸とはいえないものであろう。

しかしながら、「英雄詞曲」や「婦女詞曲」に至れば、次第に信仰を離れ、享楽的になり、個人的な変改や修辞的技巧も加わって来る傾向が見られるようにもなるので、それだけ文芸的な領域に近づき、あるいは一歩を踏み入れたわけで、正に、文学の黎明期に到達したものといえると思う。

一方、アイヌの抒情歌謡群も、おそらく、前の叙事歌謡を母胎として発生したものではないかと思う。抒情歌謡の基調となる「折り返しの囃詞sakehe, shinotcha」を随伴すること、あるいは、それが、次代へ伝承されていく傾向を持つことなどが、かく推測せしめる理由である。

原始的な抒情歌謡は、創作意欲など全然なくても、この「サケへ」「シノッチャ」を口誦みつつ、心に浮かぶままを、独白的に、歌詞にまとめて、韻律にのせて行けばよかったのである。それは、あたかも、無心の幼児が、何か口誦んでいれば、自然に抑揚がついて、傍から見れば、歌のように聞こえるものではなかったか。

金田一博士は、日本語の「歌」の語原を「うつろ」すなわち、心の空白な異常意識の状態に求められていられるのは、博士が多年、アイヌの口承文芸を研究された実感に基づいたもので、傾聴すべき説だと思う。

抒情歌謡も、次第に、創作的意欲が働くようになって来ると、「哀傷歌」や「恋慕歌」のようなものとなって来る。創作するといっても、自から心に浮かぶままを独白的に表現する形式や、伝承され来たった語句を常套句に盛んに使用する傾向からは、いまだ脱しきれずにいる。

このことは、文字の使用が遅れた口承文芸としては、けだし、止むを得ない運命であったかも知れない。

次に、アイヌ歌謡の曲調について、一言つけ加えたい。曲調には、もちろん、この民族独自の音階があるであろうが、伴奏楽器がほとんどなかったので、高度の発達は見られなかった。

アイヌの楽器と言えば言えるものに、（1）Tonko Kā「五絃琴」、（2）Pararaiki「蝦夷琵琶」（Pararaikiはロシア語のBalalaikaより）、（3）Kachō「片張りの太鼓」、（4）蝦夷胡弓、（5）Mukkuri, Muxkna「口琵琶・ビヤボン」等があるけれども、それらはほとんど、本来、巫女が神懸かりの異常意識に入るための祭具と見るべきほどのものである。

伴奏楽器の発達が伴なわなかったアイヌの歌謡に、高度の音楽的要素を求めることは、無理といわなければなるまい。

散文文学については、これが歌謡文学に遅れて発達したものであったか、あるいは、先んじて発達したものであったかは、容易に決定しうべきことではないが、第一人称叙述形式をとるKamui-uwepeker「神々の昔話」、Ainu-uwepeker「人間の昔話」等の存することを見れば、それらは「巫女の託宣歌」を母胎とした「神謡」・「聖伝」等の律語の表現形式を、口語の散文形式に変えて生まれ出たものでなければならぬ。しかもアイヌの散文文学中、第三人称形式をとるものの主なるものは、わずかに、Shisam-uwepeker「和人の昔話」とPanampe-uwepeker「川下の者の昔話」等であるところを見れば、この種のものは、第一人称叙述の散文文学より後れて発達したと見做すべきではないか。

かくて、私は、アイヌにおいては、散文文学もまた、歌謡文学を母胎として発達したものではないかという結論に到達する。

アイヌの一生

結婚
妊娠と出産
子守歌、命名、教育
成年・成女
挨拶・礼儀・作法

結　婚（ウコロ、ウエアッ、ウヘコテ、イトムヌカラなど）

　昔のアイヌの社会では、当人同志の意志もある程度認められて、自由結婚もなかったわけではないが、やはり稀であった。一方、まだ胎内にある時、あるいは、襁褓(むつき)に包まれて育っている頃、親同志の約束、あるいは仲に立って世話する人（イウヅルンクル）によって許嫁（ウコスクップ）にしておくこともあった。ユーカラ（英雄詞曲）の中などに、
　「ポロシルン・カミイ、オマ　ヤラペ、ヤラペ　エムコ、エエレス・アン、エピイコツイェップ、プイコツイェ、プイコツイェップ、エピイコツイェ、シンタカワノ、エチウコレスアン、ルエ　タパンナ。（幌尻の神が育つ襁褓の半分にて、おん身育てられ、おん身の耳にしたもの＝耳輪を、かの神の耳にはめさせ、かの神の耳にしたものを、おん身の耳にさせ、揺籃(ゆりかご)の上から、おん身たちは、同じように育てられていたのですよ。）」（育ての姉が、成女となったシヌタプカ媛にいい聞かせる条）
などがあるのを見ても、その習俗が旧く存したことがわかる。赤児のうちから許嫁などしておくと悪い神に振りかえられでもしたら、早死したり不具になる。だから早くても6、7歳にならねばいけないと説く故老もある。許嫁にしたことは他人には秘密にしておく、悪い神の邪視を恐れるからである。やや長じてから、当人同志にいい聞かせる。
　「神謡」や「ユーカラ（英雄詞曲）」などを見ると、
　「メノコ　アナックネ、タネ　パックノ、ルップネ　コロ、メノコ　チセ、シンナ　チセ、アンカラ　ワ、オッタ　アンペ、タパン　ナ（女子というものは、かくばかり、成人したらんには、女子の家、別造りの家を、われ作りてやれば、そこに住みて、ゐるこそよけれ。）」（旭川シムカニ媼伝承オタスヅ媛自叙の神謡）、
　「今はやうやく処女の肌衣(モウル)に身を包む年頃となれるに、或る日、わが兄、家の屋根の棟のぴんとはね、家の側壁の、ぎゅっと繋(しま)りたる立派な小屋を作りて、われに与へしかば、その中に、われ移り住む。刺繍をのみわが仕事として、暮らしてゐたりけり。」（日高荷菜平目カレピア(ニナ)媼伝承の、神謡の一節、「村主の神(コタンコロ・カムイ)の妹神の自叙」）

などがある。すなわち年頃になった娘に別屋をたて、世帯道具を持たせて独居させ、求婚に訪れる青年の間から夫となる人を選択させる習俗があったことをうかがわせる。しかし、筆者の調査では、老媼たちでもこのようなことをして夫と結ばれたものはないようである。

　アイヌの家族生活では、主人夫婦の寝所は本座の壁側に、周囲に茣蓙(シソ)を吊るして仕切って設けられる。他の家族は左座(ハルキソ)の上手(かみて)で寝る。男の子は15、6歳になると横座に寝る。筆者の調査したある老媼は、少さい時は、右座の母の臥床の下手を仕切って、そこを茣蓙で囲って寝ていたが、15、6歳になってからは、左座に妹と床を並べて寝たという。妹と一緒にねたのは、村の若い者がいたずらに来るのを恐れたからだという。この老媼の家では、母親がやかましくて、内戸口に毎夜心張り棒をかっていたが、大抵の家では心張り棒などしなかったという。先の姉妹のところへ、ある夜二人の若者が忍んで来た。やかましい母親は白樺の皮に火をつけて屋内を照らし、若者と娘たちを戸外に追い出したというが、姉妹は後にその二人の若者と結ばれたという。

　求婚の手段として、語り物や昔話の類には、よく男子が訪れたら（娘が別棟に独居している場合でなくても）、娘はとりあえず御飯を炊き、椀に高盛りにして膳に載せて捧げると、男子は大高盛り(ポロツナビ)を箸でかき崩して半分ぐらい食べ、残りの半分をその娘に与えるという。すなわちパケシ・コレ（口をつけたものの残りを与える）するのである。娘が恭々(うやうや)しく押し戴いて、受け取って食べると、相手の求婚を受け入れる意志表示となる。これをウエチウ・イペという。もし不同意の場合には、受けた椀を側に置く。その時、酒の呑み残しを与えれば、ウエチウ・イクという。そんなことがきっかけとなり、たびたび青年は娘の許を訪れる。娘の近親者もそれを認めて、青年は娘の許へ何日も泊まって、時には、狩猟に出てしかやくまなどを獲って、娘のところに提供したりなどした末、やがて娘をつれて、自分の家へ帰って同棲するという筋である。これは求婚から直ちに結婚生活につながるもので、アイヌの最も原初的結婚形式かもしれない。婿入婚といえるし、労働婚と見られる面もあるようである。

　年頃になって許嫁であることがわかれば、男女の間で娉物(へいもつ)の贈答が行われた。これをウエイツキキラ（互いに送り合う）という。これは結納と見るよりも、むしろ、互いの愛情を示す手段と考える方が当たっていると思う。男から女には、自分の彫った女子用の鞘付き小刀（サヤ・オ・マキリ）、あるいは単に鞘（サヤ）、糸

巻き（カ・サイェップ）、針入れ（ケモップ）、機織り具の筬（オサ）、その他、頸飾り（レクツンペ）、自分のしている耳輪（ニンカリ）の片一方など、女子から男子へは、自分の手でこしらえ刺繡したコンチ（冠物）、マタンプシ（三角頭巾）、脚絆（ホシ）、手甲（テクンペ）、刺繡衣（チカラカラペ）、厚司（アッヅシ）などが贈られた。

参考資料　一
　　彼の地にて我が娘を何所の誰よりも貰ひに来りしが如何なる男ならん。いかなる暮しをやなすらんとおもふ時は、其の先の家に到りて、此のヌシャサンを見て、此の柴垣の上に、魚獣の頭多き家ならば、能くかせぐ男ならむとて娘をも遣り、長く親類の因をなすことなり。此のヌシャサンにその晒す所の獣魚の頭少き家は、彼の家の悴は不稼ぎものなりとして、縁組親類の因みをする事を好まず……　松浦武四郎──『蝦夷葉那志』

参考資料　二
　　……此の地にて嫁を遣り、または聟取等をするに、本邦の如く十九、二十歳にもならでは、やらぬのとらぬといふこともなく、未だ幼き時よりして、親と親と相約し、またヌシャサンに祈りて占を取り、本邦の人の如く、面色の白きの黒きの、痘痕が有るのと、忌み嫌ふこともなく、只神の告にまかせて、約束相ととのへ置く。　　『蝦夷葉那志』

参考資料　三
　　……扨て其の契約相ととのひたる時におよびては、互に家により身分に応じて、太刀・短刀・鍔・耳盥をつかはすも有り。手筥をつかはすも有りて、それよりは一寸も其の約を互に違ふことなし……　　　　　　　　　　　　　　　　　　　　　　　　　『蝦夷葉那志』

1　結婚の形式の種々

(1)　アイヌの「語り物」や「昔話」などには、年頃になった娘に、父母なり兄姉などが、汝は神々の相談で、あるいは親同志の相談で、某神（某首領（ニシパ））と夫婦になることになっているから、支度して嫁ぐようにいい聞かせる。娘が独りで旅行袋（ケツシ）に衣類その他を入れて背負って、嫁入ることもあり、近親者に連れられていくこともある。その家の入口に立って訪（おとな）いの合図をすると、中からその家の母なり姉なりが出て来て、女同志抱き合って泣いたりして歓び合ってから屋内に招じ入れられて、婿と対面するという筋がある。これは明らかに「嫁入り婚」の形式である。

(2)　また、ユーカラ（英雄詞曲）の終局の部分には、戦いまた戦いに明け暮れた末、少年英雄が、故郷の山城へ凱旋し、味方に立った諸方の豪勇たちを招いて、神々と祖霊を祀り、祝宴を催した席で、少年英雄のはからいで、結婚が取り決め

られ、宴が終わって数日経ってから、その取り決めに従って、女たちが、それぞれ決められた夫の許へ赴くという筋も多い。これも「嫁入り婚」の形式である。

(3) 江戸時代の文献には、「……壮年におよびていよいよ今年いつ頃には引取りもいたし度しといへば、その身分相応に濁醪(どぶろく)を作り、食物を用意して、歳長のものを媒酌人(なこうど)にたのみ置く。其の夜におよべば、媒人新婦を連れて彼の家に到る。其の時新婦は媒人のうしろの方に隠し置く。先の舅姑・聟(むこ)も何しらぬ面にて四方山(よもやま)の談をなして居る間に、媒人は婦を聟の傍(すわ)に引き行き居らせ置き、囲炉裏の傍に至り、其の初め物影見えぬように、炉の火も消し、燈も消し有るをば、其の媒人火を吹起し、燈を点して、初めて嫁の来りし事も知るやうに饗応(もてな)し、また嫁はそれより薪を折りくべ、舅姑聟を火にあたらせるを上首尾とす。……」(『蝦夷葉那志』)。村上島之丞の『蝦夷島奇観』の「マチコル図」はこのような習俗が現実に行われたことをわれわれに示す。これも「嫁入り婚」の形式である。

(4) 許嫁の間柄であっても、結婚するには次のように取り運ぶ。男方では結納品(マッ・イワイ)として嫁の父(新郎からシウトと呼ぶ、日本語の借入である)に送るべき太刀(エムシ)、あるいは長宝刀(タンネップ・イコロ)、胡籙(やなぐい)(イカヨップ)、酒杯(ツキ)、酒箸(パスイ)、膳(オッチケ)、鍔(セッパ)、行器(ほかい)(シントコ)、鉢(パッチ)などが、新郎方の富力に応じて用意される。先方に結婚の申し入れをするには、父が新郎となるべき息子をつれていくのが普通。出掛けるに先だち、チェホロカケップ幣一本を削って、「火の媼神(カムイ・フチ)」に立てて置いてから、結納品を膳に載せ、炉頭に置いて、祈る。要旨は「火の媼神の煖(つつが)かい加護により恙なく息子が成人したことを感謝し、世間の風習に従い息子に嫁を迎えるため、今日先方へ申入れしたいこと、あなたさまは神々どうし御身内である先方の「火の媼神」さまによく話がまとまるよう話し合っていただきたい、先方に持参する祖翁伝来の品々(結納)の神々(太刀でも杯でも皆神である)へもあなたさまからよく云い聴かせていただきたい。私も先方の首領とよく話し合ってうまく話をまとめ、立派な土産話を持ってあなたさまの許へ戻って来る積りでございます」というようなことである。

先方が、たとえ親しい親戚の間柄であっても、正装して正式な訪問の作法をとる。すなわち、先方の入口小屋(セム)の前に立ったら、咳払い(シムシシカ)するか、持ち物を叩いて物音をたて(シフムヌヤラ)、訪(おとな)う者のあることを屋内の人に知らせる。屋内から若者が出て来て、手をとって横座に案内する。新郎となる

息子は左座に坐る。そこで、主（娘の父）、客（息子の父）とが正式な会釈会見の挨拶（ウエランカラップ・イタック）を交わす。それがすんで用件にうつるわけであるが、とおまわしな云い方をするのが普通。

　例えば、──「かねがね、お互いに相談がまとまっていたことについて、ちょっと、あなたのお考えを承りたいと思って」──などというふうに切り出す。

　客は主人のようすに注意する。すぐ返事をしそうなら、この縁談は成立するだろうし、躊躇（ためら）うようなら約束は履行されないと見てとる。約束が履行されるなと思ったら、初めて結納品を出して、また話を続ける。

　──「このようなことを申し上げますことも、はなはだ恐縮ですが、以前に、ほんの少し、お互いに話し合っていたことが、ございましたが、今日はそれをおねだりに参上しました。愚息も今日連れて参りました。わたくしたちは、先祖以来、仲よくつき合い、神々同志も仲よくつきあってきた仲ですから、どうかわたくしのお願いを聴き入れて下さい。こちらへ伺う前に、わたくしの家の「火の媼神」にもお見せして、つまらない品々を持参いたしました。それをあなたさまの神さまの前へお供えいたします。どうぞ御息女をわたくしの愚息の嫁に下さいますようお願いいたします」──というように述べる。主人（娘の父）は──「あなたさまの御鄭重なお言葉、わたくしの神さま共々、有難く拝承いたしました。予ね予ね（かねがね）あなたさまと話し合ってお約束してあったわたくしの拙い娘のことについて、母方の祖父、叔父（すなわち、妻の父および兄弟へ、娘の縁談については先ず相談するのが習わし）たちが賛成してくれるかどうかわかりません。わたくしはそれ等の人たちとよく相談いたしまして、万が一にもあなたさまの折角のお言葉を空しくしないようにしたいと望んでいます。暫くお待ちいただきたい。それ等の人たちと相談して御返事申し上げます」──というような挨拶をしてから、主人は妻の家へ出掛けていく。妻の父や兄弟たちと相談して賛成を得たら、すぐ家に引返して（あるいは妻の父を伴って来ることもある）、待っている客に、礼儀ただしく、その旨を報告し、娘をくれとおっしゃるあなたさまのお言葉を有難くお受けする旨を答え、さらに先方から持参した結納品に対する挨拶をする。

　──「本当ならばわたくし不束（ふつつか）な娘に何か一品なり二品なり添えてあなたさまのところへ差し上げるべきで、それをわたくしが知らない訳ではありません。折角お心をこめて下さるものですので、御遠慮するのが本当かも知れませんが、若し頂戴しなかったら、却ってわたくしに何か不満でもあるように思われても困りま

すので、先祖以来の習慣もございます、それに従って有難く頂戴いたします。この品々は若い夫婦の、将来の守りとし、同棲生活を落ち着いたものにし、互いに不満を懐かず、喧嘩別れなどしないようにする固めの品として、わたくしのかしずく神々共々、これらの品々を有難く頂戴仕ります。」——と述べて、掌を上げ、客に対して礼拝する。

　もともと許嫁の間柄であれば、右のように話がまとまれば、娘はただちに、自分の衣類その他の嫁入り道具を背負って、舅と夫とに連れられて婿家に行き、夫婦生活に入る形式もある（すなわち「嫁入り婚」の形式である）。また、話がまとまれば、息子だけそのまま娘の家に残って、一週間なり十日なり泊まって、家事の手伝いなどもしてから、嫁を連れて、自分の家へ帰るやり方もある（この形式は、「婿入り婚」でもあり、労働婚の名残りも見られるようである）。

　清酒がすぐ手に入るようになってからは、話がまとまると、娘の家で酒を出すようになったが、濁酒を作っていた頃には、急に間に合わないから、結婚の饗宴（サケプニ）は、別に日を改めて行ったという。

2　結婚の饗宴（サケ・プニ）

　「サケプニ」と呼ばれる儀礼がある。いわゆる結婚の披露宴に当たるものである。「サケプニ」には、嫁の家で行われる場合と、婿の家で行われる場合とがある。前者は「婿入り婚」の形式であり、後者は「嫁入り婚」の形式である。恐らく前者の方が古い形式ではないかと思う。今は前者の場合について叙述する。

　「サケプニ」に要する酒を作る材料（サケ・イペ）のひえ、あわ、糀等はすべて、取りそろえて、あらかじめ、婿の家から、嫁の家へ届ける。

　「サケプニ」は嫁の家の都合によって、すぐ行なうこともあり、春嫁をもらって秋、時には年を越して2月、3月ということもあり、極端な場合には子供が生まれてから行なわれるようなことさえあったという。「サケプニ」に招待する人は、嫁の家で行なわれる場合でも、婿の方で招待する形式をとる。婿の父が主人役として招待した人々に挨拶し、嫁の父が賓客を代表して婿の父に挨拶を返してから、神々と祖霊を祀って、若夫婦の繁栄と幸福とを祈る。

　もちろん、木幣（イナウ）も必要な数だけ作らねばならぬし、祈る神々も、火の神（カムイ・フチ）、家の守護神（チセコロ・カムイ）、戸外の幣壇（ヌササン）の四神を丁寧

にすればその他、六神、さらにパセ・オンカミ（氏族の神）の二神を加えて計十四神ぐらいに祈る（沙流・二風谷の習俗を例にとる）。神々への祈りが行なわれるかたわら饗宴も同時に進行する。饗宴においては、主賓（サケイユシクル）として待遇されるのは、嫁の父親もしくは母方の祖父、叔父など、主人役（サケサンケクル）となって、主賓と対座するのは、婿方の父（あるいはその兄弟すなわち婿の父方の叔父）である。婿はその隣りに坐る。神々への祈りと饗宴とがすめば、戸外の祖霊幣所（シヌラッパ・ウシ）で、祖霊供養（シヌラッパ）を行ない、結婚のことを報告する。

これには、婿方の人々と嫁方の人々が参加するというが、嫁方の祖霊を婿方の者も加わって祀るということにどんな意味があったのか。この点については将来の調査を待ちたい。結婚の「サケプニ」は夜に入って行なわれることが多かったという。戸外で祖霊供養（シヌラッパ）を行なう時は、夜も更けて、暗闇の中で、しらかばの皮のまいた松明を燃やして、その仄かな明かりに照らされながら行なったという。

参考資料　一
　　結婚の法は男子より婦人の家に二、三月乃至二、三年も同居して仕事の手伝を為し、其上にて婚儀を申込なり。彼承知すれば宜し、不承知なれば縁談整はずして其家を去る故に、中には何年間手伝労働せしに依り、其報酬を得んとて、苦情の起る事などあり。結婚すれば、直に家を建て、別居し、親子二夫婦同居する事なし。
　　　　　　　　　　　　　　　　　　　村尾元長──『あいぬ風俗略志』

参考資料　二
　　アイヌ妻を娶るときは、里方へ宝物即ち太刀・鍔・行器・酒器等を贈物として遣すを例とす。里方にて其贈物に不足を感ずる時は、増加を談判することもあり。宝物を所持せざる貧乏人は一生涯妻を娶ること能はず、恰も品物と女と交易するに似たり、而して、此宝物は嫁が不縁にて離別になると、里方より返付するを例とす。『あいぬ風俗略志』

3　通婚圏、結婚に関する規制

　江戸期の松宮観山の『蝦夷談筆記』に、「蝦夷人は父子兄弟と相縁し申候」とあることから、アイヌには遠い以前に父子姉妹の相婚時代があったかのごとく想定し、それが同母兄弟姉妹間の相婚に収縮し、さらに異母兄弟姉妹間のそれに一層縮小していったものと見る学者もいるが、筆者は賛成できない。恐らく松宮観山が他の人の誤り伝えた蝦夷の消息をそのまま書いたのではないかと思う。筆者

の調査から得られた資料には、そこまで遡って推定しうるものはないのである。「アイヌは元来一夫一婦にして子供のなき時は、妾を蓄ふを通例とすれど……」（立松東蒙――『東遊記』）の記述の方に信を置きたいと思う。

「婚姻は一類の縁を引きて取組み、一類ならざるは取りくまず。親族は其の末々迄もむつび、遠所に在りといへども、云ひかはして因縁絶ゆる事なし」（阪倉源次郎――『北海随筆』）

「さてまた婚姻の礼、古は一類の縁をひきて取組みたるよしなれども、今はさにてもなし、其部落中にてやりとりをなすのみ。」（大内余庵――『東蝦夷夜話』）

この二つの記録により、われわれは、アイヌが一類の者の間で縁を結ぶこと、それもその部落内の一類の間で行なわれる傾向が強かったことを知る。昭和26年夏、日本民族学協会が行なった「沙流アイヌの綜合調査」で、「親族組織」の調査を担当したのは、故杉浦健一東大教授であったが、筆者も始終傍にあって協力した。

その結果、沙流アイヌの通婚圏および結婚の規制は次のごときものであることを知った。

(1) 妻を娶る場合、その妻のウプソルン・クツ（観念上の貞操帯）の系統は生母と同じであってはならぬ（貞操帯の形式は祖母から母へ、母から娘へ、娘からその生んだ孫娘へと女系を辿って継承される）。

(2) 恋愛その他の事情で止むなく、生母と同じ形式の女と結婚しなければならぬ場合には、その女一代だけに限って、神に「ウプソル変更の祈り」をしてから、他の形式のものに変更して結婚する。その女の娘は、もとのウプソルの形式のものに返す。これは、やむをえざる特例で、望ましいことではない。

(3) (1)の原則が従兄弟姉妹間の結婚ではどのような規制力を持つかというと、平行従兄弟姉妹 Parallel cousins（①父がお互いに兄弟である場合、②母がお互いに姉妹である場合の二つがある）では図示すれば、次頁の如くなる。（図1―①、②）

すなわち父が兄弟である「いとこ」同志は結婚できるが、母が姉妹である「いとこ」同志の結婚はウプソルの関係から禁止される。

交叉従兄弟姉妹 Cross cousins（父と母とが兄妹である場合）は、図示すれば（図1―③）のごとくである。

③の場合は、生母のウプソルはそれぞれ別であるから、結婚して差支えないわけである。アイヌの習俗を書いた本などに「いとこ」同志の結婚が多いし、望ま

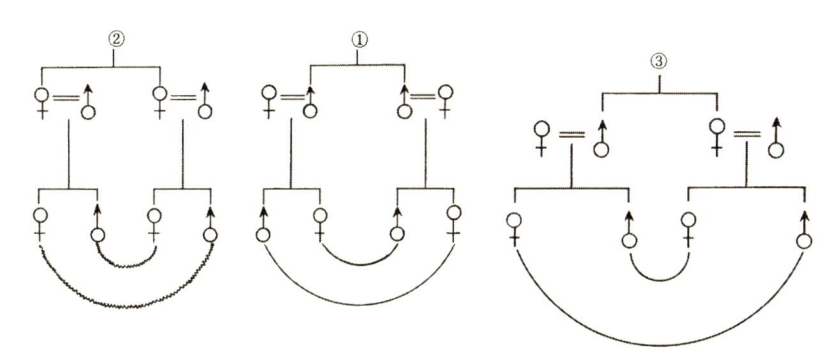

図1　①、②パラレル・カズン　③はクロス・カズンの婚姻（杉浦教授原図）
　　　↑（男）♀（女）　——は結婚可　〰〰は結婚不可

しいことだとすると書いてあっても、①―③の場合をそれぞれ考慮に入れて、判断すべきであろう。

（4）　同じ形式のウプソルは同村にも近隣の村にもあって、いわゆるシネウプソル（同一祖母系、同一母系）の女がかなりいるわけであるが、これが厳密に適用されると、重大な結婚規制となるはずである。

（5）　A村のある娘が、B村へ嫁ぐ（原則的に夫の母のウプソルは嫁と違っているはず）と、そのA村では、その娘から生まれたB村の娘なり孫娘なりをまた、A村へ嫁として迎える習慣があったという。A村からこの要求があれば、B村は必ず応じなければならなかったという。

これを「アイヌ・ホシピレ（人間を返す）あるいは「メノコ・ホシピレ（女を返す）」という。これは、そのウプソルの系統が絶えることを防ぐことにもなろうし、結婚適齢期の娘の少なくなることを防ぐ手段にもなったと思われる。

（6）　いとこ関係を除いて、近親の間の結婚の規制は原則的には上の表のごとくである。

もし、これらの禁を犯して、夫婦になったりすると、セタプリ（大たわけ）と罵り、村を追放し、川尻のつまった川口（オプッサック・ナイ）のようなところへ住ませた。子供を生ませ

♂	♀	
実　父	娘	×
息　子	実　母	×
息　子	義　母	×
実兄弟	実姉妹	×
甥	父方の叔母 母方の叔母	○ ×
父方の叔父 母方の叔父	姪 姪	○ ×
○は結婚可、×は結婚禁		

ないという、呪(のろ)いの意味をこめてのことである。

また可の場合であっても、甥と父方の叔母、父方の叔父と姪との結婚には、目上と目下、年齢の上下、感情上の問題もあって、そう多く行なわれたものとは思われない。

(7) 寡婦の再婚と寡夫の再婚

通常寡婦の喪は三年、寡夫の喪は一年とされる。寡婦（チセサック・メノコ）が亡夫の兄弟または最近親に嫁ぐいわゆるレヴィレートlevirate婚、寡夫（チセサック・クル）が亡妻の姉妹を娶るいわゆるソロレートsororate婚はアイヌの場合にはどうであろうか。

江戸期の文献にも、

「一、蝦夷男死候へば、女房己が親類兄弟の方へは帰らずして、夫(1)の近き親類の方へ行き、男の近き親類の女に成り申候故親類広き男は一人して、女房をあまた持申候ひたるも有レ之候由、但夫(2)の父の女は夫の子方へ不レ行、夫(3)の子の女は夫の親の方へは不レ行、夫の兄弟の方へ行て女に成申候」（著者未詳―『蝦夷島記』）

この記述中、筆者が(1)を付した部分は寡婦のレヴィレート婚が行なわれたこと、(2)父の寡婦はその子とは再婚しないこと、(3)は子の寡婦はその舅とは婚せず、その兄弟には再婚したということを示していて、詳細な観察である。

「倩三年ノ喪ヲ勤メ仕廻候バ己ガ親兄弟ノ方ヘハ不帰シテ夫の兄弟、甥、伯父従弟抔(など)ノ様ナル近キ親類ノ妻ニナリ申候、但シ夫ノ親トハ夫婦ニナリ不申候、然ル故親類広キ男ゐへハ一人ニテ妻五人或ハ廿人乃至十人モ持申候是亦畜類ニ近ク候」（羽原又吉博士―『アイヌ社会経済史』所引、同博士所蔵写本「蝦夷之事記」）

今寡婦が夫の兄弟すなわち義兄、義弟と再婚する場合でも、義弟と一緒になることは余り好ましいことにはされない。何故なら、夫の生前は義姉とはあまり馴れ馴れしく口をきいてはいけないといわれる程であるのに、寡婦になってから結婚するのは不自然だと感じるからである。また寡夫の場合は亡妻の妹すなわち義妹ならいいが義姉と再婚することはよくないとされる。

しかし、寡婦に子供があってそのまま婚家にとどまるような場合には、義弟と結ばれることは逆縁で好ましくなくても当然しばしば行なわれたであろうことは想像にかたくない。寡婦が亡夫の兄弟と再婚するような場合、相手にすでに妻があるはずであるから、この方は小妻（ポンマチ、妾）として遇せられる。弟が臨終

の時、兄夫婦を呼んで、妻のことを頼んで、兄の小妻にしてもらう、妻が臨終に、夫に、自分の妹と再婚してくれと遺言するようなことも珍しいことではなかった。

(8) 男性から結婚しない方がいいといわれる女たち。
(a) ウプソルン・クッ（懐帯）の短い系統の女とは結婚しない方がいいという。こんな女を妻に持てば、一生不運であると考える。
(b) 狩猟運にめぐまれない家系（イペサックル・サニキリ）の娘はもらわない方がいい。できるだけ狩猟の上手な人の娘（イソンクル・サニキリ）の娘を娶れとする。古風な老人たちの考え方では、人間の能・不能・運・不運すべてが、その憑神（ツレンペ、ツレンカムイ）如何によって決定され、憑神のあるものは家系を伝わって遺伝するもののように考える。狩猟生活を営んでいた時代には、狩猟運にめぐまれたものは、富裕な長者であり、狩猟運のないものは貧乏人であったとすれば、この禁忌は、同時に、なるべく富裕な家系の娘をもらい、貧乏人の家の娘をもらわないということにも通じるであろう。
(c) ポン・イタック（原義「小さな言葉」――人を呪う特殊なことば）を知っていて、これを使う家系の娘はもらってはならぬ。こんな娘をもらうと不運なことがつづき、血統が絶えると、一通りならず恐れる。沙流の人々は、キキンニ・ウン・クル（キキンニというコタンの人）の家系などはポン・イタックの家系だといって恐れていた。
(d) フレ・ウンマ（鹿毛馬）性の女を嫌う。
　フレ・ウンマというのは、気短かで、屋外の仕事は上手だが、屋内の仕事は不得手で、炉辺に坐る時、荒々しく着物で火を煽るごとく火の子を飛ばし、平常火を粗末にするような女をいうという（名取武光氏――『東亜民族要誌資料』第二輯所収の論文による）。

4　結婚後の新夫婦の住居と財産相続

著者未詳の『渡島筆記』には――「長子先づ長ずれば、妻をめとりて別に家をなす、二子三子もまたしかり。父死して家にとどまる所の子其跡を継ぐ」とあり、故河野常吉氏編の『北海道旧土人』には、
「男子妻ヲ娶レハ別ニ家屋ヲ建テ独立シテ生計ヲ営ム。故ニ数名ノ男子アルモ

順次分レテ独立シ最後生家ニ残リテ父母ト生計ヲ共ニスルハ末子ナリ。従テ父ノ財産ハ諸子ニ分与スルモ其最モ多クヲ相続スルハ末子ナリトス」
と要を得た記述がある。

(1) 結婚すれば、長男から順次、父の家を去って新居に住む。長男は、多くの場合、父の隣に別居する。

(2) 最後に残った末子は結婚しても父の家にとどまる場合と兄たち同様、他の家に住む場合とがある。後の場合、元の家には父母夫婦だけ住み、配偶者を失えば(ことに妻が死ぬと、古くはその家は焼却して妻に持たせてやるから)、寡夫はあるいは寡婦も)、長男の家に同居するか、その傍に小屋を建てて住む。

(3) 父の死後、父系に伝わるエカシ・コロペの太刀類(エムシ)・胡籙(イカヨップ)・弓(カー)・その他の狩猟具、行器その他の祭具のめぼしいものは、長男が継承し、相続し(弟たちも別家する時、一部のものは父から譲られているが)、母系の宝器——女宝容器(フチ・スヲップ)・ネックレス(タマサイ、シトキ)・耳輪(ニンカリ)等の主要なものは、長女が継承するという。もし、男の子がなければ、エカシコロペは長女の婿に譲られ、長女が亡くなったら、長女の伝えたものは、その長女に娘がない場合には、長男の嫁が継承するという。すなわち男宝はエカシキリを辿り、女宝は女系(フチキリ)を辿って継承されていくのが原則である。長女の婿が、男宝を相続するとすると、その祖印、パセオンカミ(氏族神礼拝)が同じである場合にはその要はないが、別である場合には、祖印やパセオンカミ変改の儀礼を行なってからでなければならなかったと思われる。ただエカシコロペを譲られたというだけでは、厳密な意味の相続にはならないと思う。

(4) エカシコロペ(父系の宝器)を継いだ者が父を養い、母系の宝器を継ぐものが母を養う義務を負うという。すなわち原則としては、寡夫となった父は長男の許で、寡婦は長女の許で老後を養われることになる。

(5) 前掲『渡島筆記』『北海道旧土人』等の記述を見れば、末子相続制を思わせるし、金田一京助、高倉新一郎両博士もそう考えていられるようである。しかるに、われわれが故老についての調査資料では、長子相続制を思わせるものが多い。末子相続制が古い形で、それが長子相続制へ移行したと考えるべきかとも思うが、なお今後の調査研究を行う要があろう。

5 離婚（ウヲスラ、ウホッパ）

次のような場合に、離婚が起こりうる。
(1) 夫が多情で、妻も家業も省みない。
(2) 夫の悪い酒癖のため、妻が同棲に堪えられない。
(3) 夫が他の女と姦通した（オヤ・メノコ・エイッカ）。
(4) 妻が他の男と姦通した（オヤ・オッカイ・エイッカ）。
等がそれであろう。

　夫に落ち度があれば、妻方からチャランケ（談判）を受け、妻に落ち度があった場合にも、賠償物（アシンペ）を出して和解する場合が多いが、離婚にまで進む場合もある。聚落の秩序が乱されたと考えられた時には、酋長が聚落の長老を集めての合議（コタン・ウコラムコロ）によって裁決したこともあった。このような場合には、離婚に値する事実を実証するためには、当人に対して行う拷問、卜占（ぼくせん）したり村人が集まって巫女の託宣を聴くことなどが行なわれた。事実が実証されると当然それに対する制裁・復讐・賠償等の問題が起こるのであるが、それらについては言及しない。

　離婚と決定した場合、夫婦の間で生まれた男の子は父方で養い、女の子は母方へ引き取られるのが普通であった。結婚品は、(1)夫に落ち度があって離婚となった場合には、当然妻の方へ返却される。それに対して、妻方が納得せず、談判（チャランケ）されれば、酒杯（ツキ）、刀鍔（セッパ）等を賠償品として出さねばならぬ。(2)妻に落ち度があって離婚になった場合には、結納品は返却されないばかりでなく、これには、賠償品も出さねばならぬケースが多かった。

　離婚された女（死別した女が婚家にとどまらず実家に帰る場合も）は、婚家から(1)実母の許へ、(2)実母がいない場合には、実母の兄弟または自分の兄弟の許へ身を寄せるという。

6 蓄妾のこと

　江戸期の『東遊記』、『北海随筆』、『蝦夷草紙』、『東蝦夷夜話』、『松前志』等々の文献を見ると、アイヌの富裕なる者は、本妻の外に、多くの小妻を各所に持っていた。その多くの小妻はほとんど夫の援助を得ずに、自活しつつ貞淑に夫の訪

れを待つこと、その夫は近きは毎夜のように小妻の家を巡行をしても、女たちはいたって貞淑で、本妻を初め小妻は嫉妬の念を持たず、一緒に集まっても、礼儀を失わず、その仲はいたって睦じく、道で会っても、妻妾互いに肩を撫で、手を執り、抱き合って、骨肉のごとく相親しんだことなどが報告されている。

　妻妾を多く持つ理由として、立松東蒙の『東遊記』の如きは、

「一説に云ふ、妻妾多く蓄ふは出稼中宿泊の便に供するは勿論なれども、父母老病或は孤貧にして生活する能はざる者は、人あり之を媒介すれば、納れて養ふに由れり……」

と、貧窮孤独の娘を救うため、世話する人があれば、納れて妾とすることを述べ、『渡島筆記』もほとんどこれと同じような理由を挙げ、妾を持つのは、ただ奢侈淫欲のためばかりではないと書いている。

　筆者が結婚の習俗について訊ねた、沙流二風谷の故老二谷國松翁は、

「妾を持つには、イコロ（宝器）を妾の家に置けるくらいの富力のある者でなければ、持たない。兄弟の死後、その妻を自分のポロマチ（大妻）に持っても差支えない。ポンマチ（小妻）を持つには、大妻（ポロマチ）にも諒解を求め、大妻の親許や親戚にも相談してからする。ただ結婚式のようなものは、大妻の時より簡単にする。」

と、いたって常識的な答えをした。小妻を持つことは今でもなお行なわれている。鵡川の萌別（むかわ　もいべつ）の故某翁、日高荷負の故某氏、十勝白人の故某氏などそれぞれ富裕であり、地位もある人々であった。

　小妻を持つ時に、先に述べたような「ウプソル（懐帯）」による結婚規制が適用されるかされないか、まだ明らかにされていない。今後の調査によって解明されることが望まれる。

　大妻（ポロマチ）から小妻（ポンマチ）を、小妻から大妻を呼ぶ時、(1)ク・ヅシ・マツ、クヅシヒ、(2)エン・ヅシ・マツ（短くは、クヅシ、エンヅシ）と呼ぶ。「わたしの相妻」、「わたしに相妻の女」の意である。ヅシ（ヅシヒ）だけでは「相妻」の意。本妻と小妻を含めていう場合には、ウヅシあるいはウヅシ・マッという。いずれも、「相妻」「二人妻」の意である。大妻と小妻、あるいは小妻同志が仲の悪いことを「ウヅシ・コ・エン（相妻が共にわるい）」という。

　さて、江戸期の文献がほとんど例外なく、「妾婦亦嫉妬の悪念をあらはさず」（『松前志』）、「婦人至って貞淑なり。又嫉妬なし」（『東遊記』）、「婦人はすこしも嫉

妬の心なく、妻妾むつまじく稼業怠慢なく暮し……」(『蝦夷葉那志』)などと書いてから、明治以降の文献もほとんど同様に見ているが、果して真相であったろうか。男尊女卑の風の強いアイヌの社会では、女子に嫉妬の情など面にも態度にもあらわさないのを美徳として強要している傾きが強い。アイヌ歌謡の「ヤイシャマネナ(ヤイシャマネナという囃子詞を入れて歌う即興歌)」「イヨハイチシ(哀傷歌)」、「イフムケ(子守歌)」などみると、夫に省みられない悲しみ、嫉妬の情を歌うばかりでなく、時には夫と小妻のふざけているあられもない場面などさえ描写しているものが少なくない。昭和28年8月札幌で開催された日本人類学日本民族学連合大会(第8回)における平村幸雄氏の研究発表「北海道平取村のフモシルシ系における自殺者に就いての調べ」によると、明治33(1900)年から昭和3(1928)年までに、フモシルシ系と呼ばれる家系に出た二十一名の自殺者(内十五名はとりかぶと服毒、縊死四名、ストリキニーネ嚥下一名、切腹一名)の自殺の動機は、そのうち十六名(内女十名)が嫉妬、不倫、家庭不和によるものであることがわかるのである。

　しからば、何故アイヌにこのようなことが起こり、またそれを可能ならしめたか。理由の主要なものを挙げると、

(1) 　男尊女卑の風習。妻は夫の名を呼び捨てにしてはならず、常に敬語を用いねばならぬ程で、夫に対しては常に従順であり、嫉妬などしてはならぬようにしつけられる。

(2) 　男子の長期の出稼ぎ。男子は妻を家に残して、冬から早春にかけて、相当長い間くまやしかなどの獲物を求めて遠く出猟する。山で仮小屋を作って泊まることも多いが、他村の他家に泊めてもらう機会も多かったであろう。

(3) 　人を泊めても、他の家へ泊まっても苦にしない風習。アイヌは飲食物を他人に出し惜しむことは恥ずべきこととする。訪ねてきた人は何日でも泊めて惜しみなく飲んだり食べさせたりする。自分が他人に対してそう扱うから、他人のところで泊まっても、食べても、余りに苦にしないですむ。

(2)、(3)のことは、当然男女の関係が起こり易い機会が多かったことを示す。

(4) 　小妻を多く持てるのは、富饒者で、器量のある者だから、男子の理想とも考えられていた。

(5) 　女子は小妻となっても、夫から経済的援助を受けず、自活でき、子女も育てえたこと。時たま夫は、女に獲れないしかやくまの肉など持っていってや

るとか届けさせるぐらいですませることができた。

「蝦夷人は妻を多く持ちたるを富豪といふ。所々に家を作り置きて、五日、七日宛その家にありて、漁猟をなし、酒のみ物くひて楽みとす。……」(立松東蒙――『東遊記』)

　　国後島の惣乙名ツキノエは妻妾を十八名も持って、所々に家を作って住まわせ、独自に生活させ、時々交易品の米やこうじを妾たちのところへもわけてやり、濁酒を作らせて、多勢の妾たちと酒宴して遊興したなどは、興味ある例であろう。(最上徳内――『蝦夷草紙』参照)

(6)　小妻を持つことは、夫の生産力・経済力を増加することになる。小妻たちは自活するばかりでなく、野草・木実などを採取し、川や沿海の漁撈に従事し、食糧を貯え、衣類なども作って夫の用に供した。

(7)　富裕な者は貧困者の寡婦、孤児の娘など引き取って小妻として生活できるようにしてやることが美徳とされ、他からもそれを勧めた。

(8)　兄弟の死後は、その寡婦を自分の大妻あるいは小妻とすることができたし、子女があればその面倒を見てやることも必要であった。

　　以上挙げた諸点を見れば、アイヌに一夫多妻―蓄妾の風が行なわれたのは、極めて自然なことだったと云えはしないか。

妊娠と出産

1　妊娠

　アイヌ語で妊娠することを(1)ホン・コロ＜原義、腹（を）持つ＞（北海道一般）、(2)ホニ・ポロ＜その腹（が）大きい＞（春採）、(3)ホニ・ウン＜その腹（に）入る＞（春採・美幌）、(4)ピセ・ポロ＜腹（が）大きい＞（美幌）、(5)ポー・ヌ＜子（を）持つ＞（樺太新問）などという。アイヌの間には、「妻の子なきは去る」などということはなかったが、結婚後、数年経っても子宝に恵まれない場合には、子宝を授かるためウワタマという呪術的儀礼を行なった。これは鳥(チカップ)の卵を不妊婦の胎内に入れるという呪術である。鳥の仲間でも卵をたくさん産むにわとり（ニワトリ・チカップ）、こばん（オケウラ）、おしどり（チライマ・チリ）などの卵（ただし、あおげら、きつつきの卵を用いることは忌む）を膳に載せ、炉の横座の花茣蓙の上に置き、不妊婦の夫の父あるいはそのような呪術的儀礼の心得のある故老がやる（夫はやってはならぬという）。この時祈る神は、(1)火の媼神（アペ・フチ）と、(2)産の神（ウワリ・カムイ）の二神で、各々チエホロカケップ幣を供えるが、「火の媼神」には、横座の前の本座寄りにある台木（イヌンペ・サウシペ）の前に、1～2本、産の神（火の媼神の配下の神といわれる）(トポチ・カムイ)へは、火尻に、いつも炊事したり暖をとったりする火とは別に、火を焚き（この火を産火(ウワリ・アペ)という）、その前に立てるのである。

　火の媼神と産神へ祈る呪(まじな)い詞(ことば)（ポ・ラマツ・エ・イノンノ・イタック＝子の魂への祈り）の要旨は、――「今まで子宝の授からない若い夫婦の臥床(シンタ)の上に、子ども魂(ポ・ラマツ)（子種）になるように卵を送り届けてくれるように祈願する」――にある。「火の媼神」と「産の神」に供えたチエホロカケップ幣に、酒箸で灌酒し、先の呪い詞を述べたら、膳の上に載せてあった卵を不妊婦の胸に打ちつけて壊すか、あるいは卵を割って、呑ませる。呪いの効果があって、女が妊娠した場合は、酒を造って、感謝の祈りをする。これもウワタマの一種だが、先の呪いとは違って、子供があっても、次には男の児が欲しい、あるいは女の児が生まれて欲しい、また妊娠中の胎児が希望する性別の児になって生まれて欲しいとかいうような場合に行なう呪術的儀礼もある。男児を望む呪いをイナウ・サンテック・ヘツク・

クニ・エ・イノンノ・イタック(イナウの継承者の生まれるための祈り)といい、女児を望む呪いをフチ・サンテック・ヘック・クニ・エ・イノンノ・イタク(祖母系継承者の生まれるための祈り)と呼ぶ。この呪いも、火尻に産火(アペ・ケシ ウワリ・アペ)を焚き、火の媼神と火尻の産の神にチエホロカケップ幣を立てて祈るのであるが、これを行なうことを夫婦の者に知られると失敗するという。夫婦の不在の時を見はからい、妻(あるいは妊婦)の常用枕(チエニヌイペ、元は茣蓙を巻いたもの)を炉頭に持ち出し(あるいは他家に運んで)、その中に男の児が欲しい時には、ニ・ポン・イコロ(木製の小太刀、1メートルくらい、宝物の木太刀を模して作る)を入れておき、女の児を望む時には、ニ・ポン・イカヨップ(木製の小矢筒)を入れておく。男の子を一人授かりたい時には、木太刀1本、二人なら2本、女の児一人欲しいなら矢筒1本、三人望むなら3本入れるというようなことも行なわれた。

妻の妊娠が明らかになった場合、懐妊2～3か月目に、ホン・エ・イノンノ・カムイノミ(受胎の祈り)を行なう。酒と木幣を用意し、火の媼神(アペ・フチ)、産神(ウワリ・カムイ)、戸口の神(アパサムン・カムイ)、戸外幣壇の四神(ヌササン)(大幣の神(ヌサコロ・カムイ)、森の立樹の神(シランパ・カムイ)、狩猟の神(ハシナウ・カムイ)、水の神(ワッカウシ・カムイ))等に、懐妊のことを告げ、胎児と妊婦の健やかならんことを祈願するのである。妊婦五か月目に「着帯の祈り」を行なう。妊婦の腹帯は、夫の(もしくはその父の)褌(ふんどし)で、エカシ・テパ(祖翁の褌)と呼ばれるもので、手織りの厚司(アッツシ)布の使って柔らかくなったもの(特に新しく作らない)を使うという。妊婦に腹帯をしてやる女は妊婦の近い血縁(適切にいえば、妊婦とウプソロ=観念上の貞操帯を同じくする女たちのうち、近い血縁の女すなわち妊婦の生母、母方の祖母、母方の叔母というような女たち)の婦人がしめてやり、故老が「受胎の祈り」を行なった時に祈った神々に、胎児と妊婦のつつがなからんことを祈るのである。

妊婦6～7か月になるとホン・カシ・チャシヌレ(妊婦の身体を祓い清める儀礼)が行なわれる。一度に限らず、身体の具合がわるければ、何度も行なうこともある。故老が火の媼神、家の守り神(チセ・コロ・カムイ)、産神、戸外幣壇の四神、戸口の神、庭の神(ミンタラコロ・カムイ)、便所の神(ルコロ・カムイ)等に祈った後、近親、近隣の女たちが、手にタクサ(手草、夏ならよもぎやくまざさ、冬ならはぎ、ならの小枝などを束ねて作る。魔神を却(しりぞ)けるための祭具)を持って、妊婦を戸外に伴ない、タクサで妊婦の身体を打ち(ウカキック)、祓い清めて、安産を祈るのである。終われば、手草は、家の前を走る道路の西(沙流地方の習俗では、母家の西方に便所を設ける、この辺りから西へ魔を逐いしりぞける)の草原の中へ捨てるか、あるいは川へ流してしまう。

2 出産

　出産のことをアイヌ語で(1)ヌワップ(呻吟する→産する、産、分娩)、(2)エ・ヌワップ(それについて呻吟する、産む、分娩)、(3)ウワリ(増殖する→産)、(4)ウワレ((3)に同じ、胆振)、(5)イコニ(痛む、痛み→)、(6)ポンペ・サンケ(赤児を生む)、(7)ポ・サンケ(子供を産む)、時には隠語として、(8)モンライケ(仕事をする、仕事)、(9)ウサプキ((8)に同じ)、(10)ウサプテ(子どもを生む)などということもある。出産の日が近づくと、産婦(イコニ・メノコ、ヌワップ・メノコ)の産褥(ヌワップ・ソッキ)は、炉辺の本座(入口から入って向かって左側にある主人夫婦常居の座席)の火尻(シソ)近い所に設けられる。幌別の故金成マツ氏によれば、幌別の貧しい家では、産婦は、下にいたどりの葉やふきの葉を敷き、その上に古莫蓙(フシコ・チタラペ)をのべ、その上に襤褸布(ほろきれ)(冬はわらも)などを敷いた上でお産をしたという。

　それらのものは、出産後、女便所の前に埋めたり、庭のはずれで焼却したりしたという。お産は穢れと考えられるのであろう。神々に対する憚りから、産褥は火尻近くに設けられるのである。産婦や産婆(イコインカラ・マッ)の食物の煮炊きは、常の焚火とは別に、産火(ウヅル・アペ、ウワリ・アペ)を火尻近くに焚いて、産婦の産がすんで、七日ぐらい経って、「床上げ」するまで、一切ここで行なわれる。

　産婦は梁から負縄(タラ)を吊り下げて、それを産綱(ヌワップ・タラ)として、これにすがって分娩するのである。産綱にすがってする習俗は、内地にもある。知里博士の『分類アイヌ語辞典(人間篇)』によれば、樺太の白浦や鵜城では——陣痛を催すようになると、炉から隔たり火尻座に偏よった右座の隅に自分で産床を設ける。産床は台の上でなく、土間に松葉やわたすげの茎葉の乾燥したものを、15～18cmの厚さに敷いて、その上にさらに敷物を敷いて、その上でお産をする。それをポーヌモシカラペと云う——というし、また、胆振幌別では——お産の時は、敷布団の代わりにやまあわの茎葉の乾燥したものを厚く積み重ねて、その上に坐ってお産をした——と云う。産婦の分娩の形式は(1)坐わってする(坐位)、(2)しゃがんでする(蹲踞位)、(3)両膝を折って前に立て、後のわら束、俵、臼などに倚りかかって(半坐半臥位)もするが、坐位が一番多いという。お産の際には、神に祈る役目を持つ故老をのぞいては、男子はたとえ夫でも外に出るし、

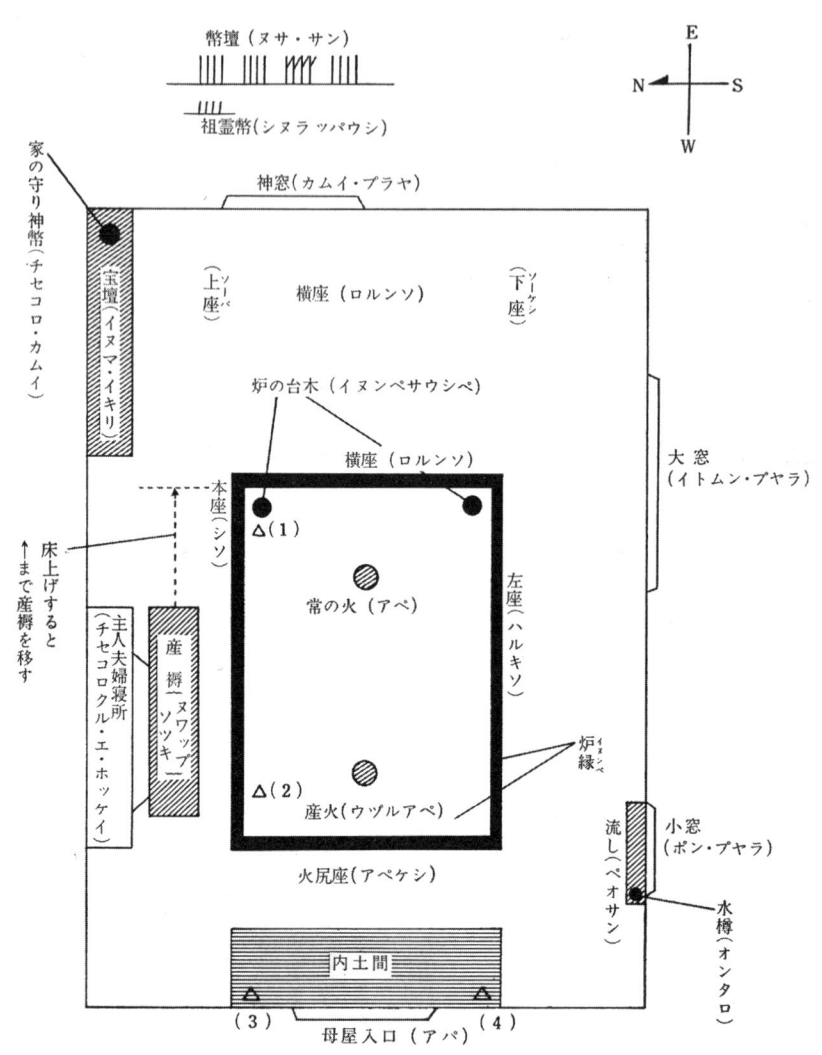

図2　産褥を設ける図（久保寺逸彦原図）
A. (1)火の神、(2)産の神、(3)(4)戸口の神へチェホロカケップ幣を立てる。
B. 出産中と産後6～7日経つまで、男や子供は大窓から出入りする。女たちはいつもの出入り口より。（地方による）

子供も遠ざける。

　アイヌの方では、職業としての助産婦（産婆）のようなものはなかった。出産に経験のある女を頼んで取り上げてもらう。これを(1)イコインカラ・マッ＜看取る女―取り上げ女＞（北海道一般）、(2)イコアップ＜看取る者＞（北見美幌）、(3)イコアン・アイヌ＜看取る人＞（樺太白浦、富内(トンナイ)）、(4)ウエカヌッフ・アイヌ＜とり上げ人＞（樺太白浦）などという。産婆は多く女系を引いて現われるもののように信じられている。生来の器用さも必要であろうが、小さい時から母のやることを、娘たちも自然、話に聴いたり見たりするためであろうが、助産の勢能(せいのう)は特殊の憑神（ツレンペ）があって授かるもののように信じられていた。例えば、胆振弁辺（豊浦）の巫術と助産をよくした老婆には、くも（ヤオシケップ）の神と竜蛇（サック・ショモ・アイェップ）の神が憑いていたというし、日高染退(シベチャリ)（静内）のある巫女は河童（ミンヅチ）を憑き神に持って、助産をよくしたという。幌別の故金成マツ氏によれば産婆は、絹の布で鉢巻きし、刺繍衣の上から、玉のネックレス(サランペ)（タマサイ、シトキ）を掛け、手に金(かね)の腕輪（テッコロ・カネ、テコルン・カネ）をはめ、「嬰児を迎える歌（アヤイ・エコノック・シノッチャ）」と呼ぶ巫歌を歌いながら助産した。産婆の憑神は襟首(オックストゥ)にいるのだという。日高二風谷の故二谷国松氏によればお産の重い時には、産婆の憑神の勢能を強めてやるため、削り掛け（イナウ・キケ(ツレンペ)）を頸に掛けてやったり、両手首に付けてやったりしたという。

　産婆の他に、肉親や近隣の二、三人の女が産婦の傍にいて介抱する。

　一人家に残った故老が、用意された木幣(イナウ)と酒を具えて安産を祈るのであるが、祈る神々は普通、(1)火の媼神（アペ・フチ）、(2)産神（ウワリ・カムイ）、(3)戸口の神（アパサムン・カムイ）、(4)便所の神（ルコロ・カムイ）、(5)庭の神（ミンタラコロ・カムイ）ぐらいで、戸外の幣壇(ヌササン)の四神などへ祈ることは略してよい。難産の際には、種々の呪術的儀礼が行なわれる。

(1)難産の際、「便所の神（ルコロ・カムイ）」に祈る場合には、老翁と女たちが便所（男便所と女便所の区別のある所では、女便所(メノコ・アシンル)）の前に立ち老翁は手に杖をつき立て、女たちはタクサ(手草)を手に持って、掛け声をかけながら力足を踏み、右腕を前後に屈伸して、いわゆるニエン・ホリピ（悪魔祓いの跳躍）をして、便所の神に安産加護の言挙(ことあげ)をしてから、家に入って来て、炉の下手に立ち、跳躍しながら、火の媼神と産神に言挙げし、すわって、女たちは産婦をタクサで打って祓う。その時、「ルーコロ・カムイ、パワシヌヅンチ、タクサ・アニ、アフン・シリネ

ナ(便所の大神、雄弁な神さまが、手草を携えて、家に入らせ給えるぞ)」と唱えながらやるという。便所の神はその臭気(サクサ・フラ)をもって除魔力ありとされる神である。

(2)また、難産にはニスホリピレ(臼躍らせ)という行事をやることもある。大勢の男女が臼を持ち込んで、家の内土間で臼を転がし、あるいは杵で搗く音をずしんと響かせる一方、産婦を手草で祓い、故老が「臼媼の神(ニス・フチ)に言挙げする。

平取の故鹿戸三助(イノンチャルク)氏の談では、家の土間に臼と杵とを持ち込んで搗きながら、故老は次のように唱えて祈ったという(筆者の訳文を示す)。

――「天つ空より、火の媼神天降り給へる時伴なひて、この土に降り、人間の産育、人間の生業を加護すべく、天降れるもの、その名を、＜国とどろ、村とどろ＞という 汝臼の媼神、臼媛 にこそあれ。今日のこの日の産、難産(ヌワップ・ユップケ)にて、産の女神も驚き慌て、如何にせんかと困り居る次第なり。されば、汝臼の女神よ、力を添へ助け給へ。然らば、この出産、楽々と滞りなくすみ、恙なく嬰児出産すること疑ひなし。」――
(モシリ・コ・リムセ／コタン・コ・リムセ／いまニス・フチ／ニスカッケマ／ウワリ・カムイ／いまし)

なお胆振白老などでは、産婦を傍の女が抱き起こして、杵を持たせて搗き物をさせるといった習俗などもあったというが、臼の除魔力によって産の障わりをするであろう、魔神を逐いのける信仰に基づくものと思われる。

(3)あおだいしょう(キナスッ・カムイ)の神に祈る。蛇のあおだいしょうは戸外の幣壇の向かって一番左に祀るヌサ・コロ・カムイ(大幣の神、氏神・農業神)と同床の神(コソッキ・コロ・カムイ)といわれる。その体で、産の妨げをする魔神を捲きしめて殺させ、産褥を浄めようとするものである。この時、立てる幣は、除魔力ありとされるいぬえんじゅ(ネシコ)の木でつくったチェホロカケップ幣であるという。(サイカレ)

(4)あしたかぐも(アミ・リ・ヤオシケップ・カムイ、アシケタンネ・カムイ)に祈る。余りの難産で母体も危い時、胎児は仕方ないとして、せめて産婦だけでも助けて欲しいと祈るので、滅多にやれない。先ず、「大幣の神(ヌサコロカムイ)」に祈り、その命により、配下神であるあしたかぐもの女神が産褥に馳せ付け、「火の媼神」および「産神」を応援し、その前の高脚を「神の刀槍(カムイ・シポップケップ)」とし、「神の熊手(カムイ・ナウケップ)」として、安産を妨げにくる魔神を曳き出して追放し、「戸口の神」の手に渡し、さらに「外庭の神」に渡し、その手で、外

庭の西の果てへ追いやろうと祈るのである。

　(5) ざりがに（アミ・タンネ・カムイ）に祈る。川にいるざりがにはホロカ・レイェップといい、逆に這うものの意である。アミ・タンネ・カムイはその神名で、「爪の長い神」の義である。この神に祈るには、先ず「水の神（ワッカ・ウシ・カムイ）」に祈り、その配下である「ざりがにの神」に命じ、そのはさみを神の道具とし、熊手（ナウケップ）として、胎児を産婦の腹中より挟み出し、一方魔神も引き出して遠く外庭の西の果てへ追放しようとするものである。この際、川に行き、水の神に祈ってから、椀に川水を入れ、川の小石も入れて帰ってから、産婦にその水を呑ませることもあったという。

　(6) オサッ・サンケ・マツ（あるいはオサシ・サンケ・マツ）へ頼む。この語義は、アイヌの故老に聞いても解らなかった。もし、オサラ・サンケ・マツの転訛とすれば、「陰部を露出する女神」ということかもしれない。故老はケナシウナラペ（木原の小母）と称する木原に棲む怪鳥で、こみみずく（アフンラサンペ）に似た鳥だとかこのはずく（トーキット）のような鳥というが、不吉な怪鳥で、神々や人間に嫉妬していつも禍をなす魔神とされている。この神へたのむのは最後だという。狩猟神（ハシナウ・ウック・カムイ）の配下の神と考えられるので、この神に祈るには、はんのき（ケネ）の枝幣4本を作って、戸外の四神の祭壇にはたてず、その下手の幣尻にたてる。恐ろしい神だから、先ず、幣壇の四神に祈ってから、それらの神から、言伝てしてもらう。この非常の呪い詞を述べる人は、ぼろの厚司（アッシ）を裏返しに着て、右手に普通の杖の半分ぐらいの低い杖をつき、その後から、なるべく子供を生んだことのない老婆が、着衣の上にぼろの着物を頭から被り、片袖から顔を出し、低い杖をつき、男はフオー！・フオー！と叫びながら強歩（ニエンアプカシと呼ぶ悪魔祓いの行進儀礼の足の運び方）して進み、老婆はウオーイ・ウオーイと叫びながら、この魔神へ立てた幣の前に進む。終わって、同じように強歩の行進をして家に入ると、老婆はタクサを持って、産婦と産床を祓って戸外に出ると、男は老婆の頭から被っていたぼろの着物を鎌でずたずたに切り割き、自分も用意した着物に着換え、他の人にタクサで祓ってもらって家に入るのである。

　知里真志保博士の『分類アイヌ語辞典（人間篇）』p.180～181を見ると、難産の際には、

　①こんぶで腹をなでてやる（鵜城）、②くまの小腸の干したのを少し呑ませる

（同）、③「いぬの食器」を枕させる（同）、④「くまの食器」ならなおよい（同）、⑤こおもり（カピテンキ）で腹を撫でると早く生む（同）、⑥木皮葺の家の天窓のふちを少し削りとって腹にはる（同）、⑦いつも産の軽い人に、背後から両足を前に回してからみつけ、腹を撫でさすってもらう（近文）、⑧産婦に臼を背負わせ、別な人が杵を手に搗くまねをしながら、「アパクス・アパクス！（戸口を通りぬけよ！　戸口を通り抜けよ！）」と唱える（春採）、⑨えぞにわとこの木に小刀で穴をあけ、その穴から妊婦の衿首を吹きながら、「ポシカ！　ポシカ！（子よ　出よ！　子よ　出よ！）」と唱える（鵡城）、⑩負縄の鐶を用いて⑨のようにしてもよい（鵡城）、⑪長さ2.1〜2.4mの縄の一端に、縄の玉を作り、玉のない方の端を首すじから背中に通して、家族の一人がその端を、赤ん坊の泣きまねをしながら引き出す。縄の玉が引き出されると同時に生まれるというわけである（富内）。

　以上の習俗があることがわかる。また、同書の日本語索引のp.678を見ると、①お産の時は戸口を必ず開けておく。産婦のそばにおく容器はすべて開けたままにしておき、蓋をしてはならぬ（幌別）、②難産の時は家人が炉縁起こしてゆるませ、産婦を楽にさせる（白浦）、などの呪いが行なわれたことがわかる。

　胆振幌別では、難産の時には、女たちが鎌（イヨックペ）を二つ持って来て、産婦の足許に近づき、踏舞しながら鎌を打ち合う音をさせて、切る真似をしたという。鎌は「鎌の化物（イヨックペ・シンナイサム）」といわれ、魔を切る霊能があるものとされる。

　難産のため、赤児が仮死状態で生まれた時は、振りまわしたり、背中を叩きながら、「エライ　ナー、ウオーイ！、エライ　ナー、ヤイヌーパー、ウオーイ！（おまえ死んだな、ウオーイ！　生き返れ）」とくり返して蘇生を試みる。知里博士の前掲書p.183によれば、樺太白浦では、赤児を抱いて炉のまわりをまわりながら、火の媼神に男の子なら、祖父たちのあとを継いでお祭りをする者であるから憐んで呼吸させて下さいと頼み、女の子なら、婆たちのあとを継いで神へ捧げる食物の苞を作るべきものであるから、呼吸させてくれと祈詞を述べたという。

　7、8か月で流産した胎児あるいは仮死状態で生まれた胎児を箕（ムイ）の中に入れ、戸外に出て揺り動かす。息を吹き返すかもしれないからである。

　流産したり、死産した胎児は、これを葬る場合には、単に「火の媼神（カムイ・フチ）」に、
　　——「この胎児の浄らかな魂（ワッカポ）をあなたさまがお預かり下さって、再びよい婦人の腹の中にみごもらせて、生まれさせてやって下さい。」——

と祈るだけで、赤児に対しては、人間の言葉がわからないとして、送詞(イヨイタックコテ)などせず、菰(こも)に包んで、女便所(メノコ・アシンル)の前を掘って埋めたという。

　産死(ホネコツ＜腹のために死ぬ＞ホネエン＜腹のために悪くなる＞)した産婦を埋葬するには、一般の葬式と同じ形式によるが、墓についてから、埋葬する前に会葬者を退け、周囲を茣蓙で囲い、ぼろを着た気丈な老婆が、屍の包みを解くか、あるいは丈夫な柄を付けた鎌で切り開き、中の母体の腹を割いて、死児を取り出し(これをコニ・チャラパ＜産の痛みを散らす＞という)母体の懐に抱かせてから、再び茣蓙に包んで埋葬したという(幌別、白老)。日高二風谷では、鎌で一回切る真似をするだけで、実際には、腹まで割かなかった。埋葬し終わったら、会葬者一同その墓のまわりをまわって悪魔祓いの強歩の行進(ツシリ・オカリ・ウニエンテ)を行なうという(幌別)。このようなことは産死ではなく、臨月前の産婦が死亡した祭にも行なったという(幌別)。一見、無惨なことのように見えるが、産婦が産みたくて死んだのだから、産ませたことにしてやって、後に心を残さないようにさせてやろうという温かい思い遣りからすることなのである。この時、故老が、神々に祈り、産婦にも告辞を述べるが、普通の葬式のものと違って、あの世へ行って一緒に暮らせるように述べるという。

　生児は、今日では沸かし湯を使わせるのであるが、古くはぎょうじゃにら(プクサ)で生児を洗うようなこともした。江戸期の文献には川水あるいは海水で洗うといったようにも報告したものがあるが、アイヌの故老に訊ねても、口を揃えて否定する。後産の胎盤(ポ・カツプ、ポ・プクル)や臍帯(へそのお)(エハアツ、ハンク・アツ、ポ・アツ)の処置はどうするか。臍帯は産婆が昔は小刀(マキリ)で切り、後には鋏を用いるようになった。

　臍帯を切る時、血が吹き出た場合は、ほこりだけの粉をふりかけておいたり、きわだの木の皮の内皮の黄色い部分の乾いたのを小刀で掻いて、その粉を振り掛けておいたりする(沙流)。(知里博士―分類アイヌ語辞典)

　臍帯を細かく切って、他の肉類などと煮て密かに、子の生まれない婦人に食わせると、その婦人は妊娠するという。(『医事公論』1148～9号、梶完次氏―「アイヌ族固有の娩産に就て」)

　臍帯が乾燥して生児の臍(ハンク)から脱落したものは、女便所の前に埋めるか、あるいはとっておいて紐を通して、その児の首にかけてお守りにしたという。胎盤(ポ・カツプ、イヨシ・ポタラ)は他の汚物と共に、物に包んで、すぐ女

便所の前に埋めるか、産婦が肥立った後に埋めたという。

　出産が済めば、神々に報告感謝し、生児のつつがなく育つように祈るのであるが、火の媼神、産神、戸口の神などに幣をあげて、祈るのである。この祈りは、生後すぐ行なわず、産婦が肥立って、床払いをする時、行なうこともあるようである。これをポエイノンノ・カムイノミ（子供についての神祈り＝誕生祝）と呼ぶ。

　生児のつつがなく成長することを祈るため、出産後、余り経たないうちに、子供の守り神幣（ウレスパ・セレマック・エプンキネ・カムイ、チェニシテ・イナウ）というものを作って、家の上座に安置しておく。日高沙流のものは、家の守護神幣（ソパウン・カムイ）や家の主人の守護神幣（チセコロクル・エプンキネ・カムイ）に似て、やや小形のもので、はしどい（プンカウ）の棒幣（スツ・イナウ）で、よもぎの槍を手についた姿である。余り長く置くのは勿体ないので、幾年か経てば、戸外の幣場でほぐして送り、また新しく作って立てるという。

3　産婦の床上げ

　産婦の床上げをロロ・オシライェ（横座の方へ臥床を移す意）とか、ソツキ・ヌパ（臥床掃い）と呼び、産後六日目の晩とか七日目に行なう。産褥は、入口より向かって右の、炉の本座の火尻寄り（シソ・アペケシ）に、炉端を離れて設けられていたはずであるが、それを上手の横座寄りに移すのである。また、炉の下手の火尻近くで焚いていた産火（ウヅル・アペ、ウサルン・アペ）を消し、この時より以後は、産婦も不断の火で煮炊きしたものを食べるのである。すなわち産婦は産の忌みから解放されることを意味するのである。産褥の敷物を綺麗なものに取りかえる。また、今までしていた高い枕をとって、低い枕にする。この時、火の媼神や産神には産が無事にすみ、今日床上げできたことを感謝、母子ともつつがなからんことを頼むのである。産婦の床上げと同時に子供の誕生祝（ポ・エ・イノンノ・カムイノミ）を同時に行なうことも多い。粢餅（しとぎもち）や酒を用意して祝宴（ウエソップキ）を行なうこともあるが、あまり盛大にせず、一家の内宴ですませることが多いという。

　産婆に対する礼は、玉のネックレス（タマサイ、シトキ）、木作りの小太刀（エムシポ・イコロ）、台付き酒杯（ヅキ）、膳（オッチケ）、あるいは金銭（イチェニ）等であるが、綯りをかけた削掛け（キケチノイェ・エ・ウコッ・イナウ）を二つ結んで頸に掛けてやることが行なわれた。これをもらうことは、何物にもまさる名誉のこ

ととされたのである。

　この時以後、産婦は、炉端にも出られ、流し（ペオサン）に行って炊事もできるわけであるが、なおしばらく（二十一日間などというものが多い）、臥床に在って、体の回復を待つのである。

　産婦の産前産後の飲食物については、なるべく肉類をとらず、乾魚（サッチエップ）特にきゅうりうお（ヌイラ）、また、お産の時には、きわだ（シケレペ・ニ）の実、ほうのき（プシニ）の実を乾したものを古血を下げるとして呑んだという。きゅうりうおの乾したものなど最もいいとされ、ひえの粥に汁（オハウ）などが普通である。産の前後にはけやまはんのきの煎汁（ケネ・ワッカ）をよくのんだ。香味があっておいしいというが、この汁の赤い色が増血剤のようにも考えられていたのである。

　肥立ちがよくない時には、ふっきそう（ユックトパ・キナ）、まゆみ（カスップ・ニ）の皮の煎汁、ふきの根の煎汁、はまなし（マウニ）の実の煎汁を呑むといいといわれた。くさのおう（オトンプイ・キナ）、よもぎ（ノヤ）の葉、なぎなたこうじゅ（エント）の実、のびる（メンピロ）など煎じて飲むことも行なわれた。

　バチェラー博士の『アイヌ人およびその説話 The Ainu and their Folk lore』を見ると、産婦の夫は、妻の出産の際は、他家にいって自分があたかも産褥にある人のごとく、まるで病人のようにして七日間滞在し、妻の出産がすんで、「床上げ」のすんだ朝、自分も床上げして家に帰る。他家で寝る間は、他家の神祭りの酒盛りに出席することも、漁猟に出ることもタブーとなっていると書いてある。これを民族学などでいう擬産 couvade（クウ・ヴァド）の土俗がアイヌにもあったと断定できるかどうか、筆者の今までの調査では、これを確かめうるような資料はえられない。アイヌの故老はそんな馬鹿なことがあるかと一笑に付するのである。

子守歌、赤児に関する俗信、命名、教育

1　子守歌

　子守歌のことをアイヌ語で「イフムケ(音を発して赤児をあやす)」「イヨンノッカ」「イヨンルイカ(いずれもホロホロと舌の先をころがして赤児をあやす意)」などというが、さらに「パッカイ・イフムケ(子をおぶって歌う子守歌)」、「シンタスイェ・イフムケ(シンタに赤児をのせて揺するときに歌うもの)」「カムイ・イフムケ(神の子守歌、アイヌの叙事歌謡の神謡(カムイ・ユーカラ)を内容とするもの)」などと、歌われる場合や内容によって、区別することがある。

　「子守歌」は四つの型(かた)に分けられる。

　(1)　舌をふるわせて、「ルー　ル　ル　ル」とか、「ロー　ロ　ロ　ロ」とか、「アフアシ　アフア」などというように、無意味な音群、あるいは掛け声のようなものを適当なリズムに乗せてくり返すにすぎないもの。

　(2)　(1)の無意味な音群をくり返しながら、それを囃し詞(はやことば)(サケヘ)として、歌詞を投げ入れていくもの。歌詞には、その場で思いついた文句を即興的に投げ入れていくものと、伝承的に決まった文句を即興的に投げ入れていくものとがある。一例をあげれば、

　「アフアシ　ア　ハハ、アホロロ　ホロロ、イッカ　チカップ、イッカ　トリ、オコッコ　チカップ　エックナ、イテキ　エチシノ、ピリカノ　モコロハニ、クコロ　クオマップ　アヤイー、アフアシ　ア　ハハ、アホロロ　ホロロ……＜人盗り鳥、人さらい禽(とり)、お化け鳥がやってくるよ。泣くんじゃないよ。よくお眠りよ、わたしの可愛いい赤ちゃん！＞」(胆振幌別)

　「アホルル　ハ　ハ　ア、アホルル　ハハ　フン、イテキ　チシノ、モコロ　モコロ、エモコロ　ヤックネ、エコロミチ　カ、エコロハポ　カ、ネップキ　ヤックネ、ショモ　イペルスイ、エキ　ナンコンナ、ニシパ　エネ　クニ、カムイ　エヌカラ、キ　クスネ　ナ、モコロ　モコロ、イテキ　チシノ、モコロ　モコロ！　＜泣かずに、ねんねしな、ねんねしたなら、お父ちゃんも、お

アイヌの一生 179

teta maktā makun huchi   十勝地区

(楽譜)

te-ta mak-tā ma-kun hu-chi i-hu-m ke ta-pan
a ta hā o te-ta mak-tā ma-kun hu-chi
i-hu-m-ke ta-pan a ta ha ō
te-ta mak-tā ma-ku-n hu-chī i-hum-ke a ta hā
ō a hā ta ha o a ta ha
ō

（芽室太）

囃しの間に歌詞の入った子守り歌（日本放送協会―『アイヌの伝統音楽』p.289）

母ちゃんも、働けるだろうから、ひもじい思いはしないよ、立派な人になれるように、神さま見ていて、下さろう、ねんねん泣かずに、ねんねしな＞」(日高二風谷)

　(3)「神謡(カムイ・ユーカラ)」と同じ内容のもので、「カムイ・イフムケ(神の子守歌)」と呼ばれるもの、囃し詞(サケヘ)を句頭もしくは、句後へ挿入し、そのほとんどが、疱瘡の神(パコロ・カムイ)に対する恐怖を歌うもので、母の子を思う心は、半ばは赤児にいい聞かせ、半ばは自らの不安に戦きながら、病魔を遠い国の果てへ追いやって、わが愛児を救おうとする心根が歌われている。

　(4)　囃し詞(サケヘ)を繰り返す点では、(3)と同じであるが、内容が「神謡」のように宗教的なものではなく、夫に対する嫉妬の気持ちなどを歌って、わびしく遣る瀬ない母の心を、子供に訴えるようなものである。

ōho rurrr hataha　　　　　　　　　　　　　　沙流川流域

ō - ho　rū　　ha - ta - hā　　o - hō　rū

ha - ta - ha　　　　　　　　　　　(荷菜)

イフムケ (sinta suye iyonnokka)　　　　　　沙流川流域・荷菜
oho rurrr hataha　　oho rurrr hataha　　hoy ya ha o ha o
hoy ya ha o hoy　　hoy ya ha o　　ha ohoy ya ha o hoy

揺り籠をゆすりながらうたうもので、これはくり返しだけであるが、そのくり返しの間に「ねむりの揺り籠おりろおりろ」などという思いつく言葉が入るのである。

　　　　　囃しだけをくりかえす子守り歌 (日本放送協会『アイヌの伝統音楽』p.302)

2 赤児に関する俗信

　赤児の夜泣き（クンネ・チシ）、ひきつけ（サンペ・マウ）などは、魔神(エン・カムイ)のいたずら（チコラマス）によると考えるので、前者の場合には、女たちがよもぎややなぎの枝などを手草（タクサ）として、フッサ！　フッサ！　フッサ！　と息吹きの声を出しながら、赤児の身体を祓ったり、あるいは、綿でも木綿布でも燃やし、その黒い灰を赤児の身体に付けたり、その燃えさしに息吹きをかけて祓ったりすると、泣き止むという。ひきつける時には、濡れた布か雑巾を胸の上にのせて置いたり、水を掛けたり、手草で祓って神々に祈ったりする。
　赤児のくしゃみ（エシナ）は風邪の神（オムケ・カムイ）が忍び寄るものと考えて、傍にいた人が、すぐに──「シコパッチェ、シコンチコロ（赤児に糞はねた。赤児は糞の帽子をかぶった）」──と唱えると、風邪の神はきたながって逃げていくので、くしゃみが止むという。
　赤児が物を食べながらくしゃみをしたら、食べ物の中に、悪魔がはいっているためだと考えて、食べ物の幾分かを取って捨てればいいという。
　赤児が眠りながら笑うのはよいが、生後三か月ぐらいの間に、声を立てて笑うのは、何か凶事の起こる前兆とされる。これは善神（ペケレ・カムイ）が無心な赤児に魅入って（カッカラ）、そうさせると考える。赤児は口がきけなくても、神の囁き告げる言葉はよくわかるものだから、そんな時には、呪い言を唱えるか、神さまにお祈りするものだという。
　また、乳歯が早く生えるのも忌まれる。親が死ぬか、その赤児が夭死するかだといわれる。
　赤児が誕生日前に立って歩くのも、不吉なこととされて、親の心配の種となる。
　赤児を寝かしつける時には、負縄（タラ）でまわりに輪をつくっておくといい。戸外では地面に輪をかいて置いてもいい（沙流──『分類アイヌ語辞典』人間篇）。
　虫下しには、よもぎの葉、いけまの根の煎じ汁、なんてんしょう（ラウラウ、へびのたいまつ）の球茎の黄色い部分（有毒）を呑み下させた。また赤児がいつまでも足の立たないような時には、ばいけいそう（シクップキナ、シクップシクップ）で、『シクップ！　シクップ！（成長せよ！　成長せよ！）』といいながら、お尻を

叩くというようなこともやった。

3 命名

　赤児の命名はレヘ・コレという。戸籍のない時代のアイヌは、赤児が生まれて急いで名をつけなかった。単に前述のような赤児の呼称で呼ばれればわかるくらいであったが、後にその赤児の特徴・行動とか周囲の印象的な出来事から選んで命名するようになる。これには嘉名もあれば、わざときたない名、みだらな名を付けることもある。ことに明治以前は、アイヌは運上屋や会所（いずれも場所受負人の交易所）に徴用されて、強制的に労働させられたので、子供可愛さに、出生の届出をわざと遅らせたため、五年も十年も遅れて付けるというようなことも多かった。

　名付け親には、父(ミチ)・祖父(エカシ)などがなるが、他の人に頼んで付けてもらうこともある。他の人に名を付けてもらう時には、男の子なら父方の近親、女の子なら母方の近親男子に頼むのが自然だったようだ。他人の名付け親には「名付けのお礼(レヘ・イワイ)」として、ツキ（酒杯）などを贈るし、先方も名付け子に対して、何か適当な祝い物を贈ったという。そして名を付けてもらった者は、成長してからも、名付け親に対しては、労力奉仕その他、また老後の面倒もみたものだという。

　命名の原則としては、

(1)　その部落(コタン)の者との同名、特に親戚、知人との同名は避ける。

(2)　死んだ人の名をつけることを忌む。

(3)　名は一生の運命を支配すると信じるから、なるべく縁起のいい名を付ける。

(4)　その赤児の習癖、特徴、その身辺に生じた、他の注意を引くような出来事があれば、それに因んだ名を付ける。

(5)　悪名を付けることによって、赤児に禍しようと企む魔神を避けその眼をのがれて、つつがなき成長と繁栄とを計ろうとするものが多い。

　実際、アイヌの命名を見ると、ずいぶんふざけたような名がある。たとえば、「チキシマ（男の性器を握るもの、男名）」。「ポロ・テレップ（大きな性器を持つもの、女名)」、「シコサンケ（糞をぶらさげる、女名）」、「ツルシノ（垢だらけの、女名）」、「ニスレックル（臼が鳴く男、男名）」、「チルタ（荒削りのもの、男名）」、「ペラモンコ

ロ(飯杓子をおもちゃにいじる、女名)」などには、汚い名も悪名も、その子の習癖、周囲の出来事などによってつけたものであって、なにかほほえましいものがある。

4　教育

　明治5(1872)年8月の学制頒布とともに、翌9年、北海道開拓使は布達を出して、就学すべきことをアイヌに諭し、明治11、2年ごろから各地に旧土人を教育する小学校あるいは教育所が設けられた。当初はアイヌたちの就学意欲は一般に低く、その実績はなかなか挙がらなかった。

　明治16(1883)年6月に、明治天皇は旧土人教育基金を下賜（かし）されて、これを勧奨されたこともあった。

　アイヌに対する教育が、やや実績を挙げ始めたのは、明治32(1899)年4月、旧土人保護法が布かれ、それに基づいて、34年、旧土人教育規程ができ、アイヌの人口の多い、胆振（いぶり）、日高（ひだか）、十勝（とかち）、釧路（くしろ）、石狩（いしかり）など数か所に国庫支弁による小学校が設立され、アイヌの子弟だけを集めて教育するようになってからである。

　しかし、時代の進展につれ、やがて、当初の趣旨は如何ともあれ、このような差別的教育は日本国民としての自覚を高め、生活が向上し来たったアイヌの人々の不評を買い、盛んな反対にあうようになったし、またアイヌの和人化につれ、その必要もなくなったので、大正11(1922)年4月、ついに、この制度を廃止した。その後、アイヌの子弟は公的にはなんら差別的待遇を受けずに、和人の子弟と共学し、義務教育をおえ、さらに高校、大学へ進学する者も少なくない現状にいたっている。

　しからば一昔前のアイヌの人たちは、子弟の教育をどのように行なってきたか。日本内地の山間僻地の生活が近世までそうであったように、アイヌにおいても、炉辺が子弟教育の主な場であり、生活技術の実地習練がいたるところで、あらゆる機会を捉えて行なわれていた。

　男女児とも成年に達する頃までには、日常生活に対する知識と技術とを実地に即して、父母、祖父母もしくは年長者から授けられる。

　男の子ならば、父、祖父、あるいは伯父などから、祭祀における祈り詞、呪い詞の述べ方、儀礼一般、神話の知識、自分の家や同族、他の同村人の家系(エカ

シキリ)、人に対して行なう正式な会釈会見の作法とその挨拶の辞の述べ方、談判（チャランケ）の作法、祭具をはじめ、日常生活に必要な器具・炊事道具など一切の製作技術、彫刻の意匠と技術、あるいは狩猟・漁撈の知識と技術、その他あらゆる生活資源の採取と利用に関する知識と技術等々について、教育され訓練されたのである。

　一方女の子ならば、母、祖母、叔母などから刺繍・裁縫・調理・衣料の紡織・茣蓙・篭・手下げなどの製作、野外における生活資源の採取と利用法等々に関する知識と技術とを授けられる。

　アイヌ民族の誇りとする叙事詩——ユーカラ（英雄詞曲）・神謡(カムイ・ユーカラ)・聖伝(オイナ)など——、あるいは散文の昔話(ウエペケレ)などというものも、もともと信仰に根ざし、日常生活の規範・典拠となるべき必須の知識であったから、故老たちはこれを歌い、あるいは語って、次代の人々へ伝えなければならなかったし、若い世代の男女もこれを覚えるように努力しなければならなかったのである。

成年・成女（シュクップ・オッカイポ、シュクップ・メノコ）

　アイヌの方では、男の児や女の児が肉体的にも精神的にも一応成熟し、いわゆる大人になり、一人前になっても、コタンという集団の正員と村人から認められ、社会的地位と責任が確定されるため、一定の日を決めて取り行なうようなことはなかった。あくまで、個人的で、一家内でのことであった。
　男の児は、16、7歳になると、顎（あご）の辺りも、しだいに黒みわたり、頰ひげ（ひげ）の伸びも目立つようになり、やがて頰から顎へかけて美しい髯を蓄える下地が整ってくる。呼称も7、8歳から13、4歳までの童男はヘカチ（成長するもの）となり、そのうち、年の大さによって小童（ポン・ヘカチ）、大童（ポロ・ヘカチ）と呼び分け、童女をマッ・ヘカチ、マッカチ（女童）と呼び、それも年によって、ポン・マッカチ（小童女）、ポロ・マッカチ（大童女）と呼ぶ。15、6歳になると、男子はポン・オッカイポ（小少年）、オッカイポ（少年）、女子は、ポン・メノコ（小少女）、マッネポ（娘）、青年男女はそれぞれ、スクップ・オッカイポ（成男）、スクップ・メノコ（成女）と呼ぶ。
　成年、成女に達するまで行なわれる主な習俗は次のごときものである。
　(1)15、6歳になると、男女とも大人のような髪容ち（かみかた）（シオチャ）となる。成人のしるしである。すなわち、男児は、前髪と後の首筋、襟元を少し剃り去り、回りを長く揃えて切り、女児は、前を左右に分け、後を少し短く切って、首の所で止め、左右は肩の辺りまで垂らすのである。(2)着物も大人のようなものを用いる。(3)男の児は褌をしめる。少年が自分で前のはだかるのを恥じる15、6歳（古語ではオクンネヘカチと呼ぶことがある。「陰部（チェヘ）の黒い男の児」の意である）になると、祖母（フチ）か母親が作ってくれた褌（テパ）をしめる。(4)少女も初潮をみる（チユップ・ヌカラ＝月を見る）年頃になると、月経帯（チユッペ・テパ）を用いるし、また(5)母方の祖母や母などが作ってくれる懐帯（ウプソルン・クッ、ウプソロ、ポン・クッ、ラウンクッ）を腹部に巻き、(6)モウルと呼ぶ縫いぐるみの肌襦袢に肌を包んで、人前ではあらわさないようにする。(7)また、入れ墨を口辺、前縛（まえうで）、手甲（てのこう）に施す。早いものは、7、8歳から普通13、4歳から17、8歳までに、三回ぐらいに施し、結婚前

に完成させる。成女のしるしである。(8)男の児は家の祖父や父から、自分の家のパセオンカミ(「重い礼拝」の意、ある氏族だけで祀る秘神の礼拝)の祭神の名、祭りの由来、祭詞の述べ方など、家紋ともいうべき祖印(エカシシロシ、エカシ・イトクパ、単にイトックパともいう)に関すること、家系のことなどを教えられるのも、成年に達してからのことであったろう。

　そのうち、(3)以下について、説明することにする。(3)男子の褌(テパ)は、もとは、古い厚司の柔らかくなった布で作ったというが、後には白木綿や赤木綿で作る。幅22.1〜26.4cm、長さ151.5cmないし242.4cmぐらい、日本の褌と同一のもの。(4)月経帯も古い厚司でつくる。作り方は男の「もっこふんどし」と同じだという。月経の時には、ふきの葉やこじゃくの若い茎葉のしおれたのを使ったという(知里真志保博士―『分類アイヌ語辞典』第三巻、人間篇参照)。(5)懐帯は女子が常に肌身にまとっていたもの。観念上の貞操帯といわれる。おおばいらくさやつるうめもどきの繊維を組んでつくり、長さ212.1〜242.4cm。全体の長さ、何本の細紐に分かれるかなどによって、種々の形式がある。同一形式のものが、女系と辿って伝えられる(同じ母から生まれた娘は同一形式、それぞれの孫娘も同じという風に)から、女系が違えば、形式が異なる。これを等しくするものをシネウプソロ・イキリ(同一女系)と呼び、父系(エカシキリ)と対立して、アイヌの結婚、祖霊祭祀(シヌラッパ)などの上に重要な意味を持つものである。夫でも故なくては解かせない程、禁忌(タブー)の念の強いものであるから、家人にも見られないようにして作り、洗濯しても、家裏などの人目につかぬところに、上から布など被って蔭干しにするという。(6)のモウルは婦人の肌襦袢、昔は柔らかいしかの皮で作ったというが、後には木綿、裾から縫いぐるみにして胸のところだけ開けて、紐または釦(ボタン)で左右から閉じる。裾から被って着る。アイヌ婦人は肌をあらわすのを嫌うから、川の中へも着たまま入って、濡れても裾をしぼって乾かすという風であった。

　(7)パセ・オンカミとは、ある氏族に付随した秘神の礼拝である。旧時のアイヌ部落の原初的な形態は、ある一人の大祖先(エカシモト)から分かれ、祖印(エカシシロシ、イトックパ)とパセオンカミを同じくする血縁集団(これをシネ・エカシキリと呼ぶ)によって形成せられた戸数の僅かなものであった。たとえば、筆者の調査した道南日高の二風谷部落は、七つの家系に分かれて、キケウシパスイ(白木の酒箸、特殊な神にだけ使われる。酒箸の中で、最も古い形式のもの)の形式が二種、祖印の形式に六種、パセ・オンカミの系統に三つあることが明らかになった。

I シュツサン系、イカシユック系の中ツパレアシ系

II ツンキタイヌ系、イルエウック系、イカシユック系の中本系と布施系の或る人々

III ケマスエクル系（本系、布施系）

IV ヤイパロ系の中のウカリクン系

V ヤイパロ系の中のアリカッテ系

VI フモシリシ系

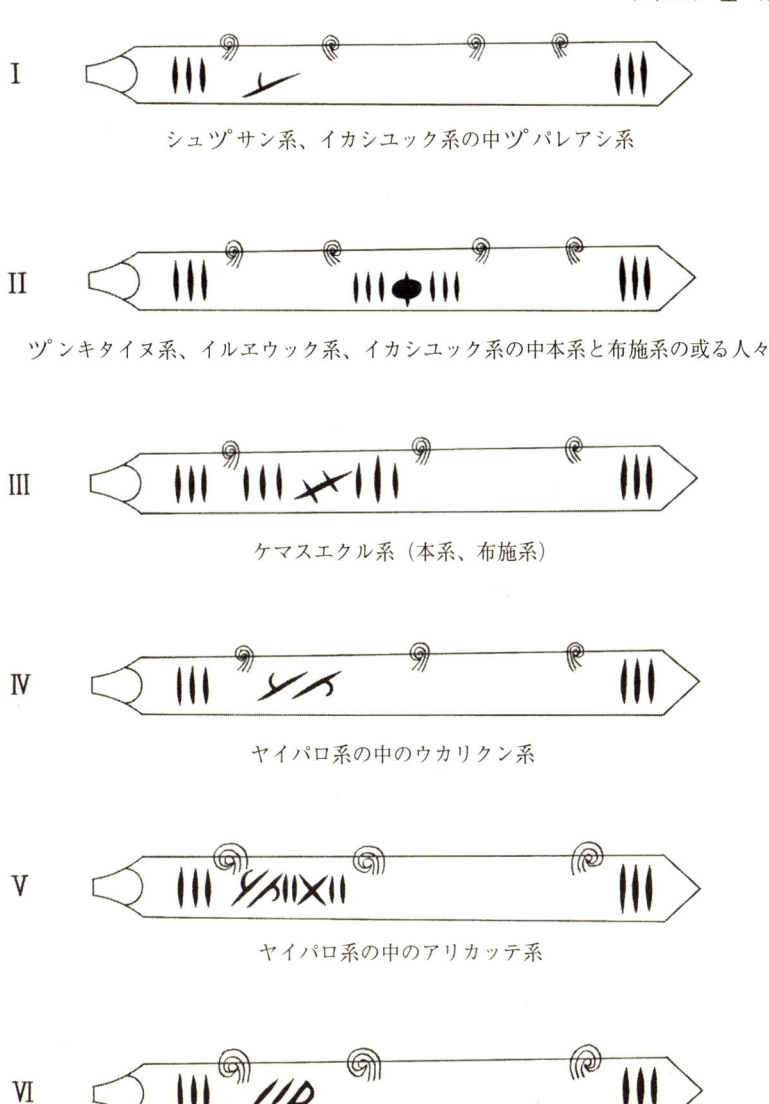

図6　日高二風谷の酒箸と祖印（久保寺逸彦原図）

家　　系	家系の支派	酒箸の形式	祖　印	パセオンカミの型
I　シュヅサン系	ナ　シ	四翼型(二・三翼,対向)	✓	A 型 (軽い尻の神/熊の大王神)
II　ヅンキタイヌ系	純　ヅンキタイヌ系	四翼型(二・三翼,対向)	|||◎|||	A 型
	布施重蔵系			
III　ケマスエクル系	純　ケマスエクル系	三翼型(単　生)	|||✕|||	B 型 (貫張川の神/熊の大王神)
	布施重蔵系			
IV　イルエウック系	ナ　シ	IIに同じ	IIに同じ	A 型
V　ヤイパロ系	ウカリクン系	三翼型(単　生)	✕✕	C 型 (平取沢の神/熊の大王神)
	アリカッテ系	〃	||✕||✕✕	
VI　フモシルシ系	ナ　シ	三翼型(単　生)	◎	B 型
VII　イカシユック系	イカシユック系	IIに同じ	IIに同じ	A 型
	ヅパレアシ系	Iに同じ	Iに同じ	

図7　日高二風谷における家系、酒箸、祖印、パセオンカミの表（久保寺逸彦原図）

　パセ・オンカミの対象となる神は、二風谷では、二神である。同一祖系以外の者へはその名も秘していわず、祭詞の冒頭数句も秘密である。故にその家の主人と主人と同一祖系の故老との二人で祭るのが普通であるが、主人と同一祖系の故老はたとえ知っていても、パセ・オンカミすることを主人に頼まれたら、主人に、その二神の名称と祭詞のうち、二神に呼び掛ける冒頭の重要な数句を尋ねてから行なうのが礼儀だとされる程、大切な祭りなのである。

　以上、祖印、パセ・オンカミとは同一祖系の人々によってずっと継承されていくべきものであった。勿論、それらが他系の者と複合して変化したり、他系の人にでも、事情によってそのパセ・オンカミを許容し、祖印の使用を認めることはあるが、それには部落の長老合議の承認を得、宗教的儀礼を行ない、相当な賠償物を贈与しなければならなかった。

　かかる重要な意味を持つパセ・オンカミの儀礼、祖印等のことについては、成年以後に祖父や父から初めて教えを受けたのである。

挨拶・礼儀・作法

1　訪問の挨拶

　胆振や日高の道南部の典型的な家の造りは、長方形の母屋（チセ）と西側の玄関と納屋とを兼ねた付属小屋（セム）とよりなる。訪問する人は、付属小屋の南に向いた外入口（ソユンアパ）から入って、付属小屋の土間を二、三歩進んで、母屋の内戸口（アウンアパ）から屋内に入る。付属小屋の入口には戸も張りのようなものもない。付属小屋から母屋に入る内戸口は現在はみなガラス戸になっているが、古くはおにがやかよしを編んだ簾（すだれ）を垂れて、帳（アパオロッペ「入口に掛かっているもの」、あるいはアパオロッキ「入口に掛かっている簾」）としていたがまた、細く割った木を、簾のように棒へ釘で打ち付けたものを用いた所もあったという。

　正式に人の家を訪問する際の作法としては付属小屋の入口の前に立って、シムシシカ（原義、自分を噂せしめる）という、引き入れ声でする一種の咳払い（シレクッカラ）をするか、シフムヌヤラ（原義、自身の物音を聞かせる）という、持ち物をバタバタ叩いて音を立てる合図をして戸外に訪れのあることを屋内の人に知らせる。咳払いの声や持ち物を叩く音を聞くと、屋内では、とり乱している場合は、炉辺を片付け、花茣蓙（ニカプンペ）などを横座（ロロ、入口から入って、囲炉裡の正面にある賓客の座）や左座（ハルキソ、内戸口から入って囲炉裡の右側で、常客の座）にしつらえなどしてから、屋内から若者（主人は出て行かない）が入口に入って様子をうかがってから、男の客なら、自分もセム（付属小屋）のところまで出向いて、無言のうちに手を揉み上げ下げする拝をしてから、その人の左手を執って、静かに屋内に導き、土間で履物をぬがせて、手を執ったまま、上客ならば、左座を通って正面の横座へ、次客以下なら左座の適当な所へ案内する。女客には手を執るようなことをせず、「アフップ　ヤン（どうぞお入り下さい）」と声を掛ける程度だが、女客は静かに入って本座（シソ、炉の右側、横座に近いところに、家の主人、それにならんで主婦が坐る）に通って坐る。これも無言である。男の客は若者に手を執って案内される時は、きょろきょろ屋内を見るようなことも主人の方を見る

こともせず、静かに歩を移して、左座から横座の方へ曲がる辺りで中腰になって火の嫗神へ（火の神に捧げるチェホロカケップ幣が立っていなくても、その方へ）また、家の東北隅にある家の守護神幣（ソーパウン・カムイ）の方へも、両手を挙げて軽く拝をしつつ静かに招じられた席につき胡座（ウキロソレ）をかいて、主人の方を向いて坐る。祭りの時ならば、訪客も迎える主人も刺繡衣あるいは厚司の上に陣羽織などを羽織り、太刀（エムシ）を佩き、頭にサパウンペ（ぶどう蔓でつくりこれに削り掛けをまとわせ、くまその他動物の木彫りなどを前立てとしてつける）の正装である。

　主客はそこで、両掌を上げ、静かに左右に動かしながら擦り合わせて、心もち指の先は自分の方に向けるぐらいにして三、四度上下して後、掌を自分の方へ向けて、髯を撫でるようにして拝礼をするのである。その時、掌の指と指との間は心もち開くくらいではあるが開き過ぎてはならない。また両腕を横に開き過ぎるのは卑しいという。掌を上下するのも極めてゆっくりやる。両腕を開いて拝をする人を「ソー・テム・エンクル（床の長さを両手を広げて計る下人）」と卑しめ、せかせか拝礼をするのを「ムシオンカミ（蠅拝み）」と嘲る。

　訪客は、両掌を挙げ、主人に対して、擦り合せ上下しつつ、咳払いしてから（これは略されてもいい）古語を連ねて、叙事詩体の会釈会見の辞（ウエランカラップ・イタック）を述べる。一揚一抑節付け（サコロ）して悠々と述べていく。久闊の情を述べ、主人の健康を祝福し、主人の村を賛美する内容のもので、神話や故事に説き及んだりして、いささか紋切り型ではあるが、常套句の対句を使った堂々たる叙事詩である。

　これを受ける主人も、また両手をあげ、擦り合わせながら、みじろぎせず、じっと耳をすまして聴く。正式の会釈会見は、人間どうしだけのものではなく、主客いずれも、その背後に自分の憑神（ツレンカムイ）および日常祀る神々を背後に伴なっての会釈会見なのである。

　訪客の挨拶の辞が終われば、代わって主人が挨拶の辞をのべる。勿論これも古辞を連ねての叙事詩を節付けで朗々と誦するのである。主客の交わす会釈会見の辞によって、相手の人がら教養などがわかるので、幼時からその習練がなされる。かかることに秀でた人を雄弁家（パエトックコロクル）と呼んで尊ぶ。パエトックコロであることは、男子の具えるべき第一の美徳とされるのである。

　昔、日高三石（ニッシ）のアイヌ某が、沙流・紫雲古津のワカルパに会って述

べた会釈の詞とそれに対するワカルパの答辞（イタサ・イタック）は次のごとくであったという。
（会釈の詞）
「コタン　アタッカ（郷は沢なれど）　モシリ　アタッカ（国は沢なれど）　アエオイナ　カムイ（われらが伝への大神）　カムイ　エカシ（神のみ祖の）　アエエウパシクマップ（ふるごとに語り伝へし）　ヌプル　サラコタン（あやに尊き沙流の郷）　アイヌ　モト（人間のみなもと）　エシピラサップ（そこに啓けひろごりたる）　キヤンネ　コタン（郷々のいや年上の）　タン　カムイ　コタン（これの神郷）　コタン　ウプショロ（郷のふところを）　オエック　エカシ（出で来られし翁）　チエランカラップ（懇ろのよろこびと）　チコオンカミ（礼拝とを）　アエエカラカンナ。（ささげまつらん。）」
（上に対する答辞）
「エカシ　イレンカ（祖翁の心掟て）　シロマ　ヒネ（なごやかに）　ウタシパ　パックノ（かたみに）　アウコパセレップ（相うやまひ来れる）　アコロ　ニヅシ（わが三石と）　アコロ　サラコタン（汝が沙流の里）　イキ　ロック　アワ（さすがに）　アシリ　アムキリ（初の見参を）　アキ　ヤッカイキ（するわれらなれども）　テエエタ　イタック（ゆかし古語）　アピリカ　イェ　ワ（ねんごろの仰せ）　アエンヌレ　ヤクン（きかされたり。それにつきては）　イオヌイタサ（かへしとして当方よりも）　アウエパセレップ（敬ひ合ひ来し所の）　エカシカラ　イタック（祖翁の言ひ置きし詞）　ネ　ア　クス（のまにまに）　エコロ　ピリカ　イタック（ねんごろなるおん詞の）　エオヌイタサ（かへしとして）　エアシケ　カシ（手をあげて揉み）　ケコオンカミ　ナ（恭々しく拝しまつるかな）」（金田一京助博士『アイヌ叙事詩ユーカラの研究』第一冊 p.128～130）
　この会見の辞を見ても、洗練された辞句を揃えて、相互の村を礼賛して、堂々たるものがあり、さながら、万葉の長歌でも誦するような気がするではないか。
　これ等の辞をのべ終わると、最期に、ハー　エ　エ！　という声を出して、終わったことを示す。江戸期の探険家の記録に「警蹕の声を発す」といっているのは、これである。
　主客とも挨拶を述べ終わると、また掌をあげ、揉み合せ、上下して、手を下ろして拝を終わる。なお手を下ろすとき、髯を撫でると見る観察は正しくない。撫

でるのではなく、手がそれに触れるに止まるのだと思う。(実際には、撫でたり、握ったりする人もあるが)。

　節付けて古辞で述べる会釈・会見の辞がすんで、初めて、主客打ち解けて、日常の口語 (ヤヤン・イタック) をもって、時候の挨拶、今日訪れて来た用件、その他について、いろいろと話し合うのである。

　訪れて来た婦人は、眼を伏せて静かに本座に控えている。主人の方から、日常の口語で、言葉を掛ける。例えば、「ウエラミシカリ　アン　ヤッカ　ウエランカラパン　ナ！ (お互いに初めてお会いしますね)」、「タント　シリメマン (今日は寒いね)、ホクレ　アペクル　ヤン (さあ、火にあたたまって下さい)」というようにいうと、訪れた婦人は、うつむいたまま、相手の顔を見ないようにしながら軽く両手を合わせた後、静かに右手を左膝の上から上げて、人差し指 (イタンキ・ケム・アシケペッ) で鼻下を左から右に一度、引くように擦って、膝の上に下ろす。これがライミックとかエツフカラ (鼻を作る) という女礼である。

　この女礼「ライミック」は、成年以上の女子が主として男子に対して行なうもので、女性どうしで行なう場合、祭りなどの改まった席に限るようである。

　また、女子の挨拶には、膝を立て、首を垂れ、前髪を下げて顔を覆い、両掌を鬢の辺りまで、静かに上下して拝するものがある。この場合は、ライミックはしないらしい。このことは「蝦夷雑書」などにも見えている。

2　久し振りで会った時行なう挨拶

　久し振りで会った親しい者同志で行なう挨拶にウルイルイェ(ウムサ、ウムライパともいう) というものがある。主として婦人の間で交わされるが、人の家を訪れた時にも、あるいは路で会った時などにも行なわれる。

　「ウルイルェ」を屋内で行なう場合には、坐ったまま両方からいざり寄って、道で行きあった時などには、路傍にしゃがんで、抱き合い、頭髪を撫で、肩を抱き摩り、手を執って握り合ったり、何度もして、最後に人差し指で鼻下を撫でる、すなわちライミックして終わる。

　男子もウルイルィェを行なうことがある。『蝦夷島奇観』(村上島之丞―寛政11・1799年) の中に男どうしが行なっている図が見える。男子の行なうものは、女子ほど念入りではなく、ライミックするところが、両掌を挙げての拝 (オンカミ) で

終わるのである。
「扨てまた其の内にウリといひて、別して親しき礼有りて、兄弟朋友どもと久しく対面の絶えにし者と会ひたる折ふし、前の如く礼をなし、その次に老いたるものより若き者の頭、両耳の上を両手をもてさしはさむやうになし、それよりそろそろと撫でおろし、肩より手先に到り、さしはさんで、やうやう顔と顔を合せて、次に双方膝を摺寄せ、肩の上に顔を入れ合せて、さめざめと涙を流し、暫時のほど言語もなし。それより互に自分の無事安穏を祝する事なり」
(『蝦夷島奇観』)

3　他家を辞去する時の挨拶

　正式の儀礼では、客が辞去しようとする時には、客はまず、上座の方へ向いて、家の守護神幣の方へ軽く拝をし、次に、主人の方へ向き、相共に両掌を挙げて「火の媼神（アペフチ、カムイ・フチ）」を拝し、互いに拝を続けながら、客は主人に対して、節付けの言葉で、謝辞（ヤイクレカラパ・イタック）を述べ、主人はそれに対して答辞（オンカミ・イタック）を述べる。正式には、節付けの古語を連ねて述べ合うべきだが、もうお互いに打ち解けているのだから、略式に日常の口語で簡単に挨拶してもいいという。
　主人に対して挨拶が終わったらこの家の主婦に向かって、口語で挨拶する。
　帰る客は、最も礼儀正しく、後ずさりして内土間のところまで下がり、そこで履物をはき、
「ピリカノ　オカ　ヤン（御機嫌よくお暮しなさい）」とか「アプンノ　シニヤン（どうぞゆっくりお寛ろぎ下さい）」というように挨拶し、見送る家人は、帰って行く客に対して、「ピリカノ　オマン（御機嫌よくお出で下さい）」とか「ラッチタラ　パイェ（お静かにいらっしゃい）」などといって別れる。客はそこで向きをかえて、内戸口から、セム（付属小屋）を通って出て行く。主人は坐ったまま、目送し、他の家人も外まで見送るというようなことはしなかった。

4　路傍や戸外での挨拶

　負縄で荷物など背負っている時には、正式には荷物を下ろして、拝をする。こ

の時には、特別の場合を除いて、会釈会見の辞（ウエランカラップ・イタック）などは述べ合わない。

　婦人同士が路であったら、会釈して通り過ぎるか、軽くことばを交わして別れる程度だが、何年も会わなくて、親しい人に行き合った時にには、互いに荷物を路傍に下ろして、涙にくれながら「ウルイルイェ」の挨拶をしているのを見ることがある。

　婦人が幼児などに愛撫の情を示す科(しぐさ)もこの「ウルイルイェ」であるが、この時は「ライミック」は伴なわない。

　婦人は、路で男子にあったら、路傍に身を避け、荷物を下ろし、伏し目勝ちに、ライミックして目送する。知っている人でも、たしなみ深い婦人は、向こうから言葉を掛けない限り、黙って見送るのが礼とされた。

　　5　凶事の際、弔問の挨拶

　死亡の通報を受けて、弔問に行く時の挨拶も、その村の人々が来る時と、他村から来る時とは、多少違いがある。

　(1)同村の者たちが弔問に来るにも、先に喪家に駆け付けている近隣の人や近親の者を除いては、酋長が先頭に立って隊列を整えて来る。男女は喪家の前で別れて、男の列と女の列となり、男の列は、左座から横座に進み、女の列は、死者の横たわっている本座の下手に進み、酋長は、炉頭に座を占め、先ず「火の媼神」に弔辞（カムイ・ケエホムス・イタック）をのべ次に死者に対しての弔辞（ポネ・ケエホムス・イタック）を述べ、最後に遺族・近親に対する弔辞（アイヌ・ケエホムス・イタック）を述べる。凶事の際の礼拝は神々に対しても、人間に対しても、平時のものと違って、「クットコ・オンカミ（逆拝）」と呼ぶ拝である。両掌を左右に揉んでから上下するところまでは不断の作法と同じであるが、下ろすところで手のひらを伏せ、手の甲を上にして、そのまま膝の上に伏せるところが違うのである。弔辞を述べ終わると、酋長は喪主を初めとして、男子近親者へウルイルィェして慰める。この時のウルイルィェは互いに身体を抱き合うにも揺すり合うようにして泣きながらやるところが、不断のものとは違う。弔問の男子は、代わる代わる進んで、喪主、近親にウルイルィェの礼を行なって弔問する。女子の列は、本座の死者の屍を囲んで坐っている未亡人をはじめ、女の近親者とウルイル

イェして慰めるが、哭泣（ライチシカラ）しながらやることが多い。
　酋長以下同村の人たちの弔問に対して、喪主かその代人が謝辞を述べる。
　(2)他村からする弔問の人々は、酋長を先頭に隊列をととのえて来るが、喪家の付近で一旦止まって、喪家の都合を問い合わせてから弔問する。同村の人の正式弔問と同じ形式であるが、(イ)火の媼神、(ロ)死者、(ハ)遺族・近親への弔辞を述べる外に、もう一つ、(ニ)その村人への弔辞が述べられ、これに対する答辞（イタサ・イタック）は喪主でなく、その村の代表者（酋長もしくはその代人）が行なうのである。

6　祭りの饗宴における挨拶と作法

　祭りの際行なわれる饗宴には、最上席を占めた主賓をサケイユシクル（酒をその人につける人）という。この人は故事儀礼に通じ、祭りが正しく手落ちなく行なわれるように指揮する責任者として、家の主人の依嘱を受けて勤める。これに対して、家の主人（もしくはその代人）は、サケサンケクル（酒を出す人）と呼ばれて、饗応役となる。特別に「神祈り（カムイノミ）」などを頼まなくても、尊敬すべき老翁たちを、ポロ・エカシ（長老）として、主賓に次いで、上座に席を与えて、待遇する。
　饗宴の席は、炉頭から神窓（カムイ・プヤラ）の方へかけて、二列ずつ対座した組が幾組かできる。西から東へかけて並ぶわけである。炉の方から神窓へ向かって、左側が上座で、右側の列が下座である。人の少ない時には神窓の下に二列に並ぶこともあるが、その時は、神窓を背にした方が上座である。家の主人はサケサンケクル（饗応役）として、サケイユシクル（主賓）と対座する。その列の間に酒行器（サケコロ・シントコ）（酒をみたして、外側を幣の削り掛けで飾ってある）一台と台付酒杯（ツキ）を四個宛載せた膳（オッチケ）が所々に配せられる。饗宴の挨拶・礼儀を簡明に個条書きしてみると、次のごとくである。ただし注意すべきことは、饗宴は神祭りがすんでから行なわれるのではなくに、神々の祭りと同時に進行することである。
　(1)　祭りと饗宴の開始は、家の主人の「オンカミ　アン　ロ（拝みましょう）」という掛け声で開始される。人々は一斉に炉の方を向き、「火の媼神」を拝し、次に一斉に、対座した人に対して拝礼をする。
　(2)　シントコ・カラカラ（行器作りの儀礼）
　これは、酒のでき具合を人々に披露する作法である。主婦または娘などが、酌

女（イヨマレ・メノコ）となる。(イ)酌女は、右手に柄杓（ピサコ）、左手に提子（エヅヌップ）あるいは片口（エチウシ）を持ち、膝行して酒行器に近寄り、柄杓を酒中に入れ、右から左まわりに三度まわした後、行器の中から二、三度掬って、酒を提子（あるいは片口）の中へ入れる。(ロ)次に、酒行器の上で、提子（あるいは片口）を右手に、左手に柄杓を持ち換え、柄杓で提子（あるいは片口）を抑えるようにし、(ハ)先ず「火の嫗神（アペ・フチ）」の方へ向け、左まわりに二度ほどまわし、提子（あるいは片口）の酒を元の酒行器の中へ戻す。(ニ)再び、右手に柄杓、左手に提子（あるいは片口）を持ち換え、サケイユシクル（主賓）の方へ向けて、柄杓を酒行器に沈め、数度上げ下げして、底の方から酒を掬い上げるような科(しぐさ)を二度繰り返して、提子（あるいは片口）に酒を汲み入れる。(ホ)行器の縁を柄杓で右まわりに撫でまわした後、行器の中へ深く沈めて、提子（あるいは片口）に酒を汲み入れる動作を繰り返す。(ヘ)かくて、提子（あるいは片口）の中に酒を一ぱい満たした酌女は、提子（あるいは片口）を胸許に抱えるようにして、女たちのいる本座に戻る。

　(3)　酒の酌（イヨマレ）をする作法。下座の人々（サワ・ロック・ウタラ）は、最寄りの膳上から台付酒杯を一つずつ取って待つ。その斜め後ろ（その人の左側）から酌女が順次酒を注いでまわる。

　(4)　神々の祈り始まる。重な神々へは、家の主人の委嘱を受けた長老が分担して、屋内で、また戸外の幣壇（ヌサ・サン）に行って、勤める。

　(5)　酒杯献酬（ウコヅキライェ）の作法

　酌女が下座方の杯に酌をしおえると、下座方（サワ・ロック・ウタラ）は一斉に上座方（マックワ・ロック・ウタラ）に手渡す。これをヅキ・マコライェ（杯を奥へ押しやる）という。その作法は、酒杯の上に載せた酒箸（イク・パスイ）の尻（手に把(と)る方）を相手の顔にまっすぐに向くように向け直し、左手で拝をしてから、両手で上座方に差し出す。上座方も下座方へ拝を返して、両手を伸べて杯を受ける。上座方は、酒箸を自分の右の方にまわしてから手にとって酒を飲む。

　次に上座方が下座へ酒杯を返す、これをヅキ・サオライェ（杯を前へ押しやる）という。上座方が、手にした杯に、酌女から酌をしてもらってから、下座方へ返杯する作法である。

　下座から上座へ、上座から下座への酒杯のやりとりは、何度も行なわれる。これをウコヅキライェ（互いに杯を押し遣(や)る）という。

　(6)　座席交換の作法（ウコ・ソ・ホシピ）

饗宴において、上座と下座の人々の間で酒杯の献酬が行なわれるうち、上座と下座方が一斉に席を入れ換えて飲む儀礼がある。上座方が下座方の手を執って、自分の元坐っていた席に導き、自らは下座に坐って、新上座方へ酒杯を献じる儀礼である。したがって、今まで、サケサンケクル（饗応役）であった家の主人（もしくはその代人）がサケイユシクル（主賓）の待遇を受ける。他の人々もこれに倣って座席を交換する。そうして暫く、新上座方と新下座方の間で酒杯の献酬を行なってから、再び座席交換を行ない、饗宴を開始した時の状態に復して酒杯の献酬を行なう。

(7) 酒行器収納の作法（ウコ・シントコ・ウック、ウコ・シントコ・ライェ）

神祭りの饗宴もいよいよ終わりに近づいた頃行なわれる儀礼である。この酒行器には、祭りの初めから行器には、削り掛けで、上部を鉢巻きし、その鉢巻から削り掛けを綯ったものを四本に垂らしてある。

酒行器収納の作法は、まず、主賓と家の主人との間で、次に、主賓の夫人と主婦（もしくは代人）との間で行なわれる。

主賓と家の主人との行なう作法

主賓は前に据えられた酒行器の四本の幣足中、手前のもの一本と、向こう側のもの一本、計二本を抜き取り、右手で揃えて持ち、行器の中へちょっと入れるようにして、左から右へ二度まわした後、左側からまわして右肩に掛けて後、その場ですぐ自分のいただいているサパウンペ（儀式用冠）へ結えつけるか、単に鉢巻きとする。次に主人役たる家の主人も、残った二本の幣足を取り、右手に揃えて持って、主賓のやったような科をしてから、その幣足をサパウンペに付けるか、鉢巻きとする。

主賓と主人役は、酒行器を持ち上げ、数度静かに上下して後、下に置き、恭々しく拝をして、それぞれ他の席へ退く。饗宴していた人々も、別席へ退いて寛ぐ。

主賓夫人と家の主婦（あるいは代人）との行なう作法

この方は（一）より遥かに複雑のように見える。(イ)主賓夫人と主婦とが、酒行器を隔てて対座する。(ロ)互いに両掌を擦り合わせ、静かに上下すること数度にして下ろし、右手を静かに上げ、ライミック（人差指で鼻下を撫でる女礼）を行なう。(この拝を交わす時、掌を行器の上に出してはならない)。(ハ)この時、他の女、台付酒杯を持って来る。(ニ)主婦、酒杯を手に取る。主賓夫人、酒行器に残った酒を柄杓で

提子（エヅヌップ）に汲み入れ、これを取って、主婦の手にした酒杯に酌をする。(ホ)主婦から主賓夫人に酒杯を差し出す（酒行器の右側から相手の左側へ）。(ヘ)主賓夫人ライミックしてこれを受け取り、杯上の酒箸（イクパスイ）で行器を左から右まわりに、撫でるようにしながら、酒を行器に滴(したた)らせる。これは行器そのものへ感謝する気持ちを現すのであろう。これが済んで、自分も飲み、飲み残したら、他の容器にあけておく。(ト)主賓夫人、酒杯を主婦に返す（これも、行器の右側から相手の左側へ）。両女の酒杯の献酬は六回行なうのが正式だが、普通三度ぐらいで止める。(チ)主婦、両手を伸ばして、静かに、酒行器の上部に鉢巻きしてあった削り掛けを外す。この鉢巻きした削り掛けは綯りをかけたもの二本を結んだもの（これをエウコッ・イナウという）一対でできている。主婦はその一方をとって自分用として膝の上に置き、他の方を両手に捧げて、主賓夫人へ差し出す。(リ)主賓夫人、相手の掌を両手で抑えるような手付きで、これを受け取り、上座の方を拝し、下座の方を拝して、ライミック（女礼）を行なう。(ヌ)主賓夫人は、受け取った削り掛けを手に揃えて持ち、二〜三度振りまわして、右肩に掛け、上座と下座とへ拝をする。主婦もこれに和して、上座と下座へ拝をする。(ル)主婦は膝の上の、削り掛けを取り、頭髪に鉢巻きする。(ヲ)主賓夫人も、同様に、自分のもらった削り掛けで、鉢巻きする。(ワ)主賓夫人、神窓の方へ、ちょっと寄り、本座に控えた女たちの中の主だった者を、順次呼んで、自分の坐っていた席へ坐らせ、自分は下座に着いて、酒杯をやり取りする。呼ばれた女たちは自席に戻る。(カ)主賓夫人、元の座に戻り、主婦とライミックを交わす。(ヨ)主婦、酒行器を両手で捧げ、上下しつつ、恭々しく主賓夫人に手渡す。(タ)主賓夫人も行器を捧げて、上座から下座へ幾度も拝を重ねた後、膝の上に置き、ライミックをする。本座から、若い女（主婦の娘・姪(めい)など）を呼んで、行器を渡して、左座の大窓の下手に片付けさせる。(レ)主賓夫人と主婦と懇ろにライミックを交わし、本座の女たちの席へ戻る。

　以上が、行器収納の作法のスケッチである。このことは、従来、ほとんど報告されていないので、わずらわしいが、書いてみたのである。

7　喫煙に見られる儀礼

　アイヌ語で煙草をタンパクと呼び、煙管をキセリあるいはイチエレンポというが、いずれも日本の語の転訛である。「煙草入れ（タンパコ・オップ）」はみな木製

であるが、その形態は日本内地のものに祖型が見られるようである。
　日本内地には、いわゆる「煙管受け取り渡しの儀礼」があったことが知られているが、アイヌにもこの習俗が入って行なわれていたことは興味深い。
　寛政度の『蝦夷土産』（高倉新一郎博士の説では、筆者は寺沢次郎衛門かという）の中に、
　　「余りたる飯杯を、老人の中にも、若年のものなどへ遣はしても、其のもの一人にては決して喰せず、縦令少したりとも夫々配分して食するなり。扨て女の子同士集りて煙草を吸ふを見るに、きせる一本にて三四人づつも寄集りてすふなり。一吹吸ひては次へわたし、又其の通にして、次に渡しとり吸ふなり、酒など飲むも、其の座に居合せる夷人は少したりとてもわけ得さす」
と見える。『蝦夷風俗彙纂』前編九三六丁所引の「蝦夷雑書」の記事中に、
　　「次に煙草を吸付換付す。尤其烟管を撫し、仰々敷取扱なり。右礼終らざる迄は互に無語」
とある。恐らく、この作法も、内地の喫煙儀礼が、アイヌの習俗に取り入れられたのであろう。

8　アイヌの人々が非礼と考えていること

アイヌの人々が、非礼のこととして禁ずることを挙げれば、
(1)　コンチなどの被り物をかぶって人の家に入ってはならぬ。戸外でとって入る。
(2)　家に入ったら、内土間で履物を揃えてぬぎ、跣足（はだし）（昔はそうであった）なら、泥をよく拭う。
(3)　他人の家はのぞかぬ。ことに、神窓（カムイ・プヤラ）からのぞき込むことはもっとも忌まれる。このようなことをすれば、賠償（アシンペ）を要求されてもしかたない。
(4)　家の中へ物を投げ込まない。
(5)　他家に行った時、炉の火をいじってはならない。
　　火の中へ物を投げこんだりすることも謹まなければならぬ。「火の嫗神」の聖なる棲家を荒らすことになるからである。
(6)　他人に親のことを尋ねない。親がもし死んでいたら、その人に故人を想

出して悲しませることになるから。
(7) 妻は夫の名を口にしてはならぬ。
(8) 妻は夫に対して、常に敬語を使わねばならぬ。
(9) 寡婦は、亡夫の名をいうことは禁忌となっている。だから、人が尋ねると、「忘れた」などと答える。
(10) 人に食物を出し惜しみすること（イペフナラ）は、もっとも卑しむべきこととされる。
(11) 食物を粗末にしない。食べ残して捨てることなどよくない。人差し指を、アイヌ語でイタンキ・ケム・アシケペツと呼ぶ。その原義は「椀なめ指」である。食物はそれぞれ霊あるもので、「ハル・カムイ（食糧神）」と呼ばれる。みな食べられてこそ、食物の神は喜ぶ。椀についたものは、人差し指で拭うようにして食べてしまうのが、礼儀作法に適うのである。
(12) 非礼の男女を意味する慣用句に次のようなものがある。
　㈤イソコヤラケ・エンクル（荒々しく歩いて敷物をほろほろにする下人）
　㈹イソコルツ・エンクル（敷物を足で押し動かす下人）
　㈧ソーテム・エンクル（挨拶の拝をする時、両腕を広げすぎる下人）
　㈡ムシオンカミ・エンクル（拝をする時、せかせか手を動かす下人）
　㈱ハルポソ・イエンテ・マツ（食糧をこぼして夫を貧乏にする悪妻）
　㈻イシケライケ・イエンテ・マツ（夫を横目で睨み殺す悪妻）
　㈭イパエライケ・イエンテ・マツ（夫を口で殺す悪妻）
　㈨イキリコポイェ・イエンテ・マツ（夫にひっついて坐る悪妻）
　㈷イソコヤラケ・イエンテ・マツ（荒く歩いて敷物をほろにする悪妻）
　㈲イスイェチレ・イエンテ・マツ（炊事が手荒で、鍋の中に物を投げ入れ、とばっ散りで夫をやけどさせる悪妻）

以上の常套句を見ても、アイヌの礼儀作法の一端がうかがわれよう。

アイヌ文化掌文集

虎杖の道を辿る
アイヌ民族の正月の今昔
イムーの話
アイヌの民謡詩人―鹿田シムニカのことども
原住民としてのアイヌ
アイヌの川漁
一昔前のアイヌの子ども
沙流川のアイヌ
アイヌの遊戯とスポーツに就いて
アイヌ民族の植物の利用
エテノア婆さんの想い出
アイヌの子守唄

虎杖の道を辿る

一　まへ書き

　私は、「今度ドルメンの北海道樺太特輯号を出すから、アイヌの詞曲に就いて、何か書いて呉まいか。」といふ御依頼を岡書院の御主人から受けた。恩師金田一先生の数々の御著書中、「アイヌ叙事詩ユーカラの研究」（東洋文庫論叢）・「アイヌ文学研究」（新潮社版、日本文学講座）・「アイヌ文学」（岩波講座、日本文学）・日本文学大辞典「アイヌ文学」の項・「アイヌの研究」（内外書房版）・「アイヌ聖典」（世界聖典全集）等を読んで戴ければ、それでもう総べての筈であつて、浅学菲才などの言ふべきことでもないし、また、いふ必要もないことはよく知つてゐる。再三再四固辞したが、聴き入れられず、金田一先生に御図りした末、後めたい思をしながら、到頭、止むなく御引受けしてしまつた。そこで私は、恩師御研究の蹟を経とし、私の乏しい体験を緯として、アイヌ民族の伝承する叙事詩について書いて見ることにする。この拙文を読んで下さる大方の諒とせられんことを切に望んで止まない。

二　沙流路の初旅

　アイヌの叙事詩といつても種類が沢山あるが、なんといつても、最も人口に膾炙してゐるものは、蓋し英雄伝説を内容とする詞曲ユーカラ Yukar であらう。
　ユーカラ Yukar といふ語を想出す度に、いつも、私の眼前に髣髴として浮ぶのは、恩師金田一先生と老詩人黒川ツナレ翁との会見の劇的場面である。（私は先づ序論として、この旅の想出より筆を起して、ユーカラ其の他のアイヌ伝承詩の内容、伝承の現状・採集筆録の苦心等に触れて行きたいと思ふ。）
　それは、今からざつと一昔前、大正12年の夏のことであつた。私はゆくりなく、金田一先生の御供をして、北海道日高国の沙流川筋を川沿ひに溯つて、村の人々の生活を訪れたのだつた。いふまでもなく、日高の沙流川筋は典型的なアイヌ文化を醞醸し、発達させて、他の地方に比して、遥かに純粋な土俗や言語を今日に至るまで育み守つてゐる地方である。村々の人々の純真な信仰や言語・風俗に憧憬を持つ人々や古い日本の妣の国の片影をつかまうとする人々は先づ訪れね

ばならぬ地方である。

　この旅に於ける金田一先生の主要な御目的は、これより先、約十年前に、紫雲古津のワカルパ翁（金田一先生がアイヌのホメロスと激賞される盲目の伝承詩人、「虎杖丸の曲」外幾多の伝承詩を先生に伝へた。大正3年冬没。）から採集せられた大叙事詩「虎杖丸の曲 Kutune Shirka」の結末を確めるため、今はこの大叙事詩を伝へる最後の人だらうといはれてゐる貫気別の老詩人黒川ヅナレ翁を往訪せられるにあつた。お伴をさせて戴いたのは、当時、東京帝大に人類学を専攻されてゐたM氏と私との二人、M氏は主として写真を撮影せられ、私はアイヌ語彙の採集や土俗の見聞に努めた。

（1）紫雲古津

　8月15日の夜は紫雲古津の村に宿つた。東京には馴染み深いコポアヌ媼さんの家で、故ワカルパ翁の十一年忌の法要が営まれた。見るもの聞くもの、珍らしく懐しからぬはなかつた。村の人々の炉辺の団欒は夜更けまで続いた。翁達の酒謡も歌はれ、婦女達のウポポやヤイシャマネナなどといふ歌謡も歌はれ、踏舞も行はれて、なかなかの賑ひであつた。深更、別間に私達三人は寝たが、私は強い異郷的な気分に興奮して容易に寝つかれなかつた。炉を隔てた向ふの部屋から、聞えるコポアヌ婆さんやその嫁さん達の口早に話すアイヌ語をじつと聞き入つてゐると、淡い旅愁といつた様なものが心を掠める。蚊が耳許をうなつて過ぎる。沙流川の瀬音が耳について、なかなか眠れなかつた。先生やM氏は安らかに寝息を立て、居られる。その後、私が金田一先生の開拓された路を辿つて、アイヌ叙事詩の採集などをし始めたのも、宿命といつてしまへば、それまでだが、この夜、寝つかれぬま、に心に描いた空想の一端を実現しようとしてゐるのに過ぎない。

　16日の朝、睡足らぬ充血した眼を擦りながら、起き出た時には、金田一先生はもう、顔を洗はれて、背戸の南瓜畑の中にた、れて、コポアヌ婆さんと笑ひ興じて居られた。なんといふ爽かな夏の朝だらう。私は緩やかな傾斜路を、沙流川の岸に下りて、顔を洗ひ、口を嗽いだ。朝餐の膳には、昨夜同様に、鶏肉が盛沢山によそはれてあつた。金田一先生が、「僕がこのコタンを訪れる度毎に、村の鶏が一羽づ、つぶされて減るのですね。」と、しみじみと囁かれたのも、確かこの時だつたと思ふ。8時頃、コポアヌ媼さんを先達にして、紫雲古津を立つて、沙流川沿の遍路の途につく。平取までは軽便鉄道がある。この附近川沿ひの地には水田が開けてゐるが、苗の成長はまだ遅かつた。荷菜の寒駅を過ぎれば、次はも

う平取である。省線佐瑠太から起つた沙流鉄道は、こゝで終つてゐる。これから先は、どうしても徒歩で旅をしなければならぬ。
　（2）平取瞥見
　平取の町は細長い一本道の市街である。停車場に近い西の方には和人が多く、アイヌの人々は東寄にすまつてゐる。恰も今日は義経神社の祭日である。御曹司義経は、英雄不死伝説の中に生きて、衣川の敗戦後、陸奥の三厩崎より船出して、蝦夷島に渡り、この山峡の僻邑に垂迹して判官カムイ（或はホンカイ・カムイとも）として崇め祀られてゐる。縁起に曰く、「文治五年閏四月八日、奥州平泉を遁れたる義経公は、当平取に居を構へ、蝦夷人を撫育し、農耕の業を教へられたるに因り、往昔より、判官神（ハフグワンカムイ）と称へ、蝦夷人の尊信する所なりしが、寛政十一年徳川幕府の蝦夷地巡検使・近藤重蔵氏、其事実を考證し、江戸神田・大仏工法橋善啓をして御神体を彫刻せしめ、当地に祠を建立し、義経神社と改称せり云々」とある。とまれ、奥浄瑠璃を演奏する輩の手により、判官義経の不死伝説は島渡りし、（或は浄瑠璃に語られる以前に、物語の内容が蝦夷地に渡つたかも知れぬ。）アイヌ種族の長い冬季の炉辺の団欒の好話柄となつて、伝説を各地に拡布し、これにアイヌの始祖アエオイナカムイ Aeoina Kamui （我等が言継ぎ語継ぐ神）、又の名オキクルミ Okikurumi 神と結付いて、アイヌの古老達が半信半疑でゐたにもかゝはらず、幕末渡島の幕府為政者の政治的手腕によつて神体まで刻まれて、こゝに神社として鎮座まします様になつて了うたに違ひない。（アイヌの義経伝説については、金田一先生の「アイヌ研究」の中に詳細な御研究があり、島津久基氏の近古小説新纂にも研究がある。）伝説の真偽はともかく、義経神社の祭典は鄙には稀な賑ひであつた。猿田彦を先導とし、笹竜胆の金紋・銀紋のついた幢幡を翻して神輿の渡御もあり、荷馬車を臨時に仮装した山車も囃子かしましく砂塵のたつ道を練つて行つた。義経神社の前を遙拝して過ぎると、街の尽端の沙流川の渡船場近く、左手の水際に峙つてゐる崖はアイヌの始祖アエオイナカムイ（オキクルミ）の棲まつた旧城址（チャシ）と伝へられるハイオピラである。ハイオピラHaiopiraはHai（角鮫の角）o（ある）pira（崖）の義で、前にはこゝから角鮫（シリカップ）の角が出たもので、オキクルミはこれで城砦を造つてゐたといふが疑はしい。寧ろ地質学的に説明されるべきだらう。今日にいたつてはhayok-pira（鎧崖）の義に解して、義経が島渡りした当時、此処に鎧を掛けたから、この名があるとさへ説くものがあつて、一寸驚かされるが、例の「鎧掛松」「袈裟掛松」流に義経伝説が発展したものと思へ

ば、却つて興味がある。
　（3）二風谷
　ハイオピラの崖下を廻つて洋々として流れてゐるのが、沙流の人々が親しんで、「我が里川(アコロペッ)」と呼ぶ沙流川である。今でこそ堂々たる吊橋（平取橋）が懸つて、この上を自動車が頻繁に川上へ通つてゐるが、私達の行つた当時は橋はなかつた。渡船によつて河向ふに渡る。羊腸たる一本道、農繁期の夏のこととて、通る人は極めて稀である。私達一行は、二風谷の村をさして急ぐ。先達のコポアヌ媼さんは、矍鑠として足取も軽く、頻にユーモアたつぷりな話振りで、私達を笑はせる。行会ふ村の婦女(メノコ)達は、人懐かしげに、冠物をはづし、負縄で頭から背に吊下げた荷物(タラ)を下しては会釈して過ぎる。「今日は(イランカラプテー)」などと、覚束かないアイヌ語で話しかけると、路傍に立停つていつまでも一行を見送つて呉れることに、コポアヌ媼さんの昵懇らしい媼さん等に会ふと、二人とも路傍にしやがんで、頭を撫で合ひ、肩をさすり合ひ、着物の裾を握り合つて、泣きながら挨拶を交はすなど、懐かしい情景であつた。これは uruiruye（頭を撫で合ふ礼）といつて、アイヌの婦女達が久濶の情を叙べる挨拶だと、金田一先生が教へて下さつた。まことに太古の人でも見るやうなこんな純情な虔しやかな村の人達は、何の罪があつて氓滅の一路を辿らねばならぬのだらう。
　やがて、二風谷の村に入つて行く。村はづれの若葉の蔭の家から、異様にも寂しい慟哭の声が聞えて来る。聞けば、この家の老人の死を弔つて、一村集つて動哭の声をあげてゐるのだといふ。古事記の神代卷にある「故(か)れ、天若日子が妻下照比売の哭かせる声、風の与響きて天に到りき」とある神代の様をそのまゝに見る様な気がした。
　私はこの後、度々沙流の谷を訪れたが、いつも寂しく聞いたのは、魂の底まで食入る様なこの慟哭の声 Rai-chish-kar であつた。悲しく見送つたのは、虎杖の花咲く坂路を辿る葬送の列であつた。二風谷の村の中程の、かなり家の建てこんだ辺で、一行は歩を停めた。先づ立寄つたのが、道路傍の貝沢謙吉さんの家、金田一先生は古老達と炉辺に歓談され、M氏は人類学研究の資料としての写真撮影に忙しかつた。チカラカラペ chikarkarpe（刺繍した衣）に正装した老若男女達が、物珍らしげに、我先にとレンズの前に立つた。私はアイヌ語彙を採集してゐたが突然誰か、「何だ大学生の避暑がてらの道楽ですか」と冷かす者がある。年若で気の弱い私は全く弱つてしまつた。金田一先生が、「アイヌ学徒達の真の心持」と

いつた様なものをしみじみと話されて、私のため弁解して下さつたので、先方もやつと納得して、「さういふ訳ですか」と微笑しながら、「そんなら、私のところへ来なさい、教へて上げよう。」といつて伴れて行つて呉れたのが、裏手の二谷国松さんの家だつた。これが、機縁となつて、二谷国松さんと私とは、今日では殆んど肝胆相照して、手紙の往復も度々し、往訪の旅ごとに、その底知れない蘊蓄を傾けて、アイヌの信仰生活の秘奥を吐露して、私に指導やら鞭撻やらをして呉れる程になつた。

　またまた筆は岐路に入るが、私の今述べた様な失敗は、アイヌ部落を訪ふ人の常に受ける痛手なのである。そこが採集旅行に人知れぬ苦心を要するところなのだらう。私はその原因と思はれる点を一寸述べさして戴きたいと思ふ。

　過去の、少くとも御維新前までの和人とアイヌの人々との民族的交渉史は徹頭徹尾痛ましい圧迫抑制の跡を繰返した。正史や探険記録に書洩らされた悲しい事実はどれだけあつたか知れなかつた。狡獪にして無教育の和人の群は、怒濤の様に押寄せて、村々の生活を脅かし、飽くなき苛斂誅求の暴を敢へてした。度々の蝦夷騒乱も堪へられぬ桎梏の下に喘いだ此の種族の人々の悲しい足掻きであつたのだ。あまりにも純情にして、利慾の念に乏しいこの種族の人々は、和人との生存競争に於いて、到底その敵とはなり得なかつた。浜を奪はれ、川を奪はれ、山の幸さへも奪はれてしまつた。生活に何の屈托もなく、山に鹿を追ひ、熊を狩り、川にあり余る程の鮭や鱒を漁つたのもまた見ぬ昔の夢となつてしまつた。村の人達は其の得意とする狩猟生活から追はれて手慣れぬ農業生活に余儀なく転向して行つた時、其処にはもう、種族衰亡の暗い影が追つてゐたのだ。アイヌの人々は和人と接して、その温い抱擁と庇護の下に、新しい文明の光に浴する代りに得たものは、冷たい和人達の嘲笑と忌まはしい悪疾と酒と煙草とに過ぎなかつた。（私の言はあまり抽象的で奇矯に聞えよう。しかしこれは歴とした事実である。）ことに松前藩の如きは、酒と煙草の奨励移入によつてその生活を糜爛せしめて、民族的闘争の力を弱めるのが、伝統的な政策であつたといふに至つては、驚くの外はない。保護法の布かれた今日に於いてさへ、和人のアイヌの人々に接する態度は兎角不親切であり、横柄であり、冷酷であるのは争へない事実だ。「アイヌの売りに来る卵を買へば、肺病が感染る」などと信じてゐる人も、決して尠しとしない。アイヌ民族の衰滅に瀕しつゝある主要原因は非衛生な生活によると考へる人が多いが、本当の原因はあの民族の「血の古さ」にあるのであつて、決して仮想的な非

衛生の生活にあるのではない。現にその生活は、こちらの山間の農民・雉兎芻蕘者流の生活と何等択ぶところがない。渡島・胆振・上川地方などは和人と何等違ひのない生活をしてゐるし、教育程度なども決して劣つては居ない筈だ。

今日、目覚めたアイヌの青年達の真心からなる生活の目標は、「よりよき日本人へ向上する」ことにある。従つて、不当な圧迫や侮辱に対して、反抗的な態度を取る者があるのも、当然すぎる程当然なのである。たまたま、この北海の山村を訪れる見学者や研究家が一寸やり損ふと、泣くにも泣けぬ様な目に会ふのも、さういふ事情からである。今先きに叙べた、二谷国松氏から戴いた小言などまだまだ御手軟かな方なのである、私の訊方の粗暴さと態度の悪さとが、たまたま不平勃発の誘因になつたに過ぎないのだ。通り一遍の好事の見学ならいざ知らず、あの民族の研究、殊に精神生活の秘奥を知らうなどとせられる方々の最も戒心すべき点は、実に此処にあらうと思ふ。

(4) 荷負の宿

二風谷の村で、思はず手間取つたので、僅か四里の行程に夏の日は暮れて、次の荷負の村の中程に来た時は夕靄の影が色濃く四辺を籠めてゐた。途中で伴れ立つたアイヌの青年木村留次君の案内で、私達三人は和人の豪農遠藤某氏の宅に一宿を乞ひ、コポアヌ嫗さんは木村君の家に泊めて貰ふことに決まつて、夕闇の中に姿を消した。とつぷり暮れ切つた山村の静寂心をゆくばかり味ひながら、野風呂に浸つた気持は格別だつた。その夜、宿の主人が聞かして呉れた「鹿の話」は、丁度「東北の土俗」の中に中道等氏が書かれた「下北半島の鹿と猿の話」の様な内容で、私達エトランゼの耳を驚かすに充分だつた。何でも鹿のゐなくなつたのは、明治10年前後で、北海道の鹿は大半、海を泳いで南部領に渡つてしまつた。前の鹿の尻に次の鹿が頸をのせて、一列になつて泳ぎ渡つて行つたといふ。昔は、鹿を捕るのが造作なかつた。鹿を捕るには、畠の中に牧柵を四角に立てめぐらして、一箇所だけ低いところを造り、そこに鋭く削つた串杙を立て置くと、そこを通つた鹿が中に飛込んで、串杙に腹を刺貫かれて斃れたものだといふ。何だか一寸信じられぬ程な無造作な捕獲法だが、そんなこともあつたかも知れない。また北海道でも山へ木を樵りなどに通つた路は、鹿の尾根伝ひに通ふ路であつたさうだ。

(5) 貫気別へ

明くる17日朝、荷負の宿を立つてまた歩き出す。路傍の畑は、丁度、燕麦の刈

りしほである。黄金色の穂波を渡る涼風は、ふと、アイヌ乙女の哀怨な歌声を運んで来た。金田一先生は「あれが、イヨハイオチシ Iohaiochishi（哀慕歌）ですよ」と教へて下さる。イヨハイオチシは、純然たる抒情歌で、即興的に、「ホーレー・ホレ・ホーレ」とか「ホーレー・ホーレンナ・ホーレ」といつた様な音群のリフレイン（囃詞）を一句毎に投げ入れながら、心に浮ぶまゝを歌詞に纏めあげながら、謡つて行くもので、主として男女の中の思慕の情を歌ふ遣瀬ない哀切きはまりない歌謡である。親にも云へない様な悲しい思の丈を、誰一人聞く人もない野良で仕事などしながら、ぽろぽろ涙をながしながら、思ふ存分声を出して、何時までも歌ひ続けてゐるものなのださうだ。即興的に歌ひ出でゝ、しかもそれが立派な詩形になつてゐるのだから、驚嘆の外はない。かうして即興的に謡はれるイヨハイオチシはどうかすると、誰かに聞きつけられて、それに纏はるロマンスと共に語り伝へ、歌伝へられて、炉辺の夜を賑はす語草となることもあるが、大部分は誰にも聞かれず、炉辺の涙を唆る種ともならず、（従つて採集者のノートにも記録せられず）そのまゝ消え去つてしまふのは、よしないことではあるが、惜しみてもあまりあることだ。（金田一先生のアイヌ叙事詩ユーカラの研究・第一冊にはこの得難い貴重な資料が載せられてゐる。）

（6）還らぬ詩人

貫気別（ヌッキベツ）に着いたのは、かれこれ、午近かつた。涼風が路傍丈高く生茂つた蓬の葉裏を白くかへしては颯々とすぎ、この山峡の一村には、早くも初秋らしい気分が漂つてゐた。たまさか懶げに鶏の声が起る。全く桃源の別天地とでもいひたい程ひつそりした村である。路傍の和人の店に立寄つて、ヅナレ翁へ土産として饋る酒・菓子等を買ふ。どんな山峡の村（コタン）の店にも、〇〇正宗の一升壜や焼酎の四合詰がずらりと棚にならんでゐるのには、一寸妙な気がさせられる。

途中で、村人にヅナレの事を聞くと、「ヅナレは病気で、ずつと何処へも出ずに家にばかりゐるので、却つて都合がよかろう」といふ。

まづ、ヅナレ翁の兄の酋長（黒川ワントコ？）を訪うて、先生は来村の会釈をされ、ヅナレに会ひに来た一部始終を話された。ヅナレは4年前の冬、熊を追ひかけて道に迷つて、幌尻嶽（ポロシリ）の山頂にある沼の辺をさまよつた挙句、村に帰るには帰つて来たが、爾来、どつと重い病に臥して、明日をも知れぬ様だといふ。（幌尻嶽（ポロシリ）は日高・十勝の分水嶺をなす脊梁山脈中の最高峰、標高2052米、幾多の神秘的な伝説をもつた霊山である。）山巓に漣沼 Kaikai-un-to といふ大沼があつて、川や沼に棲む魚は

おろか、海の魚さへ棲み、昆布の類までいつぱい生えてゐるといはれてゐる。殊に昆布は水中にあつては昆布だが、岸にあがると蛇になつてうねりまはつてゐるといふ。こゝの山を領有する幌尻神Poro-shirun kamuiは山の神秘をけがされるのを怒つてか、晴れると見えても忽ち曇り、霧深くとざし籠め、雨降り風荒れて、容易に人を近づけない。たまたま、登山の暴挙を企てるものがあつても、道に迷つてまた還り得ない。若し幸に還り得ても、再び、物怪に憑かれた様に山に帰つて行方知れずになつてしまふ。さもなければ、そのまゝ神罰を受けて、どつと重い病気にとりつかれて寝込んでしまふのだといつて、アイヌの人々は今に恐れてゐる)。これを聞いて、先生初め一行の眉は曇らざるを得なかつた、兄の酋長を煩はして、何度、来意を伝へさせても、ツナレは、「永い病に瘦せ衰へて見る影もないこんな姿(ざま)で、旦那(ニシパ)に会ふのは恥づかしい」といつて会はうとしない。

　それでも、どうにかやつと、病気見舞かたがた、会ふことになつた。小川を渡つた向う岸の高みにツナレの家が建てられてゐた。大きな家だが、妻もなく子もない翁の家はかなり住み荒らされてゐた。戸を明けて中に入ると、痛ましい哉、金田一先生が十年このかた心にかけて会逅の日を待たれてゐたこの老詩人は、炉の右座に、蓆の帳を吊上げた下に、寝牀(ショッキ)をしつらへ、その上に、殆ど骨と皮ばかりの瘦軀を横たへてゐるのであつた。金田一先生は、翁の寝牀に近寄つて、両手を揉み、静かに上げ静かに下げて、初対面の辞礼を慇懃なアイヌ語で叙べられた。これに対へて、ツナレ翁は、僅かに片手を動かし、銀箭の様な髯をかすかにそよがせつゝ、答礼の辞令を叙べた。ツナレ翁は、やをら、重い身体を起して、村人に天井から吊して貰つた帯に捉まつて、衰頽の身体を僅かに支へながら、先生の所望する虎杖丸Kutune Shirkaの曲を一句づゝ語り始めた。M氏も私も黙つて、炉端に腰を掛けて固唾をのんだ。家の中につめかけて来た村人も今は一言もいはず、屋内はひつそりと静まりかへつて森厳な気が自ら漂ふ。時々颯と音をたてゝ風が渡つて行く。夏の陽光が、寂しく幾筋も縞目をつくつて戸の隙間から、窓から、流れ入つた。炉の榾火はこの瀕死の老詩人の運命を語るかの如く、力なく燃えけぶつてゐた。先生はと見ると、殆ど翁の寝牀の上に倚り掛つて、専念にノートの上にペンを走らされてゐる。翁の声は病のために細く力なく嗄がれて苦しげである。時々ぐつと咳がこみ上げてくる。痰が咽喉にからまるらしい。御土産の酒に咽喉を湿しながら、あらん限りの気力と体力をふりしぼつて翁は語りつゞけてゐる。やがて先生の筆記の手がたはたと止んだのでどうしたのかと思つてゐると、

先生があんなに永い間、気に懸けていらつしやつた「虎杖丸の曲」の終末はワカルパ所伝のもので全部だつだのださうだ。数え方によつて、あの曲はワカルパ説の様に四戦記ともなり、また六戦記とも八戦記ともなるのださうだ。（先生の「アイヌ叙事詩虎杖丸」の完全なテキストはかくして得られた賜であつた。）一息ついてヅナレ翁は、せめて今生の思出に書き残して貰ひたいと、また新に語り出したのは、その得意とする「鹿の裘(しかかはごろも)」の秘曲であつた。翁の咳入る度毎に、先生の頭の上に、顔の辺に、ノートの上に、咳唾が飛び散る。肺癆を病んで明日をも知れぬ白髪白髯神の如き老詩人とその秘曲をせめて一篇だけでも、書きとめたい熱意に燃えていまは病の感染することさへも忘れられたかの様にノートにペンを走らせる先生！　宿命か！　偶然か！　あまりにも悲惨な場面であつた。我知らず、熱いものがぐつと胸にこみあげてまともに凝視してゐるには堪へられなくなつた。と見ると、いつか一升の酒も残少なになつた。久しぶりに酒に酔うた翁の顔はほんのり桜色に染められて、一脈の生気が漲り、いよいよ神々しさを増した。だがその意識はぼんやりして舌が縺れ始めた。一つところに行つたり戻つたりしてゐる。側に聴いてゐる村の人達がしきりに気をもんでヅナレに注意する。「あ、さうだつたか、俺は何といふ阿呆だらう、いまいましい」と、我と力んで語つても、またもとへ戻る。「旦那旦那およしなさい。そんな後先したものを、ヅナレのユーカラだと世に遺しては羞づかしいから」と兄の酋長が先生を止める。先生も到頭諦めてペンを投じ、ノートを綴ぢられた。また会ふ時もあるまいと思はれる臨終の老詩人に尽きぬ名残を惜しみつつ、その健在を祈りつゝ、別を告げて、重い心を抱きながら、私達は戸外に出た。もう四辺には、蒼然たる暮色が迫つてゐた。
（7）荊棘の道
　金田一先生の数多い御著書を通じて見るユーカラの邦訳はまことに絢爛にして華やかである。例へば上田敏博士の「海潮音」の訳詩でも見る様な名朗さと滋味があるといへよう。「あの風貌粗野なアイヌの人々にこんな表現がある筈がない、ロマンテックな先生の麗筆によつて誇張され美化され過ぎてはゐないだらうか」といつた様なことを聞くのも、屡々である。それに対して、比較的先生を知つてゐる私達は、憤懣に似たものを感じさせられたのも一再にとゞまらない。先生の辿られた道は結局前人未踏の荊棘の細道であつた。たゞ独り行く寂しくも遠い九十九折であつた。
　想ひ起せば、先生は、先生がまだ大学の学生でいらつしやつた当時、明治39年

の夏、都会文化を遠く隔り、人煙稀に立上るこの北海の僻邑に、探険の草鞋をふみ入れられてより、今日に至るまで約三十年、殆ど半生を費されて、アイヌの人々の「書かれざる文学」の採集筆録にいそしまれて、その言語・風習・土俗の上に深い理解と研究を積まれたのだ。

　殊に、大叙事詩ユーカラ採集の御苦心に至つては全く言語に絶する。明窓淨几の下に博引・旁捜する研究もさることながら、柴木の煙に涙を堕しながら、僅か一篇の筆録に十日も二週日も、時には一月もかゝつて筆録される苦心を思つて見るがいゝ。太古の幽遠な生活を思せる様に明滅する仄暗い燈火の下に、机もなしに、膝の上のノートに、根かぎり筆を走らせられる先生の御風貌を想つて見るがいゝ。初めての村を訪ねられて、思はぬ誤解をうけ、言懸をつけられて、折角の採集も出来なくなつたり、無邪気な村人の試に会つて翻弄され、嘲笑されたことさへしばしばおありなされたといふ。（私自身の乏しい採集の旅にも以上述べた様なことは屢々経験されてゐる。私は先生の御苦心の跡を思つて、やゝともすると挫け勝の弱い心を何度奮ひたてたか知れなかつた。だから私には先生の御苦心の跡がはつきり解るのである。）

　実に、先生の何万頁に亙る堆いノートの集積はかうした人知れぬ御苦心と御努力との結果初めて筆録された。「文化現象の本質的知識は、実感化された知識でなければならない。この意味で、文化科学は実感の科学であるとさへ言へる。合理的思索上の思弁、それを斥けて、私は「実感の科学を提唱したいのである」（アイヌ叙事詩ユーカラの研究第一冊、緒言）と叫ばれる先生の学説の根拠はかうした苦しい体験の結果初めて可能なのであつた。（未完）

アイヌ民族の正月の今昔

　すつかり開けて和人風になつてしまつた現在のことはさて置き、溯つて、北島の人々の昔の正月を中心とした冬季の生活は、内地の人々のそれとは、かなり違つた特異性を持つたものであつたらしい。従来発表された諸家の紀行見聞等に誌した文献を漁つて見ても、此の問題には殆ど触れたものがない様に思へる。私は今年（昭和11年）の正月を偶然、北海道日高の沙流の一村で迎へた。その折の見聞に、親しい古老より聞き伝へたま、補つて書いて見ようと思ふのである。既に大内余庵が東蝦夷夜話（安政3年丙辰の紀行）に、「四季あることを知りて朔望を知らず、漁猟のみにして稼穡をなさず」と書いてある様に、往時、アイヌの人々には、暦（暦をnupur-kampiといふは「霊妙なる書」の義、勿論和人より暦が入つてからの称であらうが、この語にもこれに対して驚き尊んだ気持がうかがはれる）といふものが無かつた。恰も、唐詩選中の「山中暦日無。寒尺不知年」といふ句さながらに、悠々と自然に楽しんで、豊饒な恵まれた生活を営んでゐたのである。だから、その必要が無かつた為か、厳密な意味では、1月、2月等の月の名などは無かつたのではないかと思はれるのである。松浦武四郎翁の夕張日誌の安政四年七月十日の条に、「ニタツベツ（小川）ヘルウベツ（小川）過テタツコフ（従ヤムワツカ平凡六里）なるコトラン（人名）の家に宿す。…中略…扨此家主は此地第一の博識にして故事をよく弁へ居るとぞ。相貌頗る威有て緑髭黄髯胸を掩へり。年齢を問ふに八十三歳、妻は六十八歳と云に驚き、土人は歳を知らざる者と聞しに能く知なりと云へば、それは浜辺の者の事也。我等とて何ぞ己の歳を知らざるべけん。此国には物の算数もなき様に内地にては思はるべけれど其数往古より伝はれり。されど文字なき故に、干支と日の吉凶は割出して伝ふる事なけれども、土用、彼岸、社日、入梅、寒の入、冬至、夏至、八十八夜、節分、月の大小等は月の盈虧、草木の栄枯、雪の消方、虫の音、鳥の囀り様、花の咲き実り方、獣の穴に出入を以て、其前年前々年に引当割当るに、一日二日の遅速はあれども、三日四日の違は有る事なし。また月の名も夷言あり。正月、二月、三月、四月、五月、六月、七月、八月、九月、十月、十一月、十二月…中略…云々」と答へて、さすがの松浦翁も感服して居るが、此のコトランの如きものは、稀に見るものであ

つて、これをもつて全般を推すことは出来ないかも知れない。現に、日高国沙流郡二風谷の知友二谷国松氏の如きは、故事信仰に造詣深い人ながら、「アイヌには正月はなかつた。冬至が過ぎて日が永くなれば、春先を新年と思つてゐた。正月をイノミ＝チュップ（神に祈る月）といふのは、和人渡道後名づけたかと思ふ。たゞアイヌの古い習慣では、3月頃になれば、鹿狩の好時季になつて忙がしくなるし、又家々で醸す酒がよく醱酵しないので、1月末から2月中にかけて、家々では酒を醸して、先祖の霊を祀るシンヌラツパを行つたのだらう」と話されたのは、興味深い説明だと思ふ。一年の十二ヶ月の月名はあるにはあるが、地方によつても、村々によつても、多少の差がある。故老などに訊ねても知らないものも尠くない。

　1月のことは、アイヌ語で、トエタンネ　チュップ To-etanne chup とか、イノミチュップ Inomi chup とか呼んで居る。トエタンネ＝チュップは、「冬至が過ぎて日が永くなる月」といふ義であり、イノミ＝チュップといふ語は、「神を祀つて拝む月」といふ義であるが、内地人の正月の風習が取入れられる様になつてからの名称であらうと思はれる。アイヌ語に、「サック　チュップ　イワン　チュップ、マタ　チュップ　イワン　チュップ Sak-chup iwan chup, mata chup iwan chup」といふ語があるが、「夏の月、六月、冬の月、六月」といふ義で、一年を夏六ヶ月、冬六ヶ月に分けて呼んだ名称である。又、英雄詞曲（ユーカラ）などにも matapa iwanpa, Sakpa iwanpa といつて、直訳すれば、「冬六年、夏六年」の義であるが、これも、併せて、六年の意味である。これは、恰も漢語で春秋が年の意となるのに似通つてゐて面白い。アイヌの人々の考によれば、一年の中、冬六ケ月はピンネ＝チュップ Pinne chup（男子の月）であり、男達が山入をして狩猟に従事する時節であり、夏六ケ月はマツネ＝チュップ matne chup（女の月）といつて、女達が畑を耕して粟稗等を播き農耕にしたしむ時節であつた。だから、一年といふ概念をこの最も生活に重要な冬と夏とで代表させて、かゝる名称が生じたのであらう。アイヌの古い過去の正月を中心とした冬の生活の特異性も先づかういふことを前提として考へて見なければ、了解出来ない様に思へるのである。

　抑、アイヌの正月の行事といつても、暦といふものもなく、従つて旧年と新年と即ち一年と一年との限界をはつきりさせる事もなく、又生活環境上その必要もなかつたので、我々内地のそれとは大いに趣を異にした。たゞアイヌの人達の新春の行事中、内地の正月行事に似通つてやゝ一致するのではないかと考へられる

のは、1月から2月にかけて、先祖の霊を祀るシンヌラツパ（シヌラッパとも）「大祖霊供養」が盛大に行はれた事だらうと思はれる。我々内地の古い民間信仰では、盂蘭盆の頃と正月の二度に先祖の霊がやつて来ると考へた様な意味で、定期的に行はれたものではないらしい。故老に訊ねて見ても、さういふことは未だ聞き得ない。

　祖霊を供養するのは、本来冬に限つたことではなかつた。昔の生活では、稗酒を醸した時は、いつでも、小規模には行はれたらしい。この臨時の小祖霊祭を、単にヌラッパといふのに対して、就中、春・秋・冬の三季に、定期的に盛大に行ふ祭儀をシヌラッパ（シンヌラッパとも）「大祖霊祭」と称するのださうである。シンヌラッパ中でも、とりわけ、この新春に行はれるものが最も盛で賑やかに行はれた。昔は、どの家でも自由に稗酒を醸し得たが、酒を造るには、醗酵状態が冬が一番よい時節であり、又一方閑散無聊の時節でもあるので、新春のシンヌラッパが、特に盛大に行はれたものであらうと考へられる。

　従来、この行事に就いては、あまり知られて居なかつた。従つて学界にあまり紹介もされない様であつた。これを初めて研究されて学界に詳しく御紹介されたのは恩師金田一博士であつた。先生の著書には、「アイヌの研究」を初めとして、この問題を取扱つて居られる。私も、数度の採集旅行の途次見聞することを得た。此頃では昭和11年正月に日高の二風谷でも見たし、3月末に同村で行はれた熊祭の第一日目にも、叮重にこの祭儀が営まれるのを見せて貰つた。シンヌラッパを行ふ家では、先づ一週間位前から稗酒を醸つて仕度をする。（今日では清酒を買つて行ふので、こんなことはない）当日は村人や親戚が沢山招待される。柳を削つてイナウ（木幣）や削花（イナウキケ）などが必要な数だけとゝのへられる。また餅その他の供物、人々への饗応食物などが沢山つくられる。今日ではもう少くなつたが、昔は、女達は粟や稗を搗くのに連日汗まみれになりながらも「ウポポ」などいふ歌を輪唱しながらやるので楽しかつたと老媼などがよくいふ。

　この先祖供養の行事は、家の炉端を中心として屋内で行はれる儀式と家の東手にある祭壇前で行はれる戸外の儀式とに二大別して見ることが出来る。殊に後の方の儀式が重要なものださうである。家の中では上座から下座にかけて盛装した男子達が漆塗の台付酒盃 tuki を並べた膳 otchike を隔てゝ対座して、幾組も幾組も居並ぶ。長髯豊かな古老達が刺繍衣、厚司等に盛装し、頭には抑削花でつくつた礼冠 sapaunpe を戴き、左肩から斜に佩刀をかけた様は厳かにまた神々しいもの

がある。この間に、削花で立派に飾つた漆塗の行器 shintoko が酒をなみなみ入れて置かれる。盛装した女達が行器から酌器 etunup に酒を掬んで酌をして廻る。先づ下座に坐つた者が酒盃をとつて酌してもらひ、相対した上座の人にそれを慇懃に差出す。上座方がそれを受取つて待つてゐる中に、神々への祷詞が捧げられる。他の祭儀の場合でもさうであるが、祝詞を述べるのは、古事、儀礼に通じた長老が何人か選ばれてその任にあたるのであつて名誉でもあり責任もなかなか重いのである。祷詞を捧げる人々は家の東手の祭壇に行き、木幣をそなへ、例の大きな酒盃を左手に持ち右手に酒箸 Iku-pashui をとり、上下しつゝ、敬虔に木幣に酒を滴らせて重々しい口調で低く徐かに祷詞を述べる。神々への祝詞がかうして低声で傍でも、聞きとれない位に唱へられるのは、悪神等にきかれてはならないし、又女等には決して聞かせてはならぬものとされてゐるからであるといふ。驚くべきことには、この祷詞の言葉は日常の言葉とはかなり違つた固典的な雅語で、丁度、のりとの様に、一句一句荘重に畳みかけて述べられるもので、立派に一種の叙事詩体をなして居ることである。かうして祷詞を捧げ、献酒する主なる神は第一に火の女神 Ape-huchi 大幣の神 Nusa-kor-Kamui 家の上座の守護神 chise-kor-Kamui 森林の神 Shirampa-Kamui 狩猟の神 Hashinau=Kamui 水の女神 Wakka-ush=Kamui 等である。(火の女神・家の守護神以外の神々には皆、外庭の祭壇で木幣を具へ、神祷が行はれる) これ等の神々は、いつ如何なる祭儀にも祈られる神であつて、神格等に就いては金田一先生の「アイヌの研究」「ユーカラ研究 (第一冊)」等の御著書に詳しく見えてゐるので、説明を省略することにする。

かうして神々への祷詞を捧げつゝ、人々もまた酒をくみかはして、大体屋内の儀式を了る。この屋内の儀式は、独りシンヌラッパの場合でもほゞ大差がない。たゞ祝詞の内容が、儀式が違ふのに応じて多少違がある程度にすぎない。

次に述べる屋外の祭壇の向つて左手前の祖霊祭壇 Shinnurappa-ushi で行はれるものが、シンヌラッパの中心となるものである。

神々を祀る祭壇は、家の東手、神窓 Kamui-puyar といふ家の上座にある窓の真正面にあつて、地方的に小差違はあるが、日高地方では、こゝに大きな木幣が16本立つて居る。熊や鹿などの頭が祀られるのも此処である。16本の木幣は、左から右へ4本づゝ、農業神 (大幣の神)、森の神、狩猟の神、水の女神の幣の順でたてられて居る。この神々の祭壇の左手前が、即ち「祖霊の祭壇」で、こゝに稍々小さいチェホロカケップといふ木幣が4本立てられてゐる。さて屋内の儀式を了

へると、今度は、近い親戚・家内の者だけが、祖霊祭壇前に敷かれた菅筵 Inau-so の上に坐る。

家の上座の神窓から木幣・酒盃・酒の搾滓 Shirari その他の供物が持出されるのであるが、供物は餅・野菜・果物・菓子・肉類（アイヌの方には精進といふ事がやかましくない）等なんでもい、、刻(きざみ)烟草の様な物さへ膳にのせて供へる。

先祖の霊も、死者の世界では、やはり、現世の人の生活そのま、な生活を営むものとされてゐるから、この世の食物は同時に供物とされて差しつかへないのであらう。古老が祖霊に木幣を立て、、祷詞をさ、げる。この時、至らぬ人間の言葉を通弁して祖霊に伝言して呉れるものとして用ゐる酒箸 Iku-pasui は白箸 retar-pashui といつて祖々の代から伝へられた漆を施さないものを用ゐるのがきまりである。殊に Ikon-noka（刀に模した文様を刻んだもの）のものや巴紋 tomoinoka のあるものは忌んで用ゐない。

その時捧げる 祷詞を抄訳して見ると、

「大幣(ヌサコロ)の 神(カムイ)（産土神でもあり、農業神でもある）のもと近く、つかはしめ給ふ配下として、いや尊き、我等のさ、ぐる木幣を納受し給ふ先祖の神々よ。酒盃を受くる祖霊達よ。今こ、に、先祖の遺教のま、に醸せる豊御酒もて、祖々の掟のま、なる木幣に、添ふるに、数々の供物を以てして礼拝し奉る、今や一年は瞬く中に過ぎてこ、に新らしき年を迎へぬ。過ぎし去年も然りしが如く、今年も年の果てまで、家内一同無事に、病み患ふことなく、不和口論することなき様、神々諸共に加護を乗れ給へ、またこの家に於いて、家人等、よく生業にいそしみ、よく子供も育て得る様に先祖御一統勘考あらせ給へ。首領達数多き中に選ばれて我が如き（祝詞を捧ぐる古老自らをいふ）愚に口拙き者の述ぶる祷詞なれば、詞の間に至らぬ節多く、落度多からんとも、我等人間を育つる火の女神の伝言既に祖々に届きたる筈なれば、祖々達思ひ和めて(なご)聴かせ給へ。また今日のよき日の盛典に遠近より集ひ来りし村人・隣村の人々にも、推しなべて、無事に、悪き噂もたてらる、ことなく暮す様守護し給へ」といふ様なことを述べるのである。

古老の祷詞が終ると、家人、親戚の男女達は供物を手にとつて、小さく砕いては祖霊の幣のところへ撒き散らし、また其処に集つた人々にも頒ち与へるのである。これをアイヌ語で Icharpa といふが、これは先祖の召上る物を皆で一緒に戴くといふ敬虔な気持からするので、かうしてこそ亡き人々も喜ぶし、又神々に対

しても顔が広いのだといふ風に考へられてゐる。筆者など、この時、そこにゐて、刻烟草を頒けてもらつたが、仕末に困つて、また村人の蒐入の中に押込んで置いたことがある。筆者は昭和11年1月2日に日高の二風谷に滞在してゐたが、皚々と降りつもつた雪晴の午後、戸外に花莫蓙を敷いて、この祭儀を営んでゐたのを目撃した。その家は、10年の年に不幸のあつた家であつた為か、女の人達など追慕の涙にくれながら、何時までも懇に供養を営んでゐた。せめて写真でもと思つたが、あまりの痛々しさに心を打たれて言ひ出しかねて、止めてしまつた。その夜、光冴えた寒月の夜、深更まで、その家からは、祖霊を慰藉する踏舞がにぎやかに炉辺をめぐつて行はれてあたりの静寂を破つてゐた。筆者はそゞろ膚寒い夜に淡い旅愁も催されて、涙ぐましい感激の中に、しばし立ちつくしたのであつた。

祖霊祭の事は、この程度にとゞめて置いて、往時はなかつたらしいが、現在の和人風を取入れた宗教祭儀に触れて見たい。新春を迎へる前日、即ち大晦日の夜には、やはり神々に禱詞をさゝげ酒を供へるが、代表的に火の女神 Ape-huchi に捧げる 禱を抄訳すると、次の如きものがある。

「我等を育つる老女神、国土を領らす姥神様、この永き一年もこゝに終らんとする。まことに驚くべし。汝が大神の冥護いや確に誤なければ、この一年を我等が家族一同、饒かに温かく生活足りて、無事息災に暮し得たり、今は新らしき年めぐり来りぬ。然れば、和人の風習をも、我等倣ひて、数々の供物（野菜・魚獣等の肉も含めて）汝が大女神の大御前に捧げて、礼拝し奉る。誤たず加護あるべきなり」
（シサムプリ）（アエコオカラベ）

又、元日の朝、大幣の 神 に捧ぐる 禱詞は次の如きものがある。
（ヌサコロ　カムイ）

「大幣の 神、神なる翁よ。汝が神は、火の姥神と共々に、我等を守り育てゝ、相並んで、神々の長たる重き神なれば、先づ火の女神に礼拝をなし奉りて、次に、礼詞を捧げ奉るなり。同時に火の女神の言佳き伝言をさへ持ちて、神盃を献じ、汝が貴き御心ををろがみまつる。
（ことよ）

去年は既に果てたり。汝が大神を初め神々の守護諤たず確かなりしかば、家族多き我が身も、皆一つらに、病気もせずに息災に、この新らしき年を迎へたり。さて、去年にもまして、愈々、又更に我等の新らしき願ひのぞむこと数々あり。大人にまれ、子供等にまた、一様に、その生先末遠く願ひ望むことなれど、この新しき年に於いては、年の終るまで病みつゞむことなく、喧嘩口論することなく、よく生業に従事し得る様加護を下されたし。愚かなる凡夫の身に

しあれば、我が申上ぐる言の葉のあひだ間、足らず、御心に背くことあるべしとも、祖々の掟のまゝに造りし木幣を添へもちて、礼拝し奉ることなれば、思ひ和めて愛憐をたれ給へ」

又、去年に不幸ありていはゞ喪に籠る家の禱詞には、次の如きものがある。火の女神に対するものを挙げて見る。

「我等を育つる火の姥神、国土を領有する媼神様。去年は、神々の照覧あらせ給ふ膝許近く、よもや、かゝることあるべしとは、想ひざりしに、神々の御手にも及ばざることある習にて思はぬ凶事出来して、神々共々、我等も驚愕、悲嘆に暮れたりき。されど、今や新らしき年運り来りたれば、去年ありしが如き禍事(まがつみ)は我が家の、隅々、既に拭ひ浄め、斎み掃きて、遠き国土の果てへ遷却してしまひぬ。されば、その後をよく見守りて、守護し給へ。族(やから)さはなる我なれど、家内一同おし並べて、息災に暮らさしめ給へとこそ、よき木幣に買ひとゝのへし豊御酒、数々の供物を拝し奉るなれ。外庭の祭壇の上に鎮りて我等の祀を納受する神々にも伝言して、我等の加護あやまたずあらしめ給へ」

古老より聞いた往時の会釈の詞なども、新年おめでたうなどといふ抽象的なものではなしに、もつと信仰的であつたらしい。国家的・民族的の発展を祈るといふよりも社会制度の然らしめたのであらう。消極的に部落的であり、一家を中心とするものでなかつたかと思はれる。日高荷菜のカレピアから筆録した、会釈の言葉は、往時、どんなに疱瘡の神に対する畏怖が強かつたかを示してゐるので、その大意を抄訳して見よう。

「我等が今まで平和に暮し来りたる村なれば、愈々、疱瘡神を始め種々の疫病神を畏怖する心切なり。今や新らしき年来りたるなれば、如何にかして、この年の終まで、疫病神の禍をさけて無事に終りたきものなり。されば我等一つ心に神々に対して礼拝誤たず、祈願し奉るべし、謹みて我が首領(対手を敬つていふ)に対して会釈の詞を述べ申す」

因みに、疱瘡の神はパコロ＝カムイ Pa-kor kamui 若しくはパツム＝カムイ Patum Kamui と呼ぶ、パコローカムイは「歳の神」の義であるが、我々内地の歳徳神などとは凡そ違つたもので、先づ多くの眷属を率ゐた疱瘡の神であり、またあらゆる疫病神の総師の概がある。金田一先生の「アイヌラックルの伝説(世界文庫)」によれば、「国土創造の神が国土を創造した時に、(中略) 国土を造り終へた神が一休みをして火を焚かうとした時に、最初に蓬を揉んで燧(ひきり)に用ひた。蓬

は幾ら揉んでも揉んでも火が出なかつたから、吹いたら飛んで鳥の群となつて行つた。行つて行つてそれが遂に歳神となつたのである。(歳神は赤い点々のある着物を着て年々歳々来る神で、世界の果から果へ飛んで廻り歩いて居る神であるとし、流行病もこの神のせいとされる。云々)」と書かれてある。パコロカムイは眷屬を率ゐて海の彼方から、賓客神(まらうどがみ)として船を漕ぎ連れて訪れるので、これを知つて嬰兒などは火がついた様に泣くものだといふ。こんな意味を歌つた子守歌の神謡などもある。要するに、アイヌの方では、この世は人間と神々との共存共栄の世界でいはゞ寄合世帯であつて、特に一年を主宰する様な神などない様である。

　内地に住む者から考へると、兎角寒い昔の北島の人々の生活は、どんなに陰鬱な侘びしいものだつたかと想像し勝であるが、決してさうではなかつたらしい。むしろ明るい朗かなものだつたとさへいへよう。話好きで、また聴上手の昔のアイヌの人達は、正月から3月頃の雪解までの冬の生活がどんなに楽しかつたかわからない。赤々と柴木の燃える煖かな囲炉裡をぐるつと囲んで、ユーカラ(彼等の理想的英雄ポイヤウンペを主題とした長大な叙事詩)に興じたり、カムイユカラ(神々の謡)を歌つたり、昔噺「ウエペケレ」を語り合つたりして長夜の白むのも忘れた。(それ等のことに就いてはすべて省略する)又、村の家々で、前々から慈育してゐた鳥や獣を送つたのもこの正月を中心として行はれた。狐神 chironnup 梟の神 Kotan-kot Kamui (村の守護神) 熊の神 Kimun Kamui 鷲神 Kapachir などを丁重な祭儀を営んでこれを殺して、その霊を神の世界へ送りかへしたのである。その中、熊祭 Iomante だけが、特に代表的なものとして名高くなり、物の本などに多く記録せられた様である。今、それ等のことには触れずこの程度に止めたいが、熊の神・梟の神など同時に飼はれてゐても、梟の方が、熊よりは位の貴い重い神と考へられて先づこれを送り、次に熊を送り、狐などは一番あとになつてや、簡単に送つたものだといふ。日高荷菜部落の老媼カレピアの談によれば、「自分等の子供の時は、とても正月頃が楽しかつた。自分達はや、ともすれば、和人風な身装(みなり)をしたがつたり、和人語(シサム プリコロ)を使つたりしたものだが、父親などから和人の風習化しては駄目だといはれて叱られたものだ。今度はどこの家の梟を送る、熊祭はどこの番などと、子供心にも、どんなに祭の日を待つたか知れなかつた」と述懐したのを聞いたことがある。

　老爺・老媼の懐古的な慨嘆をそとに、今日のアイヌの人々の生活は全く一変してしまつた。人口最も多く、最も民族固有の風習を祖翁の掟のま、に、敬虔に守

り続けて来たといはれる日高沙流川筋の村々の正月でさへ全く内地風になり切つて、国旗の朝風に翻る家々をまはつて紋附羽織に袴を穿つた村人の年頭の廻礼も行はれる様になつてゐる。殊に、面白くまた微笑ましかつたことは、元旦の朝まだ暗い中から、村の鎮守義経神社へ打連れて参詣してゐたのを目撃したことであつた。一面、古い習俗が失はれてゆく事は、感傷癖のある筆者などには勿体なく淋しい心持もするが、それよりも強く時代の動きを意識して真剣に真摯に生活の改善向上をめざして進む若い村人達の努力に敬服、慶賀せずにはゐられない。

イムーの話

一

　すっかり開けてしまつた今日でもなほ北島のアイヌ部落にはイムー嫗 Imū-huchi 或は蛇憑婆 Iokkoni-huchi などと呼ばれる婦人があつて、病的な発作をしては村人からからかはれたり慰物となつてゐるのが見かけられる。
　凡そ、アイヌの古老は、今でもなほ我々よりは一歩古いプリミティブな素朴な信仰を持ち続けて、人には誰でも憑神 turen-kamui（turenpe）といふ様なものがあるものだとかたく信じて疑はない。従つて人間の才智・才能・賢愚・体力等はすべてその憑依する神の如何によつて宿命的に決定されてゐるものだと考へてゐる。偉い人は偉い憑神を持つてゐるからであり、腑甲斐ない者は憑神が腑甲斐ないからだと決めこんでしまふ。だから、誰でもよい憑神に憑かれて好運にあやかりたい。たゞ一つの憑神に守護されるより二つでも三つでも出来るだけ多くの憑神に憑りつかれたいと考へてゐる。たゞ独凡俗の人間に限らず、アイヌの始祖として天降つたアエオイナカムイ Aeoina-kamui（Ainu-rak-kur, Okikurmi）で英雄説話ユーカラのヒーロー、ポイヤウンペ（Poiyaunpe）でも夫々優れた憑神を伴つてゐて、一度戦ふや憑神どうしの戦ともなつて、戦は大地の上より天空に亙つて雷鳴をなりどよもして凄惨な立体的闘争となるのが常である。
　アイヌ婦人の間に屢々見られるイムーといふ一種の精神異常発作も、この憑神の信仰を基礎として解釈せずに、単にアイヌのヒステリー等とあつさり片附けただけでは、恐らく、正鵠を失するのではないかと思はれるのである。筆者など、特にこのイムーと云ふ現象に興味を持たなかつたので、あまり深入して見聞した訳ではないが、アイヌ部落に旅寝を重ねるまゝに、時折はこれを見たり聞いたりする機会に恵まれた。大正12年夏、初めて金田一博士のお伴をして道南、沙流川筋の村々を遍歴した折、道案内に立つて呉れたのが紫雲古津(シウンコツ)のコポアヌ嫗であつたが、ふと道の上の朽縄を見て、急に立ち竦んでアワアワワワワワといふ発音をやたらに反射的に口から迸らせながら上唇と下唇とを痙攣させながら、泡を吹いてゐたが、やがて我に返つて、さも極り悪げに笑ひながら、「なんだ、俺(オラ)、今イ

ムーしてゐたてや……」と呟いて、またすたすたと歩き出したのを憶えてゐる。まだ、何も知らぬ筆者などは癲癇の発作でも起したのかとどぎまぎしたものだつたが、金田一先生からこれがアイヌのイムーといふものだと聞かされて、ほつとしたものゝ、奇異な感に首を傾けざるを得なかつた。これが、私がイムーを見た抑々だつたらう。

その後、昭和7年夏から8年春にかけて、筆者のところに滞在した日高新平賀のエテノア嫗などもやつぱり時折イムーの発作を起したものだつた。東京見物に新宿の布袋屋に連れて行つた時だつた。私が一足先に入つたのだが、いくら経つても、後からすたすた歩いて来た筈の婆さんが来ないのである。しまつた、迷児になつたかとあたふた人混みをかき分けて入口に引返して来ると、なんのこと婆さんはぽかんと入口に立つたまゝ例のイムーを起してゐるのである。まはりは一ぱいの人だかり、その時は口から白い泡を吹いてゐなかつたが、アワワワワと反射的に繰返しながら、頻に首を左右に動かしてゐるのだ。筆者がぽんと肩を叩いて「お婆さん、どうした」といふとはつと気が附いて、「婆(ババ)、いまこれを見てイムーしてゐたてや」と云ふ。何かと見れば、セルロイド製のマネキンのピエロが電気仕掛でつけ毛の眉を吊上げ吊下げ首を左右に打振り打振り、「いらつしやいませ」と誌した招牌を上げ下げしてゐるのであつた。つまり婆さんピエロのする通の物真似を無意識にやつてゐたのである。

それからは筆者も、婆さんと一緒に街を散歩するにも蛇屋の前など出来るだけ通らない様に努めた。動物園に出掛けた折も、南洋産の大蛇の檻など敬遠して見せぬ様にした。何故なら、通常、アイヌの婦人は蛇を見た時、最も激しいイムーの発作を起こすからである。夜、聖伝 Oina 神謡 Kamui-yukar 等を老嫗の口誦するまゝを筆録してゐても、いつもこの事が気になつてゐた。神謡などでは、蛇は Unpirmu Kamui「さゝやき告げる神」と云つて人間の村に何か禍事でも起る時には、先づ尾でづしんづしんと大地をたゝきつけて、それを告げ知らすといふ筋も多く見られ、蛇神自身が第一人称叙述を以て身上話をするといふ筋も間々あるので、その時若しやイムーをするんぢやないかしら半ばは恐れ、半ばは好奇心を持つて注意してゐた。だが、不思議なことには自分で蛇のことを云ふ場合には別にイムーの発作を起さないですむと云ふことを知つた。だが私の方から何かのはずみに「蛇」tanne-kamui（長蟲神）「tokkoni（蛇・蝮）」「Kinashut-Kamui（草の根もとの神）」とでも云つて刺激を与へたら、必ず、例のアワワワワを始めるのである。

蛇に限らず「ikonpap（毛蟲）」といつても、「mososhpe（蛆）」などと云ふ単語を云つただけでも、もう始めるのである。その有様は丁度、我々が濡手で電気機具でも攫んで感電してはつと衝撃を受けた時の様に全く突発的であり瞬間的なのである。エテ婆さんの時にはまだ家の子供等が幼かつたから、私以外に婆さんのイムーを誘発した者はなかつたからよかつた。

　ところが、昭和11年の冬私のところに来て呉れた沙流のカレピア婆さんの場合には少々気の毒な気がした。この婆さん等は巨酋サンケレキ翁の娘として、女ながらも天晴な古事伝承者でありながら、一方また非常に新しい考を持ち幼い時から和人風をとり入れ、殊に子供の時洗礼を受けクリスチヤン・ネエームをサロメと呼ばれる程開けた婆さんだつたのだが、やつぱりいけなかつた。よもやと思つてゐたのだが、ふとしたはずみにイムーを誘発してしまつた。そんな事が度重なるにつれて、見様見真似で、家の九つと七つの女の子が、私の留守には時に婆様に片言のアイヌ語の単語を言つてはイムーさせてふざけてゐるのである。カレピア婆さんは別に腹も立てなかつたが、「蛙の子は蛙」のたとへで幼い子供等がこれをやつてゐるのを見ては、呆然として苦笑を禁じ得なかつたものだつた。

二

　筆者は昭和10年の歳末から11年の新年にかけて日高二風谷に旅行した時、いまゝでにない強い発作のイムー婦人を見る事が出来た。たしか1月2日の午後の事だつたと記憶してゐる。友人二谷国松氏のところに滞在したゐた私は私の為に特にしつらへて呉れた別室で赤々と燃えるストーブにいゝ心持で煖まりながら、歓談に時の移るのも忘れてゐた。窓外には霏々として雪が降り積つてゐた。話の糸目がきれた折ふと二谷さんが「先生、今日は一つ本当のイムー婆さんを見せませう。イムーにはよく似而非イムーをするものが多いのですが、これだけは本当でせう」といつて、呼んで呉れたのが一軒置いて隣に住むといふチコアシテといふ当年47歳の中婆（ウナルペ）であつた。和人の子を貰つたといふ白色の男の子の手を引いて入つて来たチコアシテは紺絣のさつぱりした着物をつけメスス花模様の前垂をし腰に手拭を下げてゐる。髪もまだ黒く、容貌、物腰どこも普通の女と変つたところがない。挨拶をすませると、いきなり二谷さんが、大声で「チコさん今日は」といふと、チコさんはぎろつと目を丸くして手を振りまはしながら、とても口早

に「あゝ、今日はも糞もあるもんか」といふ。もうイムーの発作を始める。私の前に出されてあつた黄粉餅を指して食べなさいと食べなさいといへば、初めの中は嫌だ嫌だと拒絶してゐたが、続け様に強ひられる中、とうとう大きな餅を鷲摑みにして四つばかりも口の中に押込んで目を白黒させ、大息をついて押こまうともがく。口のまはりも着物も黄粉だらけである。はつと我にかへつて恥づかしがつて餅を投げ出して、「ひどいなあ」と呟く。三つばかりの二谷さんの孫の女の子が「イコンパップ（毛蟲）」と叫べば、手を激しく打振り打振り上体を切に動かして逃避しようとする様発作を繰返す。「蛇（タンネ・カムイ）」と云へば、口から泡を吹いて「イテキオラ！ イテキオラ！（否だ！ 嫌だ！）」といふ様な言葉を口早に喚きながら外に逃げ出さうとする。蛙 terkeipe を真似てはぐうぐう云ひながら、床の上を四這に跳ねまはる。医者の診察の真似をしては本当の医者もそこのけに巧みにやつてのける。聴診器を耳に挿んだ科（しぐさ）で、小首を傾け傾け、打診の真似をする。二谷さんが「先生チコさんは本当に村の芸人ですよ」と筆者に耳打ちする。成程さうかも知れぬ。落花生を殻ごとがりがり噛み砕く。はつと我に返つては恥づかしげにペツペツと吐出す。次から次へと周囲の人々から種々な言葉を浴せかけられるので、イムーの狂的発作はとめどもなく繰返されて、見る目にも可哀想である。やがて、二谷さんは窓をさして「下りろ（エ シパ）」と云ふ。さつとチコさんは窓から跣足のまゝ雪の中に飛び下りる。歩調を取つて駈けまはる。喇叭を吹く真似をする。「マンロー旦那（ニシパ）（Dr. Neil Goldon Munro 考古学者。嘗つて坪井博士のコロボックル説に対してアイヌ説を唱へた人。十余年前より日高二風谷に寓して余生をアイヌ研究に没頭してゐる）が犬を打つ真似をしろ」と云へば、二谷さんを雪の中に這はせて置いて力一ぱい棒でなぐりつける。厳冬の雪の冷さなども全く忘れた様に駆け歩いてゐる。また家の中に呼び戻される。「鳩（クスエツプ）はなんと鳴く」と云へば、美しい声を張上げて、「kusuyep toita, huchi wakkata, katkemat suke, pontono ipe, porotono ipe（鳩！ 畑打て、婆は水汲み、主婦（かみ）さん飯炊き、若旦那も飯を食べ、大旦那も飯を食べてる）」と歌ふ。「つゝ鳥」は云へば「tutut, ya se, chikor-pet, chep ot（ツツツ　網背負（しょ）つて、村の川は、魚がいつぱいだ）」と歌つて眼をぐりぐりと丸く動かしながら大息をついてゐる。誰かゞ「hotke osun shikomewe（臥床へ行かう）」とからかへば嫌だ嫌だいひはつてゐたが、その中に臥床にでも入つた様な多少まともには見られぬエロテイツクな身振をするので、思はずはつとする。歌を歌ふ。誰かゞ渡した笊を頭に載せ、手拭を頓かぶりして歌ふ歌は「ウナラペ（小母さん）

どこへ行くサラニツプ（手籠）下げてドツコイショ百匁七銭のコラ……買ひによチョイチョイ」と草津節の替歌だ。「汝の舌を出せ」と云ひながら、真赤に焼けた火箸で舌をはさまうとしても、ちつとも恐れず舌を出す。見てゐる方で冷汗が出さうだが、村の人達はこんなことには慣れてゐるらしい。「消炭を食へ」と云はれてがりがり噛みくだいては今にも呑みこまうとする。この調子なら真赤な燠（おき）でも食ひ兼ねない。「煙草（タンパク）を食へ（イペヤン）」といひヽば、初めは「のむもんだ、のむもんだ」と云ひつゞけるが、到頭刻煙草を噛み出す。誰かふざけて「チコさんは先生のおかみさんだ」と焚きつけたもんだからたまらない、いきなり横飛びついて来られたには弱つた。流石の筆者もこれには参つた。極りが悪くて「もう、イムーは沢山だ、やめて呉れ」とむきになつて叫ばざるを得ない様な破目に落ちる。どつと満座の人が笑ひくづれる。故榊保三郎氏はイムー体験談の中に、突然睾丸を攫まれてびつくりされたことを書かれてあるが、実際、傍からの示唆次第で、どんなこともやり兼ねないのである。

かうして一度、イムーの発作を起せば、平常は慎み深い女でも、性格ががらりと一変して半狂乱的となつて到底婦人の口にし得ない様な卑猥な言葉を口にしたり、エロテックな科をすることも珍しくないのである。また、仕向け様ではどんな危険なこともし兼ねないのである。だから村の人々もよくその辺の事情は承知してゐるので、刃物などは絶対に持たせぬ様に気を附けるのである。

扨て、イムーと云ふものは、以上の筆者の見聞でも了解される通り、この発作を起した場合、アイヌ婦人は非常に物に驚き易くなつたり、傍から何か示唆したり暗示を与へれば、すぐ乗易く、すぐそれに従つて一種狂人じみた行動をしたり、人真似、物真似をして笑物となるのであるが、又一方努めて相手から云はれたことに反対に反対にと行動し、食へと云へば吐き出し、食ふなといへば口に入れる、入れと云へば出るといつた様に示唆や刺戟に対して逃避的態度や反撃的行動に出る場合もあつて千態万様なのである。併しながら、何れにしろ、その傍からする示唆や精神的衝撃を与へることが止めばすぐ普通の意識に戻つて、どつと笑ふ傍らの村人達の手前を恥づかしがつたり、怨言をいつたりするのが普通なのである。故にイムーの発作は瞬間的に起るもので持続性があるものではない。そしてイムー婦人自らもイムー発作の間に自己のした行動を憶えてゐる様であるから、全然無意識でやつたこととは思へないのである。だから之をそのまゝ病的症状としてあつかつてよいかどうか多少疑問の余地があるのではなからうか。

だが、筆者の第三者の立場から見れば、かうしたイムーの発作を起す老媼達が人々からからかはれ、半ば慰物となつてゐるのを見ては、いたましい気持がして、村人達の気持にすつかり共鳴しきれないものがあつて、いはゞ、腫物にでも触る様な気持でゐるのである。
　併しながら、イムーの発作を起す婦人も之を囲繞する村人達もとても第三者の想像も許さない様な一種奇異の心理状態があることを看過してはいけない。一見単になぶられ者となり慰まれ者となつてゐるかの如く見えても、イムー女は村人から気味悪がれても居ないし、嫌はれてもゐないといふ事である。現にチコアシテの場合等にも、一緒に伴れて来た彼女の5、6歳の男の子自身が傍の人達の仲間入をして、自分の母にイムーをさせて喜んでゐたのである。母をしてその狂態をなさしめる様なことをする人々に対して一寸も怨みもしないし怒りもしないのである。実際今日ではイムーなる現象は主に中年以上の婦人に殆ど限られて若い婦人には殆ど見られなくなり、特殊的存在として村人達から慰物とされ一種見世物視される享楽的気分が濃くなつて来てゐることは争へないが、古い信仰に生きる古老の気持からいへば、イムーする女達は到底他の者の企て及ばぬ優れた憑神を持つてゐるので、いはゞ神籠の豊かな福徳を身に具へた者として羨望し畏崇する気持はまだ忘れられずに残つてゐるらしいのである。イムーは結局その優れた憑神（多く蛇神）がさうさせるのであつて、巫術に長じた女など必ずイムーする者とされるから、丁度こちらのいたこの様に病気平癒を祈る咒に招かれたり、占をしたりし、村人から礼物を貰つたり感謝も受けることが出来るので、却つて幸福だと羨まれもし崇められたりするのである。また、エテノア・カレピアに見る如く、かういふイムーする女こそ、多くの場合優れた古事伝承者でもあるからである。またイムー女自身すら、一種誇らしい優越感を懐いてゐるらしいのである。イムー女に対つて「イムーを呉れ」とか「イムーを売れ」とか「何かと取替へよう」といへば、必ず嫌だといつてその発作を止めるものだとも聞いてゐる。イムーの力を失ふといふことは、つまりその誇るべき憑神を失ふことであり、神に見殺されることであり、その優れた巫覡の力も古事伝承の能力も失つてしまふことになるからである。
　従つてイムーする女自身も、決してそれを病気とも気狂とも思つてゐない。病気でないから治りたい等とは殆ど考へないらしい。
　然らばどうしてイムーをする様になつたか。チコアシテの語るとこによれば、

彼女は子供の時から物に驚き易く、幻想に怯えたりする傾向が多くて、よく皆からからかはれたり嚇されたりしたものだつたが、或る夜、他所から家に帰つて来ると、屋根の上に何か白い化物(カミアシ)の様なものが居たので、びつくりして家へ飛び込んだことがあつたが、それからイムーする様になつたといふ。また或る女は、病気を巫女に頼んで呪で癒して貰つたが、その代りにイムーする様になつた。だからイムーを治せば、また病気に罹るから、治したくないといふやうな者もある。又、或る者、たとへばカレピアの如きは自分はイムーをしないものだつたが、村の人から種々いはれて嚇かされたり、からかはれたりしたりする中、いつかイムーする様になつてしまつたと答へてゐる。カレピアの様な原因からイムーをするに至つた者も可成り多いらしい。先のチコアシテが医者の診察の真似をしたり、マンロー博士がその飼犬を打つ真似をする様なのは、自らそれを見てゐて物真似する場合もあるが、周囲の人々が強制して、それをなす様に習慣づけてしまふことも沢山ある。かうして他からイムーさせることをImureといふが、村人に聞くと、これは誰々がどこでイムーさせたイムーだなどといふことをいふものである。

又、筆者の僅かな体験からこんなことを云ふのはどうかと思ふが、イムーする婦人の発作状態に早口に口走る文句は殆ど言合せた様に一定した型を持つてゐるらしいことは注意すべきこと、思はれる。イムー婦人が発作から平常の意識に戻つた時にも殆ど凡てが、発作状態にやつた事を記憶してゐるらしいことも注意しなければならないと思ふ。

また、驚いた拍子等に目前の事実と何も関係ない様なことも口走ることは、単に婦人に限らず、男子にも見ることであつて、その文句にも一定した型があるさうである。これもやつぱりイムーといつてゐる。アイヌの始祖アイヌラックルがイムーした言葉だとか国造神 kotankor-kamui がイムーした言葉だのといふものが、古老の間に伝承されてゐるものがある。アイヌラックルが棚から物を落して吃驚してイムーを起して云つた言葉といふのは、次の如きものである。

tan to, shira to, shira tuye, newaampe kanna kamui, eramupo, riten kusu, kimun kenashi, kenashi pake, oterke, shumipo, tuipa, newa ampe, kerahapo chiu wenoye, petpesh kaiki, chisanasanke, chiuachi kurka, eshitaiki, tokkosampa.

最後に、このアイヌ婦人に見るイムーといふ精神病的発作は何故起るかといふことを考へて見るに、極めて素朴な自然現象を神秘化して考へる迷信を素因とし、特に蛇に対する嫌忌の情、恐怖の感と蛇は人に憑依してイムーするといふ観念が

潜在意識となつて居り、又幼児から幾度かイムーする婦人に見た発作状態がいつか脳裡に印象されても居り、一方には周囲から、絶えず示唆され精神的衝撃を与へられる為に、殆ど模倣的に習慣的に、而も半ばは意識して行ふ精神的発作ではないかと思はれるのである。故に、この問題は精神分析学 Psycho Analysis の立場から研究されたなら、きつと興味深い結論が生れるだらうと思ふのである。

[参考文献]
金田一京助博士—アイヌ叙事詩ユーカラ研究第一冊（402—404頁）
小峰茂三郎氏—アイヌのイムに就て

アイヌの民謡詩人——鹿田シムカニのことども——

　私がふとした機縁から、恩師金田一先生の指導を受けて、北島のアイヌの人々の生活や文化に親しみ出してから、もう20年余りになつてしまつた。その間に知合になつた伝承詩人や民謡詩人も、かなりの数に上つてゐるが、最も深く心を打たれた一人は、旭川近文部落の女民謡詩人鹿田シムカニさんであつた。私はこれからシムカニについて思ひでる2、3を書いて見たいと思ふのである。私が初めてシムカニを知つたのは、昭和9年の夏の採集旅行に、金田一博士と友人二名と共に近文部落を訪れた時であつた。7月下旬、東京を出た私と友人達が、噴火湾沿岸の有珠、虻田等の部落や英雄詞曲ユーカラの発祥地、浜益地方の採集を了へて、遽しく旭川へ着いたのは、8月10日の夕であつた。私の採集の成果如何をお案じ下された金田一先生は、態々東京から御出でになつて、駅前の宮越屋で、私達を待つてゐて下さつた。

　この度の採集旅行は、昨年度よりの継続で、アイヌの叙事詩、抒情詩等のレコーデイングとアイヌの生活、風俗、祭儀等の16粍フイルム撮影とが、主な目的で、いつもの旅とは違つた忙しいものだつた。10日の夜は、夕食もそこそこ、すぐ旅装をといて、録音機を据ゑつける、アース線を埋める、電圧をはかる、廻転盤を調節するといつた雑務に逐はれて、先生初め一同床に入つたのは、彼これ、もう午前1時頃にもなつてゐたらうか。明くる11日、一行が師団練兵場前で電車を捨てゝ、ポプラの並木のつゞいた道を通つて、部落に着いたのは、もう午後だつた。

　そこで、部落の有力者川村カネト氏を訪ねて、今夜吹込んでもらふのに適当な人の斡旋を依頼したが、川村氏が推薦して呉れたのは、鹿田シムカニと川村ムイサシマさんとであつた。いづれも、この部落切つての伝承者であり、歌の上手とのこと。使をやつて、シムカニさんを呼んで来て呉れる。見ると、年の程は凡そ五十前後、色白面長な気品ある容貌の人ながら、足は重いリユーマチスを病んで立たないとか、私はあまりにそのいたいたしい姿に眼を曇らせずにはゐられなかつた。シムカニさんは、この土地の生れではなく、滝川より数里山に入つた浜益山道の僻村、泥川部落の人、代々首領をつとめた豪族「樺家」に生れ、伝承にす

ぐれた父祖の血をひくだけあつて、女ながらも、民族の故事や神話に深い知識を持ち天性の美声に恵まれて、数々の叙事詩や民謡を諷詠吟誦しつゝ今日に至つたが、数奇な運命に弄ばれて、年早く夫に別れ、孤独の年を送る中、いつか足さへ不自由になつて、松葉杖にすがつて歩かねばならない不運な身となつてしまつたのだといふ。されど、その驚くべき伝承力、自らの不幸の半生を侘ち、その想ひを一句一句つゞりつゝ即興的に歌ひ出づる哀歌「イヨハイオチシ」・「ヤイシヤマネ」等の修辞的技巧の洗練さ、惻々として聴者の肺腑をついて涙を催させる声調は、数多いアイヌの伝承詩人中、最もすぐれた一人として推賞すべき人であると思ふ。かうした悲しい運命の下

鹿田シムカニさん

に、世の辛酸を嘗めつくした薄倖の人なればこそ、歌を命として、魂を打込んで歌ふのであらう。魂が歌ふのだ。声が歌ふのではない、真実が歌ふのだ。技巧が歌ふのではない、だから心が打たれるのかも知れない。

　シムカニさんは、こんな風に身上話をした末「ヤイシヤマネ」などを歌つてきかせて呉れてから、「今夜は必ずあがります、これから支度をしますから」と言捨てて、私達より先に、川村家を辞した。家はどこかと問へば「このすぐ裏の家が私の家です、ポプラの木の三本目の家です」といつて、松葉杖を小脇につきながら、孫の女の子に手をひかれて帰つて行つた。

　それから暫らく立つて、私達は川村氏の許を辞し、部落を一まはりしようと、カネト氏の案内で、裏手の道に出て見ると、もうとつくに家に帰つてゐるだらうと思つたシムカニさんは、まだ前方に後姿を見せながら、一足々々松葉杖を運んでゐるではないか。驚いた、少くとも私の考は間違つてゐた。旭川市内とはいへ、郊外のこゝらでは、隣りとはいへ二百間、三百間は隔つてゐるのであつた。急いでシムカニさんに追付いて「やあ」といつたら、振返つて松葉杖をあげて「私の家はそこです」といつて、右側の笹葺屋根の家をさした。そしてそちらの方へ姿

を消した。家の庭には、孫らしい子が二、三人遊んでゐた。

　路傍のポプラの箒の様な梢に涼風がさつと通りすぎる。

　私はこの時、ふと「わが庵は三輪の山もと恋しくばとぶらひ来ませ杉立てる門」といふ古歌を想ひ出した。シムカニさんのいつた言葉が、なにかそんな連想を起させて嬉しかつたのである。途中、川村ムイサシマさんの家にまはつて今夜来て呉れる様にたのんで、私達は帰途についた。宿に帰つたのは夕刻。夕食をすませて、用意万端と、のへて待つ。吹込部屋は三階の二部屋、宿から迎への自動車をやつてもらふ。カネトさんに介添してもらつた、そして、二谷氏にも一緒に行つてもらふ。

　かれこれ小半時もして、自動車が着いた。きけば、シムカニさんは「私は足が悪いので、街へもめつたに来ないので」と、こちらでは、わざわざ遠いところを来て貰つて気の毒だと思つてゐるのに、却て自動車に乗つて来たことを楽しんでゐる様だつた。まるで子供の様に素直で無邪気なのである。

　やがて吹込を始める。マイクロフオンはこちらの部屋、録音機との間は襖で立てきる。合図用のテープを引く。金田一先生はノートを手にしながら、隣の部屋で何かと種々心づけて下さる。川村ムイサシマさん、カネトさんは、歌ひ手の気勢をそへる為に手拍手をとる。私と友人金城氏とは録音機の前に座つて、機械のスキツチを入れる、吹込原板を廻転板に乗せる、シヤフトがまはる、テスト数回、静かに願ひます。万事ＯＫ、吹込針を原板に落とす、吹込開始の合図のテープを引く。先づ第一に歌ひ出されたのは、アイヌの子守歌「イフムケ」だ、私はぢつと盤を刻む吹込針を見つめながら、かたづをのんで、襖を洩れてくる声に耳を欹てる。

　クコロ　ポン　シオン、ネコナンペ　エカツキ　クシクス、（オーオー　フム　ペヤラー　フム）クンネ　ヘネ　トカツプ　ヘネ、パラパラツク　ワ（オーオー　フム　ペヤラー　フム）……

　その旋律の美しさ、しつとりとした韻。いゝなと思つた。この子守歌は、他の地方の子守歌が舌をふるはせながら殆ど無意味な音群を繰り返すに反して、珍らしくも、カムイユカラ（神謡）を内容とするものだ。オーオー　フム、ペヤラー　フムといふ折返し囃句（サケヘ）だ。私は今、レコーデイングしつゝある子守歌を、レコードからローマナイズした手記によつて、大意をこゝに書き下して見よう。

「私の可愛い赤ちゃん、どうしたの。何が汝に魅入つたのだらう。夜も、昼も、汝はむづかつて泣きわめくので、母さんは、ちつともねられない、夜六晩、昼六日、幾日、幾夜眠れずゐて、時々とろとろとしては、炉端の上座の方へ手をつき、下座に手をついては、ハツと眼がさめさめしてゐた。よもや、ぐつすり睡らうとは思はなかつたのに、やつぱりうとうと睡つてしまつたつけ。

　母さんの枕許に、さも神様のやうな神々しい御姿の方が座つてゐた。そして私にいふやうは、「これなる女、私のいふことをよくお聞き、私はめぐり神（疱瘡神「アプカシカムイ」）として、国の果てから涯へと歩く神様の大将なのだ。私の部下の眷族の神々を大勢伴れて、この人間の国の東の方へ働きに（疱瘡を流行させに）行く途中、こゝを通りかゝつたが、ふと見ると、汝程心掛のよい女は無いので、汝のところが気に入つて、汝の家の東の軒、西の軒の、軒下を宿として滞在してゐたところ、汝のところの赤児は、それに気づいて、あゝして毎日泣きわめいてゐるのだ。夜があけたら戸外へ出て見るがいい、家の東の軒、西の軒の軒下には、沢山の私の手下の神達が、そこに立つて、国の東へ行くのが見えるだらう。そしてまた、その中に、国の東の方では、疱瘡がはやつてゐるといふ噂もきくだらう。汝だけは、また汝の村の人等は、一生の間、どんな風邪も引かず、悪い病気にもかからずに無事に暮せるであらう」といつたと思つたら、私（母がいふ）は眼がさめたが、私は、やつぱりいつか夢を見たのだらうと思つて、起き上つて、戸の外へ出て見ると、夢どころか、本当に神様のいはれた通り、家の東の軒、西の軒からは沢山の疱瘡神が群をなして、そこから出て行くのが見えた。それから又、国の東では疱瘡がはやつてゐるとも聞いた。私達は年とるまで、一生涯、いつまでも、どんな病気もせずに暮せるのだ。神様が有難いおぼしめしで、さうさせて下さるのだから、もうお泣きではないよ。さあおだまり」

　かうして、この子守歌は、所謂「クレードル・ソング」ではなしに、内容が恐ろしく宗教的になつてゐるが、昔アイヌの人々がどんなに疱瘡を恐れたか、母の子を思ふ心は、半ばは子に言ひきかせ、半ばは病魔の神をおだて、国の果てへ追ひやらうとする様に歌はれたと、考へて見れば、興味が多い様に思はれる。この夜は子守歌の外、聖伝（オイナ）、神謡（カムイ・ユカラ）、民謡（ヤイシヤマネ）等計十枚ばかりをシムカニさんから吹込んだ。又、明くる十二日も、十枚ばかりを吹込んだ。いづれも逸品ばかりで、私の採集した数多いレコードの中でも最も

逸れたものばかりである。シムカニさんの想ひ出については、実は十二日の方が面白いものがあるのだが、あまり長くなるので、この位にとゞめたいと思ふ。その後十年の正月も、旭川部落を訪れて、吹雪の午後わざわざ所望して、「イフムケ」や「ヤイシヤマネナ」をやつてもらつた。だが、私の想ひ出として、何時迄も深く眼にうつゝてくるのは、夏のポプラ並樹を松葉杖に縋つてとぼとぼ歩き去つたその後姿であつた。9年の9月4日の午後8時、旭川から中継されたラヂオで、アイヌ古謡オイナ（聖伝）を歌ふシムカニさんの声をきゝながらも、やつぱりあの時のシーンを頭に描いてゐた。

原住民としてのアイヌ

　日本の原住民は如何なる民族であつたかということについては、これまで、多くの学者が人類学、考古学、言語学、歴史学等、種々の観点から研究したが、諸説紛々として、未だ定説を得ないというのが偽らぬ現状である。ともかく日本人の血液中には、種々の民族の血が混じり融けこんで、それが渾然として一つのものとなつてしまつていることは事実である。今、こゝに、仮りに日本人とアイヌ人との二つに対立させて考えて見ることにしよう。日本人の血の中にはどれ程アイヌの血が流れているか知れない。原住民としての血液を、比較的に純潔に近い形で持ち伝えたものがアイヌ人であり、更に種々の民族の血液とを複雑に混じえたものが、日本内地の人々だといえる。(1)或る学者は現日本人の根幹となつたものを、原日本人とか固有日本人という名称で呼んでいる。この原日本人の中にも二種があつて、一は石器時代の大昔に、大陸から日本列島に渡来したもの、二は金石器併用時代に渡来したものがありとして区別して考えているのである。この原日本人の中に、早く混血したものとして、(2)に南方から渡来した印度ネシヤン、(3)に西南アジヤの印度支那半島から渡来した印度支那民族等の、人種的要素が加わつて、日本民族の根幹が形成されたといつている。これ等の外に、歴史時代に入つても、明かに異民族として取り扱われていたものに蝦夷、土蜘蛛、国栖、熊襲などがあつた。土蜘蛛以下のものは、わが古代史に現われ、それ等が果して如何なる民族であつたということは、未だ明確ではない。これらに就いて説くことは興味も多いことであるが、今はすべて触れずに置く。たゞそれ等の民族のことは古事記、日本書紀、風土記などの奈良朝以前の文献に現われるだけで、平安朝以後の文献には見えなくなつている。このことは大和朝廷を中心とする日本国家の統一が完成されて行くと共に、かつての対抗者として勢力を失い。全く日本民族の中へ混血してしまつた事実を示すものであることを記するに止めよう。

　併しながら、蝦夷だけは、いつまでも異民族として取り扱われて来た。日本歴史を繙くものは、誰しも、日本武尊の東征説話、阿倍比羅夫や坂上田村麻呂等の所謂蝦夷征伐　源義家の前九年、後三年の役のことなどを思い出すであろう。

　蝦夷が、果して今日のアイヌ人そのまゝなりやということは、常識的には説明

を要しないかも知れない。併し、我々には、大体今日のアイヌは昔の蝦夷の一派が北の国に於いて比較的純血な形で残つたものだと考えて置くことが無難である。蝦夷という字は古く、エビス、エミス、エミシと訓まれ、エミシから転じてエゾと訓まれるようになつたのは、略々平安朝末からであろう。併し、一方これに反対して、蝦夷はカイと音読すべきだと主張する学者もある。「エミシ」という語の意味については、喜田貞吉博士は「長い鬚が多くて、その風貌が蝦に似ているから」と説かれ、「蝦夷という字はエビに似た風貌の蛮人（筆者註、夷は漢字として東方の蛮人に意）という意で、宛てたものであらう」と考えられた。新村出博士は「エミシはユミシ（弓師）の転で、アイヌは弓を射ることが巧みであるから、この名があつたのではなかろうか」という仮説を提唱され、また坪井正五郎博士は「アイヌ語で、刀をエムシという。蝦夷は強暴な種族であつたから、刀を以て呼んだのだろう」という面白い説をたてられた。併し、これだけでは、エミシ、エミス、エビスがエミシとなり、更に転じてエゾとなつた経路が明かにされない。筆者の恩師金田一京助博士は、これについて次のように説かれているが、これはほゞ定説として学会の承認するところとなつた。『今日のアイヌの言葉に、北海道ではたまたま廃語になつているが北海道よりも常に古い言葉を保存している樺太の言葉遣の上に、エンジユ（またはエンズとも）という語がある。これは、「人間」という意味であつて、ちょうどアイヌということも、本来「人間」ということであるから、二つは同じ意味の言葉として、よく対語にして、対句や双関法に用いられている。その形の、今一つ前の古い形がエムシ（またはエムス）であつたらしいから、それが寧楽朝時代に邦人に、エミシ、エミス、（それが訛つて終にエビス）となつて入つていたものであろう。こう考えて来ると、この種族名の上から、エミシ——エゾ——アイヌが畢竟同一種族の時代による称呼の差だつたこと、即ち「蝦夷即アイヌ説」が成立つて来るのである。』（日本地理風俗大系14巻112頁—113頁）といわれているのは、これ等の言葉のうつりかわつて行く経路を、最も明確に説かれたものと思う。又、同博士によれば、蝦夷という漢字を宛てたのも、エミシ、エミス、エビス等に蝦という字を宛て（ミビは近い音で通音となる）た。即ち蝦夷は、エミ（ビ）という東北の異民族ということで、名付けたのではないかといわれている。そうすると、日本人の先祖のものが蝦夷即ちアイヌに接触した時は、アイヌを東方の異民族として意識していたということになる。（このことに就ては、また後に説くところがあろう）さて、蝦夷即今日のアイヌであることが大

体証明されたとして、果してアイヌは日本原住民であつたろうかということが当然問題となる。今日では、一般的には認められた形であるが、これに就ても随分面白い論争がつゞけられた。その一つをコロポックル説という。是は、人類学者坪井正五郎博士が、先ず第一に唱えた説で、アイヌは本州から北海道本島へ駆逐された時、すでに一種の先住民コロポックル（土中の人の義）がいたというアイヌの口碑があり、また北海道や千島に存する沢山の住居趾（竪穴）や石器、土器はこのコロポックルが使用したものである。種々の事情からコロポックルは何処へか去つて、その行末を知らないといいつたえる伝説に基づいたものである。コロポックルに関するアイヌの口碑は、一種の矮人(こびと)伝説とも見られないこともないので、これに対して猛烈な反対説が起つたのは、当然であつた。

　その第二の説は、非コロポックル説という。これは小金井良精博士、鳥居竜蔵博士、喜田貞吉博士等が唱えたもので、その説くところは多少違つても、要するにアイヌ原住説で、コロポックルと称するものも、早く本州から北海道に渡つていた蝦夷即アイヌの別派の穴居していたものを指すに過ぎない。その遺物・遺趾といわれる貝塚、竪穴、石器、土器等も日本内地の石器時代の遺物・遺跡と結局同一であろうと説くものである。

　この二つの説は、両々対立して一時学界を賑わしたが、今日ではコロポックル説は、全く省みられなくなつてしまつた。

　さて次に、日本の先史時代の遺物である石器、土器の方面を考察して見よう。土器を二大別して縄文式と弥生式となすことは人のよく知るところである。この二種の土器は、如何に違うかといえば、大体縄文式のものは、赤黒色若しくは黒褐色を呈し、焼成が足りぬため器質がもろく缺け易い。弥生式土器は赤褐色を呈し、器質も堅硬のものが多い。かくの如き色の違いや質の硬軟の差は、これを焼く竈の差によるもので、弥生式を焼いた竈の方が高い温度の火熱を加え得るように発達していたためであろうといわれている。

　形状や文様の上からいつても、種々の違いを挙げ得るが、縄文式は、縄文という名が示すように、縄蓆文を共通に持つ。縄蓆文は撚つた縄をまだ焼かない土器の軟らかな面の上を、ころがしながら押付けて出来る文様で、丁度、蓆の目の様な文様をいうのである。また縄文式は、縄蓆文の表面に屢々弧線型の浮文又は沈文があるのを普通とする。

　然るに、弥生式の方は無文若しくは幾何学的の沈文が多く、縄文式の様な浮文

は殆ど見当らない。縄文式の方は、日本の先史時代の初め、ほゞ五六千年間（縄文式文化時代）の永い年月に亘つて使われたらしく、その分布も関東、東北、北海道、千島という風に東日本に多い。尤も本州中部以西に分布していないではないが、大体弥生式の中に交じつて離島の様に所々に存在しているから何といつても、東日本が中心となる。弥生式土器の方は先史時代の終りに近い頃、即ち金石併用時代から西日本を中心として制作使用されて来たもので、本州中部以西、畿内、中国、四国、九州に多く発見される。勿論、それも後には東日本にも分布して行つた。弥生式という名称の起りは、この形式の土器が明治17年3月、現今東京大学農学部のある本郷向ヶ丘弥生町の貝塚から発見されたからである。さてこの二種の土器を使つた人は如何なる人かということになると、なかなか難しい。人類学者の多くは、弥生式を使用したものを原日本人、縄文式を使用したものをアイヌ人といふ風に決めてしまうがまた之に異論も多い。この二種の土器を製作使用したものを同一人種とし、それはアイヌでもなく、現代の日本人とも違つた汎アイヌともいうべきもので、それが一方では縄文式を製作使用し、一方では弥生式を製作使用した。そして、それが次第に一はアイヌの祖となり、他は日本人の祖となつたのであろうと説く学者もある。

　若し仮りに、縄文式を残した民族が今日のアイヌの祖先であり、その後に新しい弥生式を残した原日本人が西から移つて来たとしても、その二つの人種が互に混血せずに、全然他方へ追いやられ、若しくは亡滅し去つたとは考えられない。恐らくは縄文式使用者は、弥生式使用者と一緒になつて、混血同化を遂げてしまつたのであろう。二種の土器の分布状態からも、そう考えるのがよいのではなかろうか。縄文式も弥生式も或る時代には同時に行われたであろうが、後者の方は大陸の金属文化の影響を受けて、金石併用時代に入り、そのまゝ発展を遂げて、原史時代に入つて行つたものであろうといわれている。

　アイヌを日本の原住民とすると、アイヌは何処から日本へ移つて来たか、そしてその分布は列島全体に亘つていたか、若しくは部分的に分布していたかといふ様なことが問題となる。アイヌはこの地球上、たゞ北海道と樺太にだけ住んでいて、その人種的関係は不明な点が多い民族である。西洋人がアイヌ人を「人種の島」などと呼ぶのも、そうした事情からである。総人口一万八千位、内一万五千余は北海道に、更にその一割の千五百名内外が樺太に住むと思えば、大体間違いない。嘗ては千島にも住んでいたが早くロシヤ化して固有の風俗を失つてしまい、

今では絶滅してしまつた。その昔、日本本土に蝦夷として活動し、北千島、カムチヤツカにも住み、西はシベリヤの黒竜江地方までも交通往来したことを想えば、ひたすら衰亡の一途を辿りつゝあるその運命に対して同情の涙なきを得ない。アイヌ人の人種的特徴としては、眉根が高く隆起し、眼は深く落ち凹んでいる。殊に多毛な点は著しい特徴である。頭髪も日本内地人の様な直毛ではなく、波状毛でトランプのキングの髪の様に波打つているのが多い。こういう点は周囲のアジヤ諸民族には全く見られない点で、むしろ白人種そつくりな感がある。かゝる点より、近来の人類学者はアイヌは本質的には白人種の一分派であるが、遠くアジヤの東の果に遷徙して来て、住むこと久しかつたため、周囲の蒙古人種(モンゴロイド)の血を混じえたものではないかと考える傾向が強くなつた。若し、アイヌ語の研究が進歩してアイヌ語を、白人種の言語即ちインドヨーロツパ語に結び付けることが出来れば、アイヌ白人説はこゝに確立するかも知れないが、遺憾ながら、現状はまだそこまで到達しかねている。要するに、アイヌの言語問題は未解決のまゝ残されているというのが事実であろう。次に、アイヌが白人種の岐れだとしても、或はそうでないとしても、どちらの方から日本に渡来したかということを問題としなければならない。

　鳥居竜蔵博士は、その名著「有史以前の日本」の中で、アイヌ人種説を十三挙げて、最後に自説を主張されているが、その中の一つロシヤの探検家シユレンク説は、アイヌがツングースに類似することを認め、黒竜江附近をその根源地とし、アイヌが現在の様な地理的分布をした経路を次の様に考えているが興味深い説である。それはアイヌは黒竜江畔を出て朝鮮に入り、日本列島を経更に北海道に渡り、こゝに二分して一は千島に、他は樺太に至つた。そして樺太に於ける北への進路は同じく、黒竜江方面から南下して来た、ギリヤークとの衝突によつて妨げられているというのである。つまり、シユレンクに依れば、かつて黒竜江を出発して民族的大移動の旅に上つたアイヌは、また恰も日本海、オホーツク海を中心として一周して、再びもとの故郷の黒竜江地方へ移ろうとする様な状勢を示していることになる。鳥居博士は、朝鮮にはアイヌ式土器即ち縄文式土器が全然発見されないという事実から、シユレンク説に反対し、更に、シベリヤ大陸地方に於ても、日本に存在しているアイヌの遺跡、遺物に類似した物は見出されないから、アイヌは日本来住後北方へ行かんとする実状こそあれ、南遷し来つたということに就ての確証を認め得ないとされた。鳥居博士もやはりアイヌ白人説（白人とモ

ンゴロイドの雑種)の立場をとり、その故郷は或は西部アジヤではないか、いずれにしろ、東進して東亜の地に来たのは、余程古い時代で、蒙古人種が侵入して来た頃はもう衰えかけて居り、竟に今日の状態に立ち至つたのであろうと説かれた。金田一博士は、アイヌ民族を言語、伝説、土俗の方面から考察されて、北方諸民族との関係が深いことを力説され、日本内地の文化の影響は、むしろそれよりも新らしい要素ではないか、日本内地よりの要素を差引いて残る古めかしい一つの要素は、ツングース及び極北種族から更にアジヤとアメリカとを界するベーリング海峡をわたつて新大陸に蔓延して行つたアメリカンインデアンへの類似を考えなければならない。アイヌは北方を通つて、例えば黒竜江地方から南下したものであるか、若しくは南方から来たにもせよ、今の土地へ来て、極めて悠遠な年月を経たものでなければならぬという結論に到達するのであろうといはれた。金田一博士はアイヌ遷徙の道を、いま述べた様な立場から、北方に求めようとされた。

　アイヌの言葉は、凡そ日本語とは似ても似つかない言語であつて、抱合語Incorporating Languageといつて一文中の動詞を中心として、それに人称接辞その他の指示辞、副詞、時としては名詞の如きものすら抱合して一語さながら一文をなす様な形をとる、まことに珍らしい言語なのである。一例を動詞 kore（与える）にとれば、次の様な抱合的活用となる。

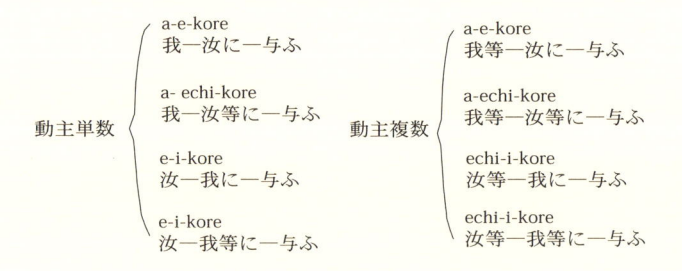

動主単数 {
a-e-kore
我―汝に―与ふ

a-echi-kore
我―汝等に―与ふ

e-i-kore
汝―我に―与ふ

e-i-kore
汝―我等に―与ふ
}

動主複数 {
a-e-kore
我等―汝に―与ふ

a-echi-kore
我等―汝等に―与ふ

echi-i-kore
汝等―我に―与ふ

echi-i-kore
汝等―我等に―与ふ
}

　この様な言語の行われている地方は、アメリカンインデイアン・エスキモー・アリユート（以上アメリカ大陸）、チユクチ・カムチヤダール・コリヤーク・ユカギール（以上北東アジヤ）等の所謂極北種族しかないという。アイヌは、いずれの地方を故郷とするにせよ、日本に渡来して既に何千年の昔より我々と接触して来た。そして、アイヌ語には我々の国語の影響よりもむしろ極北種族の影響が多いところを見れば、それ以前に吾々日本人と接触するよりも、或は長く極北種族と

接触を保つていたかも知れない。そうすれば、アイヌがもとの故郷を離れて移動したのは、又それより何千年古いことかわからないことになる。若しアイヌを白人の分派とすればヨーロッパの北部を郷土とする白人の一分派がグリーンランド・北米・ベーリング海峡を経て遠くこの日本列島にやつて来てこゝを第二の故郷として繁栄したことがあつたかも知れない。こういうことは果して可能なりやと誰しも疑いなきを得ない。併し、水草を求めて移動して行く人間の漂泊性というものは、不完全な小舟に棹さし、北海の波濤を凌ぎ島伝いに、新天地を求めて移動するようなことを可能ならしめることであり、また現に明治二十年代まではアリユートが島伝いに丸木船に棹さして千島・北海道あたりへやつて来た事実があるのである。尠くともこういう仮定なくしては原始文化の伝播などというようなことは考えられないことが多いと思う。

若しアイヌを日本の原住民として考えるならば、今日の北海道や樺太がそうである様に、日本内地にもアイヌ起原の地名が残つていることを想像しなければならない。地名というものは、他の語彙より比較的変化せず、古い形で伝承されることが多いものであることは、人の知るところである。英国の如く、民族移動の跡が明瞭な国は原住民族若しくは侵入民族の遺した地名がSurvivalとして存在するので、地名の解釈も楽のように思える。原住民ケルト族起原のもの、ローマ人の侵入によつて残されたラテン起原の地名。デーン人の侵入、ノルマンの侵入によつて残された北欧系地名等がアングロ・サクソン系統の地名と入雑じつて存在する様は興味深く思われる。現にAlethea Chaplinの如きは、その著The Romance of Languageの中に、英国の地名の研究を試みNorwegian, Celts, Danes, Anglo-Saxons等の地名を説き、その分布図を掲げている。

併しながら、我々の地名は英国地名の如く、地図的に分布の跡を明かにするには、幾多の困難な事情がともなつている。原日本人とアイヌの場合だけを考えても、原日本人の文化がこれに接触したアイヌの先祖より文化が高かつたとすれば、その言語がアイヌ語に与える影響が遙かに大きかつたことはいうまでもない。山岳・河川・湖沼・村々等の原住民の地名は、そのまゝ受継がれたとしても、異つた系統の言語の中に入れば、発音の転訛が大に行われて無意識的に変化してゆく筈だし、更に初はもとの地名をそのまゝ踏襲したとしても、やがては自らの言葉に置き換えてゆく筈であり、更に人口が殖え文化が発達するにつれ、微に入り細に入つて、如何なる山間僻地にも小さい枝川にも新らたに命名が与えられたであ

ろうことも考えなければならない。ことに漢字を採用して、佳名をつけようとする傾向が多かつたこと、大名の国替等により頻々として行われた地名の変改、また地理学の発達が遅く、徳川期の伊能忠敬あたりによつて初めて立派な地図が作られたような事情、旅日記、道中案内記といつたものに現われる地名や地図もあまり都市中心であり、街道中心であり、海岸附近にかたよつていた様に思われる事情は地名解釈をいよいよ困難なものたらしめるかに見える。併しながら、地名解釈というものは、人々の興味をひくため屢々民衆語原説、Folk-Etymology の対象となりやすく、古事記・風土記等に既に散見することは人の知るところである。明治廿年頃東京帝国大学文科大学に於て博言学 Plilology を講じたチェムバレン Basil Hall Chamberlain 教授は The language, mythology, and geographical nomenclature of Japan viewed in the Light of Aino studies (Memoirs of the Literature College, Imperial University of Japan. No. I, 1887) の中に於て、日本の地名を研究するに注意すべき点五ヶ条を挙げているが、これは今日に於ても、なお我々に教えるところが多いのは流石である。そして彼自ら尾張・武蔵・和泉・薩摩等の内地地名数語が原住民の語なることを説き、The natural inference is that these aborigine were none other than Ainos.(pp.45) といい、日本原住民はアイヌでなければならぬとして、歴史的事実と併せて我が国の地名を論じて行こうとしたのは随分思い切つたもので、斬新な学説として学界を驚かしたものであつた。爾来学界すべてとはいわぬまでも、苟も国語を以て解釈し難い地名はすぐにアイヌ語に引きつけて解釈しようとする傾向が多くなつたことはまことに慨歎すべき浅慮であり宿命でもあつた。解釈の根拠がすこぶる怪しい、何等学問的権威もない様なアイヌ語彙集・アイヌ語辞典の様なものから、音韻の似通つたものを拾い出して来て、机の上ででつち上げる場合が多く、実地踏査など全く試みずに、地名解釈説を提唱すれば、たとい提唱者は仮定的に試案として発表したものであつても、民衆語原に興味を持つ学者・教育者・郷土史家等の手によつて、いつか信実性を帯びて来て、牢として抜くべからざる学説かの如き様相を呈して来る。少し深く、アイヌの知識を持つ者の眼からは、まことに危険極まるものが多いのは当然である。わざわざ不確実なアイヌ語を持ち出さなくても、我々はもつと国語に深く立ち入り、その古語、方言、音韻変化、また国語の背景となる土俗・習慣等々を研究し、先づ国語を以て解釈しようと、努力すべきである。フランスに起つた言語地理学 Linguistic geography の態度、わが国の柳田国男先生の提唱される民俗学的方法、更にまた新村出博士の

試みられる様な周到緻密なる文献学的研究方法等は、われわれが採つてもつて範とすべきところが多い。

　さて、アイヌを日本原住民と決めるとしても、必ずしも日本全土に亘つて分布したかどうか決定されていない。尠くとも金田一博士のアイヌ北方渡来説に従えば、アイヌは日本列島の何れかの地に於て大陸若しくは南方よりする原日本人と接触しなければならぬことになる。王堂チエムバレーンは前掲書の中に於て、日本の歴史的事実の研究からは、アイヌ起原の地名の分布は北緯38度以南に下れないといつている。38度といへば、ほゞ宮城・山形の両県と福島県との境の北を過ぎ新潟県の新発田のやゝ北を通るところである。また或る考古学者の説によれば、縄文土器中、粘土の中に草繊維を含む所謂繊維系土器は飛騨より以東の東日本に発見されないという。この繊維系土器をアイヌのものと仮定すれば、或はこういう点がアイヌと原日本人との接触線を示すものと考えてよいかも知れない。要するに、日本内地の地名のアイヌ起原か否かを研究するためには、先づ北海道の地名を研究する。北海道の地名を研究するにも現地踏査と文献的方法を併用する。(従来、北海道の地名を研究したものに、吉田東伍博士の「大日本地名辞書」、永田方正氏の「北海道蝦夷語地名解」、ジョン・バチエラー博士の「アイヌ英和辞典」、磯部精一氏の「北海道地名解」、札幌鉄道局編「駅名の起源」等があるが、実地踏査幾星霜、アイヌの古老に訊ねて苦心の末に成つた永田氏のものが最もすぐれている。吉田博士のものは、百方文献を渉獵し、博引傍捜の巧を極めたもので、前者と相対照して見るべき好著である。バ氏の著は、氏がアイヌ研究家としてあれほど偉大な功績を残された割には、利用価値が乏しいものである。アイヌのことをいへば、従来バ氏の学説を無批判的に盲信した傾向が多かつたことは遺憾のことである。磯部氏のものに至つては、たゞ便利だというだけで、学的資料にすることは全く危険のものである。)そして、それによつてアイヌ民族の地名命名方の一般的傾向を知り、それを基礎として、先づ、東北の地名を北海道のと比較研究する。偶然な一致と思われるもの、類例の無いものは、たとえ双方一致することがあつても採用することを避ける。例えばアイヌ語のナイ(沢)、ベツ(川)などは、アイヌ地名に普通であるが、この様な語を初めとして、いくつかの基本的アイヌ地名語彙を選択して、それを尺度として研究を進めてゆくという様な方法を採るべきである。従来、研究された結果からいえば、青森・秋田・岩手と北に行けば行く程、アイヌ語で解釈し得る地名が多いが、宮城・山形に入ると、

ずつとアイヌ語の色彩が薄れてゆく。更に白河・勿来の関を越えて関東に入れば、愈々アイヌ語地名の匂は失われ、地名解釈の可能性は乏しくなつてゆくというのが本当のところである。もつとも、これは日本内地の中央文化が北漸する度合を示していることでもある。更に研究をすゝめて、古事記・日本書紀以下の六国史、その他徳川末に至る蝦夷関係諸文献を渉獵して、それにあらはれる地名を合理的に解釈し得る可能性は十分ある。たゞ今日の研究過程では、まだそういう点まで明かにされていないだけである。

　以下、筆者は、学界先達の研究の跡を辿り、「原住民としてのアイヌ」の問題を種々の観点から概観して見た。まだ書くべき問題も多々あるが、あまり冗漫に流れる恐れなしとしないので、一先ず、こゝに筆を擱くことにする。

アイヌの川漁

　この映画はだれに訊いても、「近来の傑作だ」とか「何度見ても飽きないね。見た後に、一抹の哀愁が漂う、あのロマンテイックの味わいがいいねえ」などとほめてくれる。この撮影行に、約四十日、岩波映画のスタッフと起居を共にした私としては、まるで、自分の子が誉められた様に、いささか、自惚れたくもなろうというもの。文部省から委嘱を受けた日本民族学協会では、渋沢敬三会長、岡正雄理事長以下十余名のエキスパートが委員となり、十数回にわたつて討議し企画を練つた挙句、アイヌの狩撈生活中まず、「千歳川の鮭漁」と「鵡川の柳葉魚(シシヤモ)漁」とを映画化することを文部省に具申決定した。夏に予備調査を行い、秋に撮影したといつてしまえば簡単だが、計画当初から完成まで深入りした私にとつては多少感慨なきを得ない。さて、アイヌといえば、現在北海道に住む人口一万五千、人種学上謎の民族として、内外の学者の注目と研究の対象となつて来た民族であるが、近来、内地人や朝鮮人との混血によつて、著しく純血度を失つたばかりでなく、固有の文化と思われる様なものさえ、殆んど滅び或は変容し去り、その日常生活など何等内地の人と変らないのである。アイヌの一番多い日高の谷々の部落など至る処、水田曠け、夢幻的な誘蛾灯の火が旅人の目に美しく映じるという仕末。こんなことを云えば、知らない人は嘘だというかも知れぬ。従来の写真、絵葉書、百科辞典その他に見られる様な風俗や生活様式は、これを表面的に故らに遺存して生活のよすがとしている一二の観光部落を除いては、何処にも見られないのである。我々のアイヌの現状に対する誤つた認識は一刻も早く改められなければならぬ。それが、続く限り、この純朴な北島の同胞をどんなに悲しませることだろう。もつと、ヒユーマニステイツクなデリケートな心遣いが出来ないものだろうか。この映画の「鮭漁」も「シシヤモ漁」も勿論この様な姿では現在行われていない。かかる原始的漁撈が行われたのは、少くとも六、七十年以前の過去である。我々は、諸学者の手に成る従業の調査記録と現存アイヌ故老の幼時の記憶により、一昔前の漁撈の姿を映画に再現するため、あらゆる苦心と準備とをしたのである。

　明治の初年頃まで、アイヌの生活は狩漁が中心であつた。山の幸では先ず熊や

映画「アイヌの川漁」より

鹿、川幸では鮭と鱒が重要な食料資源であつた。早く農業の開けた中国などでは春、秋をもつて一年を表わすのに、狩漁民族たるアイヌは、夏・冬を以て一年を代表させたのも当然だ。飢饉(ケムラム)といつてもそれ等の山幸や川幸が乏しい年をさしたのであつた。従つて、それらの幸は神聖視され、狩漁に当つても単に之を捕獲する技術だけでなく、之に伴う祭祀や儀礼が、繁煩な程発達していたことは、我々をして驚かせる。鱒は夏、鮭は秋から初冬へかけてとれる。鱒より鮭の方が尊く神魚と呼ばれる程である。部落によつては鮭鱒の溯上するに先立つて、川口若しくは淵に一村集つて豊漁を祈願する。初漁の鮭鱒は家の神窓から屋内の炉辺の聖座に安置し、酒を灌ぎ、木幣を立て「火の姥神」「魚を支配する神」「魚」に対して荘重な祈詞をのべる。要は人間界に神の国から訪れ、自らを獲物としてアイヌ（人間）の手に授けて呉れた初漁の魚に対して感謝し、その霊を送り還すと共に、また多くの眷属をつれて、再来することを期待し祈願するのである。この First-Salmon ceremony「初鮭祭」は極北に住む諸民族の間に「熊祭」、Bear-Festival と共に広く分布した文化であるのも面白い。鮭や鱒は捕獲したら、之を殺すには、必ず「頭叩き木」という棒で、頭を叩かなければならぬ。これは柳でつくり、之に削掛けをつけたもので神聖な木幣の一種である。この棒幣を土産にもらつて魚たちは喜んで、父母の許へ帰つて行く。でなければ、魚は泣いて帰り、「魚主の神」は人間の非礼を怒つて魚種を下さないで、人間の国には恐るべき飢餓が襲来するという。

「柳葉魚」は一寸、内地では見られない代物。霞ケ浦産の「ワカサギ」を真鰯位にして臭みをなくしたものとでもいつたら早解りしようか。天の神苑に生える柳の葉が誤つて下界へ散つたが、地に朽果てるのはあまりにも勿体ないので、化してこの魚となつたという神話がある程あつて、姿も華奢で、淡泊美味の魚であ

る。去年あたり浜相場で一尾六円、札幌では十五円、まるで嘘の様な話である。

　この魚の獲れる川は南太平洋岸だけ。八雲の遊楽部川、胆振の鵡川、十勝川、釧路川位のものだ。溯上期は十一月初旬、十月下旬になると、鵡川川口近い部落のチン・イモツペケナシロ等の人々は、例年、川岸に漁小屋を建て並べ、「ド」をつくり、丸木船を浮べ、準備万端整えて手ぐすね引いて待つ。

　溯上期の十日位前、最も川口近く位置して、この漁獲に対して権利を持つチン部落の人々はムリエヅイと称する海岸の砂丘に集つて「柳葉魚を招く祈り」を行う。「火の神」「水の神」「川口の瀬の神」「港の神」「ムリエヅイ丘の狐神」等に祈り、豊漁を期するのである。産卵期になると沖合に待機していた魚群は河一面に群をなして溯上し、浅瀬の砂利に産卵する。漁期は僅か数日、まるで戦場の様な騒ぎである。猫の手を借りたい程、昼夜、不眠不休、冷たい水に腰から浸り寒風に膚を曝して立働く。炊事も勿論、仮小屋でする。一晩の中に、石油箱に何十ぱいも獲れる。まるで抄う様なものだつたという。短かい漁期が終ると、人々は又、ムリエヅイの丘に集つて「感謝の祭」を営む。乾燥した魚はどんどん村へ運んで、貯蔵庫に格納する。川上部落の人々は丸木船を漕ぎ連れて帰つてゆく。

　鮭やシシヤモ漁が終ると、部落の人々は、今秋の豊かな漁を感謝し、酒を醸し幣を作り、神々を祭り、連日連夜の様に酒宴を催し、歌舞と笑声に初冬の無聊も忘れてしまう。やがて山猟の季となる。この映画は以上の様な構想の下に製作された。専門の学者は資料として物足らぬというかも知れぬ。一般の大衆はあまりにも記録的だというかも知れぬ。だがこの映画が好評を博している事実は、民族学協会の方々の適切な企画指導、打算を度外視した岩波映画スタフの芸術的情熱と卓越した撮影技術、地元部落の人々の理解ある協力によつて成し遂げられた輝かしい成果であることを雄弁に物語るものであろう。

一昔前のアイヌの子ども

初生児

　文献を見ると、アイヌは「生児には産湯を使わせず、水または海水で洗う」といつたように書かれているが、今日のアイヌの故老に訊ねて見ても、口を揃えて否定する。古くはギョウジャニンニク pukusa の煎汁で生児を洗うようなこともあつたが、いまでは、一般的に沸かし湯を使わせるのである。産衣は出産前から用意しておいた襤褸 yarpe を縫つたものに包むというが、それは襤褸に包んでけがらわしくしておけば、魔神の眼を逃れて恙なく成長するという観念に基ずくものである。さらにさかのぼつて、木綿が手にいれ難かつた時代には、鹿の鞣皮 kepur に包んで産衣としたという。

　初生児に対する哺乳 tononte をはじめる前に、ハンノキの樹皮の煎汁 kene-wakka を呑ませるが、はじめの乳汁は絞つてすてる。母乳の少い場合には、親戚・近隣の女の中から健康な婦人を選び、それに頼んで乳付親 itononte-mat として授乳してもらう。授乳を早く止めれば、その子は病気すると恐れられるので、つぎの妊娠がはじまり乳がとまるまで呑ませるし、また乳の多い人はつぎの子が生まれても、上の子にもなお呑ませるがいいともいう。

　母乳がでなかつたり不足したりする場合には、シラカンバ tat-ni の皮つきの木片、サルナシ kutchi の蔓、ツルニンジン top-muk, tope-muk の蔓（いずれも樹液の多い植物）の煎汁などを呑むといいといわれるが、これらの植物を採取するにはあるマジナイ uepotar を行つた。

　シラカンバを例にとるなら、屋内でまずアペ・フチ（火の女神）に禱つて、故老がその婦人をつれて山へゆき、シラカンバの樹下（樹液のより多い若木を選ぶのがいい）にたち、東方にイナウ（木幣）を立て、禱詞をのべてから、山刀でもつて、数個の皮付きの木片を削りとり家にもち帰り、煎汁 nitarush を作つて飲ませるのである。また、ギョウジャニンニクの根を食わせることも行われた。母乳の足りない場合、子どもには精白したヒエ piyapa をよくかみ砕いて絹袋に包んで吸わせたり、カシワ kom-ni, tun-ni の果実 niseu を粉末にして水に溶いて吸わせたりな

どもした。

　赤児が生まれると、男なら男系 ekashikir の継承者として家の紋章 itokpa および祭祀の継承者として、女なら火の女神（kamui-huchi）の血を引くもの、女系 huchikir を受継ぐものとして、神々に祈り、その将来の恙なき成長と幸福とを祈願する。これを po-e-inonno kamui-nomi（誕生祝）という。産婦の床あげ ror-shiraye は出産後、7日目に行い、産婦は炉の入口より向つて右側の、いわゆる shi-so（本座）の下手よりに設けてあつた産褥 nuwap-shotki をロロ（上座）よりに移し、いままで炉の下手でたいていた、産火 utur-ape（産婦は穢れと考えて、別に火を焚いて煮炊きして産婦に食べさせるふうで内地にも多い土俗）を消して、他の家族の食物を炊く火で煮たきしたものを食べるようになる。この際、前記の「誕生祝」を行うが、餅や赤飯などを配つたりするのは、内地人の風習をとりいれたものである。誕生祝いの際でも、あるいはその後でもかまわないが、子供が生れると、必ず chienishte inau（子供の成育を守る神）とよぶ柳の棒幣 shitu-inau を作つて、屋内の上座の隅 sopa に安置しなければならぬ。これは古くなれば、神に祈つて、また新たに作りなおしたものだという。

命　名（rehe-a-reko）

　これは昔は急いですることを要しなかつた。赤児がやや成長して、名をよばれればわかるぐらいになつて、名をつけたという。ことに明治以前は、会所に徴用されて強制的に労働させられたので、子供かわいさに、出生の届出をわざと遅らせたので、したがつて命名も5年も10年も遅れてつけるというようなこともあつた。

　名付親には父、祖父などがなるが、他人に依頼してもいいが、後者の場合には、男児ならば父方の近親、女児ならば母方の近親男子に頼むのが自然だつたらしい。他人の名付親には名付けの礼 rehe-iwai を贈るし、先方も名付子に対してなにか祝物を贈るふうがあつた。名をつけてもらつた者は長じてからも、名付親に対しては、労力奉仕その他、なにかと老後の面倒を見たものだそうだ。

　命名の原則としては、(1) 部落 kotan の者との同名、特に親戚、知人との同名はさける。(2) 故人の名をつけることは忌む。(3) 名は人の一生の運命を支配すると信じるから、なるべく縁起のいい名をつける。(4) その生児の習癖、特徴、その身辺に生じた、他の注意を引くようなできごとがあれば、それに因んだ名をつける。(5) 佳名を選ぼうとするのは、人情の常であるが、わざと汚い名や性的

な名、悪名をつけることによつて、子供に禍しようと企む魔神をさけ、その眼をのがれて、恙なき成長と繁栄を計ろうとするものが多いことなど、注意すべきことである。

実際、アイヌの命名を見ると、ずいぶんふざけたような名、たとえばChi-kishima（男の性器を握るもの）、Por-terep（大きな性器をもつもの）、Shiko-sanke（糞をぶら下げる）、Chiruta（荒削りに仕あげたもの）などは汚名もしくは悪名であり、Peramonko（箆を玩具としていじる）などはその女児の習癖によつてつけ、なにか微笑ましいものがある。

赤児のアイヌ語呼称

これには、aiai,ayai（いずれも泣声の擬声）、teinep,tennep（濡れてべとべとしたもの）、teineshi（濡れた糞）、poi-shion（小さい古糞）、shiontak,sontak（古糞の塊）、shi-taktak（糞の塊）、yarpe-so-omap,yarpe-omap（ほろの中に包まれているもの）、ponpe（小さいもの）、numattomushpe（母の肌衣の胸紐の中についているもの、乳呑子）、wakka（水子）などがあるが、名称の多くが汚物に由来したものである。しかし親心の現われとして興味深い。

俗　信

赤児の夜泣き kunne-chish、ひきつけ sampe-mau も禍神のいたずらと考えるので、前者の場合には、ヨモギかヤナギの枝の手草 takusa で hussa! hussa! と息吹きの声をだしながら赤児の身体を祓つたり、あるいは綿でも木綿布でも燃やした黒灰を赤児の身体につけたり、その燃えさしに息吹きをかけて祓つたりすれば、泣きやむという。後者の場合には、濡れた布や雑布を胸の上にのせておいたり、水をかけたり、手草で祓つて神々に祈つたりする。

赤児のくしやみ eshina は風邪の神 omke-kamui が忍寄るものと考えて、傍にいた人はすぐに shi-ko-patche,shi-konchi-kor（赤坊に糞はねた、赤坊は糞の帽子をかぶつた）とよぶと、風邪の神は汚がつて逃げていくのでくしやみが止むという。物を食べながらくしやみをしたら、食物の中に悪魔がはいつているためだから、すぐ椀をおくか、食物のいくぶんかをとつてすてればいいという。

赤坊が眠りながら笑うのはいいが、生後3ヵ月ぐらいの間に声をたてて笑うのは凶事のおこる前兆とされる。これは善神が無心な赤坊に魅入つて（katkar）、そうさせる。赤坊は口が利けなくても、神のささやき告げる言葉はよくわかるものだから、そんなときには、呪言を唱えるか、お祈りをするものだという。また乳

歯が早く生えるのも忌まれる。親が死ぬか、その赤児が夭死するかだといわれる。赤児が誕生前に立つて歩くのも不吉なこととされて、親の心配の種となる。

　虫下しには、ヨモギの葉、イケマの根の煎汁、テンナンショウの球茎の黄色い部分（有毒）を嚥下させたりした。消化不良の青便 kina-tom-ne-shi（草色をなす糞）には、ハンノキ、クサノオウの煎汁などを呑ませた。また子供がいつまでも足の立たないような場合、胆振の幌別では、バイケイソウ shikupkina でもつて shikup, shikup（成長せよ、成長せよ）といいながら、尻をたたく。

育　児

　赤児は、昔はその呼称の一つの yarpeo-somap, yarpe-omap（襤褸の中に包むもの）からも想像されるように、yarpe 襤褸に包んで育て、負ぶうときには、裸のまま肌にいれて背負つた。昔の婦人はすべて、mour という裾まで縫あわせ胸は紐で結ぶかボタンでとめて肌を露わすのを防ぐ、一種の肌襦袢を着ていたので、赤児も裾からいれておぶうのである。

　赤児は子負縄 pakkai-tar の末端近くにとりつけた横棒 iomap-ni（赤坊をのせる木）の上に尻をかけさせるようにし、負縄の幅ひろい部分を額にあてて、重みを額と背とで支える。

　また、赤子の搖籃ともいうべきものに、sinta がある。これはイタヤモミジ、ハシドイなどで作つた枠形のもの（長さ３呎、幅２５吋位）に、４本の綱をつけ、天井の梁から吊し、その上に赤児を寝かせて括りつけ、前後から搖り動かす。赤児をつれて、山へいつたり、畠にでて働くときには、立木の枝からこの sinta を吊下げるとか、あるいは３本の棒をしばつて三又状にひろげて立て、その頂点から吊り下げておく。戸外では、こんなときには、赤児の上か、sinta の上に、鎌 iyokpe をおいて魔除けとするのが習わしであつた。樺太では、sinta よりはトドマツをくりぬいた、chaxka というものに赤児をくくりつけて上から吊したり、床の上においたりするのが一般的であつたが、これはギリヤークやオロッコの習俗を学んだものと思われる。

　子守歌のことをアイヌ語で Ihumke（音を発して赤児をあやす）、iyonnotka, iyonruika（いずれも、ホロホロと舌の先をころがして赤児をあやす意）などというが、さらに、pakkai-ihumke（子をおんぶして歌う子守歌）、sinta-suye ihumke（sinta に赤児をのせて揺するときに歌うもの）、kamuiihumke（神の子守歌、アイヌの叙事歌謡の神謡 kamui-yukar を内容とする）などと、歌われる場合や内容によつて、区別するこ

ともある。子守歌は、ざっとつぎの4つの型にわけられる。

(1) 舌をふるわせて rū ru ru rut とか rō ro ro ro とか hanro horo hanro とか、あるいは赤児の尻を軽く打ちながら ahuash ahua などいうように無意味な音群、あるいはかけ声のようなものを適当なリズムに乗せてくり返すにすぎないもの。

(2) は(1)の無意味な音群をくり返しながら、それを囃詞 sakehe として歌詞をなげいれていくもの。歌詞には、その場で思いついた文句を即興的になげいれていくものと、伝承的に決つた文句をなげいれていくものとがある。1例をあげれば、

"ahuash a ha a, ahororo horoho, *ikka chikap, ikka chikap, ikka tori, okokko chikap ek na, iteki e-chishno, pirkano mokor hani, kukor ku-omap ayai!* ahuash a ha a, ahororo hororo ……"　　　　　　　　　　　　　　　　　　　（胆振・幌別）

イタリックのところが歌詞、その意味は「人盗り鳥、人さらい鳥、おばけ鳥がやつてくるよ。泣くじゃないよ。よくお眠りよ、私の可愛いい赤ちゃん！」というのである。

(3) 神謡と同じ内容のもので、kamui-ihumke「神の子守歌」というもの。囃詞を句頭もしくは句後に挿入し、そのほとんどが、疱瘡の神 pa-kor kamui に対する恐怖を歌うもので、母の子を思う心は、半ばは赤児にいい聴かせ、半ばは自ら不安に怯えつつ、病魔を遠い国の果へ追いやろうとする心根がわれわれの心を打つ。

(4) 囃詞をくり返す点では(3)と同じであるが、内容が神謡のような宗教的なものでなく、夫に対する嫉妬の気持などを歌つて、わびしい母の心を子供に訴えるようなもの。

産毛 riten-numa は剃らずにおき、生後、数カ月たつと、刃物で髪を剃る。頂の毛 kan-kitai-ushpe、両鬢の毛 moru, moru-ushpe、額の毛 kipihi, kip-ushpe, em-umpe、ぼんの窪の毛 oish, ok-shutu-numa は剃らずにのばす。ぼんの窪の毛を残すと、転んで怪我するか、水に溺れるようなときには、神様がここを握つて助けてくれるという。

頭髪は7、8歳になると ru-tukka（毛をはやす）または otop-resu（毛を育てる）といつて伸ばして、おかつぱになるのは、男女児とも同様だある。15、6歳ごろから大人のような頭髪 shiocha となる。男子は前髪と後の首筋・襟元とを少し剃去り、まわりを長く揃えて切る。女子は前を左右にわけ、後を少し短く切つて、首のところで止め、左右は肩のへんまでたらす。

男子にあつては、16,7歳になると顎の辺も、しだいに黒み渡り、鬚髯の伸びも目立つようになり、やがて頬から顎へかけて美しい髯を蓄える下地も整つてくる。呼称も、7,8歳から13,4歳までの童男子を hekachi（成長するもの）とよび、その中、年の大さによつて小童 pon-hekachi、大童 por-hekachi とよびわけ、童女を mat-hekachi, matkachi とよび、それも年によつて、pon-matkachi（小童女）、por-matkachi（大童女）とよぶ。15,6歳になると、男子は pon-okkaipo（小少年）、okkaipo（少年）、女子は、pon-menoko（小少女）、matnepo（娘）、青年男女はそれぞれ shukup-okkaipo（成男）、shukup-menoko（成女）とよぶ。

アイヌの方では、成年式・成女式というようなやかましい儀礼を一定の日を以て行うことはなかつたが、少年が自ら前のはだかるのを恥じる年ごろになると、母親のつくつた褌 tepa をしめる。少女も初潮期 chup-nukar（月を見る）に達すると、月経帯 chuppe-tepa（経水の褌、厚司の古い布で作つたという）をしめ、懐帯 pon-kut, raun-kut, upshorun-kut という一種の貞操帯（形式種々あり、同一形式のものは、女系を辿つて伝えられる）をしめ、入墨を口辺、前膊、手背部に施し13,4歳より17,8歳まで3回ぐらいに施す、肌着 mouru に肌をつづんで露わさないようになる。こうして、成年、成女となつて、配偶者を求めえる資格を整えてゆく。

教 育

明治5年（1872）8月の学制頒布とともに、明治9年北海道開拓使は布達をだして、就学すべきことをアイヌに諭し、明治11,2年ごろから各地に旧土人を教育する小学校あるいは教育所が設けられたが、当初はアイヌの就学意欲は一般的に低く、その実績はなかなかあがらなかつた。明治16年（1883）6月に、明治大帝は旧土人教育基金下賜されて、これを勧奨されたこともあつた。

アイヌに対する教育が、やや実績をあげはじめたのは、明治34年（1901）旧土人保護法がしかれ、それに基づいて、アイヌの人口の多い、胆振、日高、十勝、釧路、石狩などの数カ所に、国庫支弁による小学校が設立され、アイヌの子弟だけを集めて教育するようになつてからである。しかし、時代の進展につれ、やがて、当初の設立の趣旨はいかんともあれ、かかる差別的教育は日本人としての自覚を高め向上しきたつたアイヌの人々の不評を買い、さかんな反対にあうにいたつたし、またアイヌの和人化につれ、その必要もなくなつたので、大正11年（1922）4月、遂にこの制度を廃止した。その後、アイヌの子弟はなんら差別的待遇をうけず、和人の子弟と共学し、義務教育をおえ、さらに高校、大学へ進学するもの

も尠くない現状にいたつている。第5図(略)は胆振富内(旧辺富内Petonnai)の新制中学を修めた少女の姿である。しからば、一昔以前まで、アイヌ民族の間における子弟の教育はどんなにして行われていたか。内地の山間僻地の生活が近世までそうであつたように、アイヌにおいても、炉辺が教育の主なる場であり、生活技術への実地習練がいたるところの機会と場所においてなされた。

　男女とも成年に達するころまでには、日常生活に対する知識と技術とを実地に即して、父母もしくは年長者から授けられる。男の子ならば、父、祖父あるいはおじなどから、祭祀における祷詞・呪詞ののべ方、儀礼一般、神話の知識、自家および他の同村人の家系 ekashikir、近隣諸豪族の家系に対する知識、会釈や談判 charanke の作法、祭具をはじめ、日常生活に必要な器具、炊事道具など一切の製作技術、彫刻の意匠と技術、あるいは狩猟、漁撈の知識と技術、その他あらゆる生活資源の採取と利用に関する知識と技術等々について教えられ、訓練された。一方、女の子ならば、母、祖母、おばなどから、刺繍・裁縫・調理・紡織・茣蓙・籠などの製作、野外における生活物資の採取と利用法、等々に関する知識と技術を授けられる。アイヌ民族の誇りとする叙事詩——yukar(英雄詞曲)、oina(聖伝)、kamui-yukar(神謡)など——、あるいは散文の昔噺 uwepeker などというものも、もともと信仰に根ざし、日常生活の典拠となるべき必須の伝承的知識であつたから、故老はこれを諷誦して、次代の人々へ伝えなければならなかつたし、若い世代の男女もこれを覚えるよう努力しなければならなかつた。

　遊　戯

　アイヌの幼少年の間に行われた遊戯も数あるが、その多くのものが、成人した場合、実地に役立つ技術の習練に資するようなものが多いことは頗る興味がある。たとえば、(1) 謎かけ urekreku (巫女の口より流れでる ambiguous な託宣・神語などを解する訓練として) (2) 昔噺ごつこ uwepeker (3) 夫婦ごつこ umrek-shinot (4) 口競べ upar-pakte (できるだけ早口で、誤らず物をいう遊び) (5) 夫婦遊び umrek-shinot (6) 刺繍遊び ikarkar-shinot (7) ままごと遊び shuke-shinot (8) 彫刻遊び inuye-shinot (9) 酒盛り遊び uesopki-shinot (10) 掛合い談判ごつこ uko-charanke-shinot (11) 競泳 ma uetushmak (12) 息競べ u-tashkar (水に潜つてやる) (13) 角力 ukoterke (14) 腕角力 tek-ukoterke (15) 走りつくら hoyuppa uetushmak (16) 這い這い競争 reye uetushmak (17) 矢の射あてつこ u-ai-tukan (18) 槍投げ op-atchiu (沖でカジキや鯨をとる訓練) (19) 輪投げ遊び uko-karip-pashte (ブドウ蔓製の輪を上に投げ上げ棒で刺

し止めたり、地上に投げつけて激しくまわつて行くのを棒でさす。川漁・海漁への訓練）(20) 宝競べu-ikor-nukar（川原で美しい石を拾つてきて、一つずつだしあつて、優劣を争う）などである。ことに面白いのは、アイヌの間に、古くから(21) 高跳びouse-terke (22) 棒高跳びkuwae-terke (23) 幅跳びchikir-oukotapu-terkeなどが発達していたことである。それが山野の狩猟などで危機に陥つた際、大いに役立つたものであることは想像に難くない。

　特異なものとして、(24) 棍棒のなぐりあい遊びshinot ueshutu-e-karがあつた。1人が樹下に立ち幹につかまり背を向けて立つ。他の1人が呪言のようなことをつぶやき、棍棒（握りを細くし上を太くしたアイヌの武器であり刑具である）をふりまわしつつ、勢をつけてなぐりあうもの、これによつて忍耐力を養い、大人になつて実際的に役立つことを目的としたらしい。特に、玩具というものは、ほとんどアイヌの間にはなかつたらしい。人形などありそうなものだが、北海道アイヌでは見られず、樺太アイヌや千島アイヌにあつてnipopoとよぶが、それも玩具ではなく、家の上座の奥隅に秘するtabooの念深い神体であつた。

沙流川のアイヌ

　パルプの都、苫小牧で、日高線に乗換えると一時間余りで富川に着く。沙流川筋のアイヌ部落を訪れる人は、ここからバスに揺られて、この谷のアイヌの人々が、a-kor pet「我が里川」と呼んで、懐かしむ沙流沿いに溯らなければならぬ。沙流谷の手前の山峡が鵡川の川筋、向うが門別川の谷であり、沙流川筋のアイヌの人々と関係が深く、広義の沙流人 Sar-un-kur に属する人々が多く住んでいるところである。富川から平取まで、終戦前には軽便鉄道が通じていて、他では一寸見られないようなボロ汽車ではあったが、沿線の青田の間に散在するアイヌ部落の間を縫ってゆっくり走る車窓から、アイヌ固有の茅の段々葺の小さな家を眺めながら、悠々といく気分が味わえたものだったのに、これがバスに代ったことは、一昔前から沙流の人々に親しんで来た私などにとっては、何といっても淋しいことだ。富川の市街は、川を跨いで、駅の在る新市街と旧市街とに分かれる。

　旧名佐瑠太 Sar-puto（沙流川の口）の名が示すように、古来、沙流川域の村々への玄関口であり漁場でもあった。道南バスはここを起点として、川沿いにアイヌの都平取を経て、上流の荷負・貫気別・振内・日高村（旧右左府村。ここからまた、別のバスで、根室本線の金山駅に出られる）仁世宇方面に通じている。上流から農産物・木材・クローム鉱等を運ぶトラックの往復も頻繁である。従って、富川は沙流川筋の物資の集散地として、日高でも、浦河・静内に次ぐ町で、市況活発な所である。バスを待つ間に、市街を逍遥すれば、淳朴なアイヌの老爺・老媼の婆に接することも珍らしくないので、旅人をして早くもアイヌの都へ来た感を抱かせ、これから先の沙流路の旅に対する楽しい期待に胸をはずませるのである。ここに沙流屈指のアイヌの物知りであり、彫刻の名人である鍋沢元蔵 Motoanrek 翁が住んでいる。翁を訪れてその語を聴くのもまた興味が深かろう。

　沙流はアイヌ名 Sar-pet（葦川の意）アイヌの古謡などでは、シシリムカ Shishir-muka とも呼ばれている。川口附近は、数十間の川幅で、豊かな水量を湛えて、汪々として太平洋に注いでいる。本流は、サル岳（沙流郡日高村）に源を発し、胆振国境附近から流れて来るニセウ川を併せ、中游の二又においては、さらに、日勝国境のトッタベツ岳に発するヌカビラの大支流と合し、西南に流れて、全長113

キロ、日高第一の長流である。

さて、この川域は、川口の富川附近が門別町に、本流上流の一部が隣村日高村に入るだけで、ほとんど平取村に属している。一体、北海道の町村といえば、面積では、優に内地の一郡に匹敵するほどの大きいものも珍しくないが、平取村も、面積7,727平方キロ・日高では、静内に次ぐ広域である。これを紫雲古津・荷菜・平取・二風谷・荷負・長知内・幌去・貫気別の大字に分けている。その中、平取・荷負・貫気別・振内（幌去の内）が市術地をなしている。1953年（昭和28年）3月現在の調査に依れば、世帯数2,317、人口12,636

沙流川と平取（撮影・久保寺）

であって、人口の密度ははなはだ低いといわなければならぬ。本村は日高の西端を占め、西は胆振の鵡川町と穂別村に、北は胆振の占冠村に、東は日高村と十勝の川西村に、東から南は、新冠、門別二村に隣りしている。三方山に囲まれ、沖合に黒潮の流れる太平洋に向って開けるこの川域一帯の気候は、四季を通じて温暖、雨量も適量、夏季も北海道の太平洋岸に多い濃霧も少く、冬季も積雪きわめて少く、結氷は晩く、春の雪解けも早いので暮らしいい。沙流アイヌの先祖たちが、この川筋に移って来て、聚落を形成したことは、きわめて賢明だったといえるであろう。沙流川域は古来、アイヌの多く棲むところとして、静内川(旧染退川)筋とともに名高かった。現在でも、全道を通じてもっともアイヌの多い地域である。もちろん、内地人との結婚混血によって著しく純血度を失ってしまったので、北海道の他の部落同様、沙流アイヌの人口も、これを正確に調査することは、はなはだ困難なのが実情である。この川筋はざっと戸数四百、人口二千足らずと見当を付ければ、ほぼ誤りはあるまいかと思う。この川筋のアイヌ、いわゆる沙流アイヌ Sar-un-kur は、北海道・樺太を通じて、もっとも高度に、アイヌ固有の文化を発達醸成させ、しかも祖翁の掟を守る敬虔な心から、その文化を比較

的純粋な形で、近世まで育み守って来た人々である。また、内地人との交易 uimam により、また労働の報酬として獲た漆器・刀剣類など、いつか内地でもなくなってしまったような、国宝級・重要美術品と指定されるような逸品を、もっとも多く所有保存して来たのも、この人々であったことを思えば、沙流アイヌは感謝すべき、美術の愛好者であり、保護者であったといっても過言ではあるまい。

　沙流アイヌは、古来、御味方コタンないし御味方蝦夷として徳川期の文献に記され、また自らも、それを誇りとしていた。たとえば、安政年間の大内余庵の紀行『東蝦夷夜話』などにも詳しいが、1669年（寛文9年）、東部染退（現在の静内）の副酋長沙具沙允（シャクシャイン）が全蝦夷地に檄を飛ばして叛乱を企て、和人数多を殺戮した際の如きも、沙流アイヌは松前藩の味方に立った（もっとも、この乱の導火線となったのは、染退川沿岸のアイヌと沙流川を中心とする地方のアイヌとの、新冠川（にいかっぷ）沿岸の漁猟権の争奪であったらしいので、この乱に、沙流アイヌのとった態度は当然のことだったかも知れないが）し、1798年（寛政元年）国後（くなしり）・目梨（めなし）（染退川以東根室までのアイヌを「東方の人 Menash-kur」と呼び、その地域を Menash と汎称する。この乱では、根室アイヌを指す。メナシ人は、沙流人とは言葉も文化も種々違った点がある）のアイヌが擾乱を企て、和人多数を殺し、あるいは松前指して逃げるを追い、大挙して海岸伝いに西上した時にも、沙流アイヌは沙流より東方四里のフクモミ（永田方正氏の『北海道蝦夷語地名解』に依れば、「Hup-omai 椴（とど）アル処」とある地）に待受けて、これを防ぎ、松前よりの討手が到着するや、先鋒となって奮戦し、これを逐退したことなどがその証である。しかし蝦夷すなわちアイヌの叛乱と称せられるもののほとんどが、松前藩の圧迫搾取と強制労働に対して、やむを得ずして起（た）ったアイヌの民族的争闘であったことを思う時、御味方コタン、御味方蝦夷として親日派の沙流アイヌは、同族よりは裏切者、妥協派として、憤りを買ったのは当然だったろうが、それだけまた進歩的であり時勢を見るに敏であったわけである。沙流川筋のアイヌの聚落 kotan も、一昔前の狩漁を生業とし、天然資源の採取に依存し農耕をほとんど知らなかった時代には、転々として居を変え、聚落の移動もしばしば行われた。平取なども、旧ピラトリ Pira-utur（両崖の間の意）は、現在の位置ではなく、川向いにあったのである。現在の聚落を下流から上流へ辿って列挙すると次のようになる。

　(1)ピタルパ Pitar-pa（右岸、富川の内）(2)福満（ふくまん）（旧名新平賀（しんぴらが）・門別村、沙流川左岸の丘陵上にある。1898年（明治３１年）の大洪水以後、ここに移住したので、以前は川沿

いの低地にあった Uyokpe, Piraka, Ninachimip の三部落の後身である）(3)紫雲古津 Shum-kot（右岸）(4)去場 Sar-pa（右岸）(5)荷菜 Nina（右岸）(6)平取 Pira-utur（右岸）(7)亜別 At-pet（左岸、平取の川向いの沢）(8)小平 Ku-o-pira（左岸）(9)二風谷 Niptai（左岸）(10)ピパウシ Pipa-ushi（左岸）(11)カンカン Kankan（左岸）(12)ペナコリ Penakor（左岸）(13)幌去 Por-sar（本流、右岸、丘上）(14)長知内 Osat-nai（本流、右岸）(15)オウコツナイ Oukot-nai（本流、右岸）(16)シケレペ Shikerpe（支流、糠平川筋、右岸）(17)本荷負 Nioi（沙流本流と糠平川の合流点に新しく発達した市街を荷負と呼び、そこから４キロ距たった糠平川沿いの本来の部落を荷負本村とか本荷負といって区別する）(18)貫気別 Nupki-pet（糠平川と貫気別川の合流する地点に市街があり、貫気別川を渡った台地に部落がある）(19)上貫気別（貫気別川上流、ここのアイヌは、明治年間、新冠御料牧場が設けられた際、土地を失った新冠アイヌが移住して開拓した部落で、風俗、言語なども、本来の沙流人とは多少違った点がある）(20)芽生（糠平川上流、右岸）。

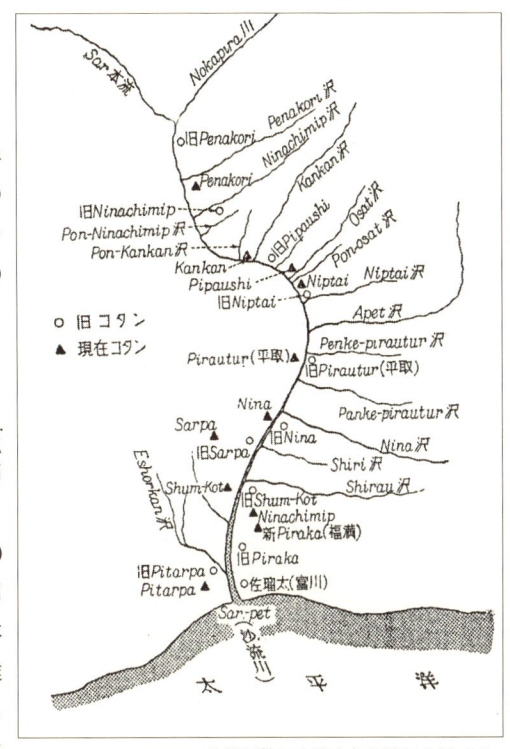

沙流川筋の中流より下流にかけての集落変遷図（原図・二谷国松）

　沙流アイヌは、他よりは、比較的後まで古俗を守って来たとはいえ、その生活も、現在では著るしく変容し、内地化してしまった。平取から下の荷莱、紫雲古津、富川にかけては、灌漑溝が早くから完成して、今日では稲葉そよぐ美田が広々と展けているし、上流の荷負から貫気別一帯も、見事な水田地帯となっている。

この谷も、往時の樽前山噴火の際降った火山灰が相当厚く層をなしているので、地味は必ずしも肥えてはいないが米・麦・粟・稗・燕麦・大豆・小豆・豌豆・玉蜀黍・デントコーン・甜菜・亜麻・馬鈴薯の生産は、年額2、3億円（1952年）に達しているし、丘陵から山地にかけて、至るところに発達した牧場には、馬・乳牛の放牧が行われ、緬羊・山羊・豚等の飼養もまた盛んである。沙流アイヌの生業は大部分が農牧である。この川筋の山地、とくに、上流地帯はエゾ松・トド松等の針葉樹やナラ・カシワ・カツラ等の闊葉樹の原生林が繁茂しているので、道内屈指の林産地でもある。富川駅附近に山のように積まれた木材は、上流から流送あるいはトラックで運ばれて来たものである。従って、木材の伐採や運搬に従事するアイヌの人々もまた多い。また上流には本流・支流にわたって、日東・八田・糠平・東都の四鉱山があり、クローム鉱を採掘しているので、これに関係しているアイヌの人々もすくなくない。市街地では少数ながら商業や工業を営んでいる人もある。だから何も知らない内地の人々や、一、二のアイヌ観光部落を見ただけの人々が、ややともすれば抱き勝ちの誤ったアイヌ観は、改めなければならぬものが多々あろうと思う。

平取は古来、アイヌの代表的集落として名高かった。私が初めてここを訪れたのは20歳の学生時代、関東大震災のあった1923年（大正12年）の夏で、三十余年の昔である。爾来、この地を訪れること、しばしばであるが、当時から見ると、この川筋の村々の転変もはなはだしく、今昔の感に堪えないものがある。平取のはずれ今は立派な木橋のかかっているところに渡船場があった。私はここを渡船で渡って、二風谷・荷負・貫気別まで徒歩二日がかりでいったのだったが、道路はあっても橋のないところが多く、幾度か小川を徒渉していったことを覚えている。往時の平取は、埃の多い道路を挟んで疎らに人家が続く一本道の市街で、平取駅から本道に出る辺りから西の下手には和人が多く、それより東の上手にはアイヌの人々が多く住んでいた。私が初めてここを通った日は、8月16日、道南で名高い義経神社の祭日だったのは印象的だった。

義経神社は、平取の上手、道路の左側の丘上にあって、ここから沙流川を望む眺めはなかなかすばらしい。九郎判官義経は、英雄不死伝説の中に再生して、奥州衣川の敗戦後、そこでは自刃せずに、陸奥の三厩崎（みうまや）からわずかの従者とともに船出して、蝦夷島に渡り、ついにこの山峡の僻邑に垂迹（すいじゃく）して、判官神（ほうがんかみ）あるいはホンカイカムイとして崇め祀られているのである。

義経社の縁起に日く、「文治五年閏四月八日、奥州平泉を遁れたる義経公は、当平取に居を構へ、蝦夷人を撫育し農耕の業を教へられたるに因り、往昔より、判官神と称へ、蝦夷人の尊信する所なりしが、寛政十一年、徳川幕府の蝦夷地巡検

二風谷コタン（撮影・久保寺）

使、近藤重蔵氏、其事実を考証し、江戸神田、大仏工法橋善啓をして御神体を彫刻せしめ、当地に祠を建立し、義経神社と改称せり云々」とある。とまれ判官義経は、奥浄瑠璃を演奏する輩の手によって、不死伝説の中に蘇って島渡りし、アイヌの人々の炉辺の団欒の好話柄となり、アイヌの昔噺uwepekerともなり、各地にその伝説を拡布発達させていったばかりでなく、一方これにアイヌ始祖と尊信されているAeoina-kamui（我等が言継ぎ語継ぐ神）、またの名Okikurmiあるいは Ainu-rak-kur（人間の臭いのする神）と結び着いて、アイヌの古老達が半信半疑でいたにもかかわらず、幕末渡島の幕吏の政治的手腕によって、神体まで彫られ、ここに神社として鎮座まします仕儀となったに違いない。伝説の真偽はともかく、例年、八月中旬の祭典は道南屈指の賑いを呈する。アイヌの故老が扮する猿田彦を先導として、笹竜胆の金紋銀紋を刺繍した幢幡を翻して神輿の渡御があり、幾台もの山車が囃子かしましく街道を練っていくのは、なかなかの観物である。町の尽端、往時の渡船場、今では平取橋のかかる袂の左手に峙つ崖はハヨピラである。アイヌの始祖アエオイナの神が天降って棲まう聖地として、全道アイヌの尊崇の的となっている。沙流川筋のアイヌ等は祭を営む際には、聖アエオイナ昇天して後を守る神ありとして、ここへの捧幣・献酒を怠らない。この聖地あるが故に、平取をアイヌの都と呼び得るのである。ハヨピラはHai-o-piraで、hai（カジキマグロの長い口嘴、俗にいう角）o（ある）pira（崖）の義、以前には、ここからカジキマグロShirkapの長い口嘴が沢山出たものだそうで、アエオイナ神は、それで山城

chashiの城柵を築いて居を構えていたと伝えられる。あるいは、これは、地質学的に説明されるべきものかも知れない。例の好事家の中には、この崖の名をさえ、Hayok-pira（鎧崖）と附会して、義経が島渡りした当時、ここに鎧を掛けた等と説くものもあるには、一寸驚かされるが、例の「鎧掛松」「袈裟掛松」流に、義経伝説が発展したものだと思えば、かえって興味がある。ハヨピラの峯続き、義経神社の上手に、高さ六メートル近いアイヌの始祖のコンクリート像が建っている。1935年（昭和10年）秋、室蘭輪西の日蓮宗の僧林某が私財を投じて建設したものだそうだが、その篤志は、ともかく、あまりにグロテスクで稚拙なので、アイヌの故老たちが口を揃えてこぼすのも無理はない。彼等の心に抱くアエオイナ神のイメージとは余りに懸け離れたものだからである。これよりは、神社境内に建つ平取最後の巨酋Penriukの頌徳碑の方が、はるかに一見の価値があろうか。聖地平取を、他の地方のアイヌが尊び、ここに住まう沙流アイヌの人々に一目を置いていたことは、金田一博士の「アイヌ叙事詩　ユーカラの研究、第一冊」(1931年、昭和6年)所載の、日高三石Nit-ushiのアイヌが沙流紫雲古津のワカルパ翁（沙流切っての伝承詩人）に会って述べた会釈の詞 Uwerankarap-itak などを見てもよくわかる。

　　Katan at 'akka, moshir at 'akka,　郷は沢なれど、国は沢なれど Aeoina kamui, kamui ekashi われらが伝えの大神　神のみ祖の aeeupashkumap, nupur Sar-kotan ふるごとに語り伝えし、あやに尊き沙流の郷 ainu moto, eshipirasap 人間のみなもと、そこに啓けてひろごりたる kotan-upshor, o-ek ekashi 郷のふところを、出で来られし翁 chierankarap, chikoonkami　懇のよろこびと礼拝とを aeekarkan na ささげまつらむ。

がそれである。私も、沙流川域の「北の同胞」に敬愛と期待の心を捧げて筆をおくことにする。

アイヌの遊戯とスポーツに就いて

　一昔前のアイヌの幼少年の間に行われた遊戯やsportsと称すべきものは種々あつた。その多くのものは、成人した場合、実地に役立つ生活技術への習練であつたことを想う時、頗る興味深い。従来このことについての報告は殆どなされていない。僅かに、金田一博士の「採訪随筆」(p.154～5)に多少触れられたものがある程度である。私は、胆振・幌別・日高・沙流で調査したものに就き報告して、今後の研究に資したい。種類の名称を挙げ、*を付した興味あるものに就き、簡単な解説を加える。

(1) U-shik-nukare（睨めつこ）、(2) *U-e-nuinak（隠れん坊）、(3) Humpe-shinot（鯨遊び）、(4) U-harututu（擽り遊び）(5) 橇滑り、(6) Oninkot（氷滑り）、(7) *Umrek-Sinot（夫婦遊び）、(8) Chip-o-shinot（舟漕ぎ遊び）、(9) Uko-ka-uk（綾取り）、(10) *Ikar-Kar shinot (Moreu-Shinot)（刺繍遊び）、(11) *Shuke-shinot（まゝごと）、(12) Po-kor shinot（お産遊び）、(13) U-nuye-shinot（彫刻遊び）、(14) *U-rekreku（謎かけ）、(15) Uwepeker（昔噺）、(16) *Uko-charanke shinot（談判掛合い遊び）、(17) Rimse-shinot（踊りごつこ）、(18) *Upopo-shinot（祭唄遊び）、(19) Ma u-e-tushmak（競泳）、(20) Ra-uku-shte（水潜り）、或はU-tash-kar（息較べ）、(21) *U-nit-tupte（串移し）、(22) Uko-ni-tukte（杭立て競争）、(23) Uko-terke（角力）、(24) Tek-ukoterke（腕角力）、(25) Reye uetushmak（這い這い競争）、(26) Hoyuppa uetushmak（走りつくら）、(27) *U-ai-tukan（矢の射当てごつこ）、(28) *Chotcha-shinot（射合い遊び）、(29) *Op-atchiu（槍投げ）、(30) *Uko-karip-pashte（輪投げ遊び）、(31) Saya-katchiu（鞘さし遊び）、(32) *Harkika-oika terke（縄高跳び）、(33) *kuwa-e-terke（棒高跳び）、(34) *Sakir-oika-terke（棹こえ高跳び）、(35) *Chikir-oukotapu-terke（幅跳び）、(36) *Uko-harkika-terke（縄とび）、(37) *Rorumpe-puri shinot（悪魔逐い遊び）、(38) *U-shutu-e-kar shinot（棍棒をもつてのなぐり合い遊び）、(39) *U-ikor-nukar（宝競べ）、(40) Okkaipo uesopki shinot（酒盛り遊び）、(41) *U-par-pakte（口競べ）。

　(2)は探す方が、Hūkutchi e kur, o-mayaike, hū kutchi ē kur o-patatche（生のサルナシ

食つた奴は尻がかゆい、生のコクワ食つた奴は腹下し）と云えば、隠れた方は、可笑しがつて笑出す。(7)男女集りオオイタドリ Kuttar を採つて来て，拝小屋euturashipを作り、ギシギシMakaro やスイバ Sunapa等も採つて来、小刀で刻み、小枝、流寄り木 Run-ni 等を持つて来て、拝小屋の中で、火を焚き、ハマナシ Mau，イチゴ Emauriの汁で酒をつくり、ホツキ貝 Rut-turepの貝殻に注いで呑み、男の児は神禱りをしたりする。この中には、(11)(12)等の遊びを含んですることもある。(10)女児が晴天の日、砂原に出て、指で曲線紋様 Moreu を描いて遊ぶ。15・6才になつて、やゝ上手になると、母や祖母から木綿布と糸をもらつて遊ぶ。(14)謎をかけ相手がとけなければ、次の様な苛め文句を唱えて、走らせる。相手が、初から、horop！horop！（ベロベロすゝる音）といつて降参すれば、苛め文句は勘弁されることもある。Ship ship tepa, iwan tepa, ikar-hai tepa, shitukap tepa, iwan tepa, e-kor wa, e-pash e-pash a aine, e-ek wa, iwan shi-o-itanki, iwan kui-o-itanki, e-e wa isam, e-ku wa isam「トクサの褌、6本の褌、イラクサの褌、6本の褌、ブドウ蔓の褌、6本の褌、汝が締めて、一散に走つて来て、6つの屎の入つた椀、6つの屎の入つた椀を、汝は食べてしまつた、汝は呑んでしまつた」は苛め文句の一例。(14)謎の例として、(イ) Iwan kotan kama hawehe a-nup nepta an？-kakkok.（六つの村を越えて声の聞こえるものは何？-カッコ鳥）、(ロ) Pet kama u-hash-e-koikip nepta ye？──shikrap,「川越しに、両方から枝を出して闘つているものは何だ？──まつ毛」をあげる。「その心」というものはない。謎は、もと ambiguous な、巫女の託宣の語を解くための習練として発達したものと想われる。(16)男児同士でやる、他部落の猟域に入つて熊をとつた場合の様な部落間に具体的に起り得る様な問題を捉えて行う。この際、年長者老人などが、傍で指導し、勝負を判定してやる。(18)戸外に蓆など敷いて，女児たちが円座をつくり、行器の蓋など叩きながら upopo という唄を歌つてやる。一人が音頭をとつて歌うもの、斉唱、輪唱など種々ある。興熟すれば、起つて踊り出す。(21)内地の「十六ムサシ」に似た遊だ。炉の灰中に、正方形を描き、これを9つに等分する。両児、各々鬼ガヤの串3本を自陣に並べ、交互に1本ずつ移して、敵陣に、早く、3本並べたものを勝とする。幼児の智慧を試すによいといわれる。(22)数名の男児、各々、下端を尖らせた長さ1尺5寸位の杭10本位持ち、互に土に投げ刺して、相手のものを倒したのをとり、その数の多寡により、勝負を争うもの、(27)男児、各々1弓と教本の矢を持ち、矢を2、3間離れた草壁などに立掛け置き、弓で射合う。矢は鬼

ガヤ Shiki の矢柄にノリウツギ rasupa-ni の若木を削つたものを鏃として付したもの，相手の矢柄を射て折つた数の多い方を勝とす。(28) 弓と矢で的を射る。的は草を束ねたもの，或は板や樽の底に消炭 pash-pash で印を付けたりしたものなどある。(29) 砂原 petota に鯨 humpe の形を描き，その急所 ehapur を覗つて op（槍——長い棒の先を尖らしたもの）を投げ合う。又，カジキマグロ Shirkap を象り，草を束ねて，直径9寸，長さ3尺位のものを作り，之に縄を付けて，一児が引いて走るのを，他の児がオニガヤの op を投げて当てる。(30) ブドウ蔓で作つた環 karip を投げ上げ，落ちて来るのを棒でさしとめるもの（rik-peka uko-karip-pashte）と，各10人の男児，左右に分かれ，各々棒を手にして持ち，各列から交互に1人宛出て karip を地上に投げつけると，karip は弾みを以て，跳ね上りつゝ列の間をまわつていく，それを棒でつき刺すもの（ra-peka uko-karip-pashte）とがある。(29)と共に，海川漁の実技習練。〔浜弓考—尾芝古樟，郷土研究4巻8号参照〕。(32) 棒に縄をはり，或は両児が手で支えるのを，他の者が跳びこえる。(33) 棒高跳びの様なものが早くアイヌに行われたことは興味が深い。幕末の画家に，この遊戯図を写生したものがある。(34) 柱を立て，之に bar（アイヌ語 Sakir）を渡して，跳ね越える。木の切株を飛び越えるものを ni-oika-terke という。(35) 両脚を揃えてとぶ。土の上に踏切線を描いて，両脚をそろえ，両手を挙げ，上体を屈伸してとぶ。(36) 各自縄を持ち，それをまわし飛びこえながら駈けていくもの。(37) 凶事 Rorumpe（火事，変死等）が起ると，アイヌの古俗では，村人男女列を作り，男は刀を右手に，左手に杖をつき，右手を前後に屈伸しつゝ，Huō hoi, huō hoi！ と雄叫びし力足を踏み，女は左手に杖をつき，右手は男子の如く肘を前後に屈伸しつゝ，uōi, uōi! と疳高い呼声を挙げて之に和し，一定の行進路を描きつつ，行進する。凶事を起した魔神 nitne-kamui を威嚇し，善神 peker kamui を声援する宗教的儀礼がある。之を rorumpe-puri（凶事の風習），その行進を niwen-apkash（悪魔を威嚇する行進）という。之を児童たちが，見よう見まねでやるのであるが，そこに重要な意味があろう。(38) 一人の男児が木の下に立ち，幹につかまり，背を向けて立つ。他の男児が口の中で呪言の様なものをつぶやき，棍棒 shutu（握りを細くし，上を太くしたアイヌの武器であり刑具であつた。起原的には木幣 inau の一種で悪魔祓いの具と想われる）を振りまわしながら，勢をつけて擲り付ける。棍棒で投ぐるという習俗は，たとえ罪を犯したとしても，それは魔神の所為であるから，それを祓い除くことがその宗教的本義であつた。併し，子供が之を真似

てやる場合、忍耐力や腕力を養うのに役立つたことはいうまでもない。この際、女児などは葉のついた木の枝、蓬の束などを手草として、打たれて気絶した者などを祓い蘇生させる介添をつとめることもある。之も大人の模倣である。(39) 川原で美しい石を拾つて来て、互に一つ宛出し合つて、優劣を争い、負けたら相手にとられる、審判者があつて之を判定する。宝競べをして勝つた方が相手の宝物を奪うことは往時のアイヌ達の間で盛に行われた風習であつた。(41) 出来るだけ、早口に、間違えず物をいう遊び。文句に種々ある。例えば、アイヌの始祖 Ainu-rak-kur が Imū の発作を起して口走つたという文句、Tanto shirato, shira tuye, newa ampe, Kanua-kamui, eramupo, riten kusu, kenash-pake oterke, shumipo, tuipa, newa ampe, chiu-wenoye, kerahapo, chiuwenoye, pet-pesh kaiki, chisana-sanke, chiwash kurka, eshitaiki, tok-kosampa 等。意味がはつきりしたものもあるが、訛つて不明になつたものが多い。間違えれば、(14) 謎遊びの様に、苛め文句がつくことがある。

　*以外にも、説明を要するものもあるが、限られた時間の発表故、之を他の機会に譲る。最後に一言付け加えたいことは、アイヌには、特に玩具といつたものは無かつたらしいことである。人形などありそうに見えるが、北海道アイヌの間では見られず、樺太アイヌや千島アイヌの間には chienishte-inau（我等の守護幣）、nipopo（人形）と呼ぶものがあつたが、それも、人の象は刻んでも玩具ではなく、家の上座の奥隅に秘する taboo の念深い神体であつた。以上を以て、私の拙い発表を終える。

〈質問〉鈴木二郎氏

　今のお話だとアイヌの輪遊びは輪を投げる形をとるようだがアメリカ、インディアンのように輪を両足の間にくゞらせる形式はないか。如何ですか。知里さんにもお答え頂ければと思う。

〈答〉久保寺逸彦氏

　地上に投げ打つて弾みをつけてまわすのに棒から棒でつき刺すのと、上に抛り上げて棒で受け止めるのと二つの様である。知里君は御存じかも知れないが少くとも、私はこの外に両脚をくゞらせるものは聞いていない。

〈質問〉岡　正雄氏

　子供から大人になる時期、年令はいつか。大人になる時儀礼的なことが行わ

れるか。
〈答〉久保寺逸彦氏
　15〜16歳が成年の時期と思われるが、成年成女式という様な儀礼的なものはなく、又青年の集団に入る入団儀礼に対する task と云つたものも聞いていない。
〈追加〉知里真志保氏
　樺太では幼少年は頭髪からエキシポという飾り布を下げているが、少年が空飛ぶ鳥を初めて射落した時には、これを取つてもいいことになつている。これも少年から成年になつたとする一つの行事に関係あるのではないか。

アイヌ民族の植物の利用

　明治以前のアイヌは本格的な農業を知らず、僅かに川辺の肥沃な地を選んで、貧弱な木鍬で浅く耕し、ヒエ・アワ・仙台カブなどを収穫したが、肥料などは施さず、地力が衰えれば、放棄して他を耕すといった粗笨なものだったので植物性食料資源の大部分を野菜や木の実などに依存し、また薬用としても、これを利用することが永く続いた。それ故、彼等の野菜や樹木の採取、利用に関する知識と技術とは、彼等が狩漁民族として魚獣に関する深い智識と巧妙な技術を発達させたのと相俟って、実に驚嘆すべきものがあった。彼等の生活に対する知識と技術とは実物に即し、経験を通して積上げられ、伝承され来たったものであった。今二つの植物を例に、その利用法について述べ、彼等が如何に植物を利用したかを知る手懸りとしたい。

（一）**イケマ** *Cynanchum candatum Maxim*
　ががいも科の蔓性宿根草。アイヌ語でもIkema。本来アイヌ語か日本語か不明だが、知里博士は、この語源を、I（それ）-kema（の足）＝根の意で、その原形をKamui-kema（神の足）と推定し、この植物の利用される部分がkema（足→草の根）だから、それに基づく名称とされた。若しそれが正しいとすれば、アイヌ語が日本語に入ったことになろうか。
　イケマは、ユーカラ（英雄叙事詩）語や狩漁の忌詞では、Penup〔（根に）汁の多いもの〕という意だ。この根の有毒成分ではシナンコトキシンだというが、アイヌはこの根の有毒なことは、経験的に十分知りながら、或は食用とし、或は薬用とし、また除魔の目的でも広く使用していた。

〔**食用として**〕
(1)　その根を炉の熱灰の中に埋め、蒸し焼きにし、灰中から取出し、手で折って見て水分が多く出るものは、毒性が強いとして避け、水分少く、澱粉質の多いものを食べた。
(2)　親指大の太さの長さ9～12cm位のもの二本も食えば中毒症状を起して、手足が利かなくなり、皮膚の感覚が鈍るという。中毒した場合は、中毒者の手を持って走らせたり、頭の毛を毟取ったりする。或はヤマブドウの果汁をのませる

のもいいが、人糞を食わせるのがもっとも効果的だったという。
(3) 煮て食う時には、よく洗って鍋底に箸を敷き、その上に並べて煮、毒性をためしてから、これを食べた。
(4) 生食するばかりでなく、乾燥して貯蔵もするが、掘取った年の内に食べるのはいいが、越年した根は毒性が強いとされた。
(5) 或る故老の話では、うまいものではなく、食えば食えるといった程度のものだというから、いつでも誰でも食べた程のものではなかったかも知れない。

〔薬用として〕
(1) 頭痛・腹痛・下痢の際少量根を生のまま嚙んで嚥下し、又煎汁を飲む。
(2) 頭痛には、根を焼き布で包んで鉢巻にする。
(3) 生根の汁を創傷に塗り、或は洗滌すれば、化膿を防ぐという。
(4) 眼病には生根を嚙んで瞼に夜塗って寝る。
(5) 齲歯(むしば)の痛み止めには生根を嚙む。
(6) 生根を嚙んで嚥下すれば、駆虫にも利く。
(7) 馬の薬にも用いるというが、これはイケマが生馬に通ずることから、馬の病に利くとした内地の俗信がアイヌに入ったものであろう。

〔除魔用として〕
(1) 山狩や沖漁に出る時乾燥した根を携えて行き、それを嚙んで頭や胸に吹きつけると、魔神も恐れて近よらないから危難に遭わない。
(2) 沖で暴風雨にあったら、根を嚙んで吹きつけると、荒波も静まり、荒狂う海獣もおとなしくなって捕獲されるという。
(3) 沖漁の際、銛や鉤銛或は矢の先に、この根を付子毒(トリカブトの根からつくる)に混ぜて塗って使えば、どんな強暴な海獣でも獲れるという。
(4) 家に独り居て淋しい時、変に胸騒ぎする時、根を嚙んで四辺に吹きつければ、気持が静まる。
(5) 人に会う前、相手の気を鎮め和げるには、先ずその家の近くに行って、イケマを嚙み、そっとその名を呼び呪言を唱えながら、吹付けて置いてから会う。
(6) 天然痘その他の疫病流行の折には、患家では、毎日の様に、その根を嚙んで家の内外、戸口、窓などに吹きつけ、患者の身体にも吹付けて、疫魔を追払う。
(7) 患者の出ない家でも根を嚙んで家の内外に吹きつけ、時には尻をまくり裾を払うホパラタという悪魔祓いの行事を同時に行い、病魔を近付けないようにす

(8)　イケマの根をギョウジャニンニク（アイヌ名Pukusa）に幣（イナウ）の削花をつけ、ハマナス（アイヌ名Mau）の木に結付けて、家の入口に立てて置けば、病魔は近付かないという。
(9)　イケマの根とギョウジャニンニクを少量、布に包み、子供の衣の襟首に縫込んで、魔除けとする。
(10)　地方によっては、イケマの根を球状にし、或は輪切りにし、糸を通して子供の魔除けの首飾ともした。
(11)　乾燥した根を枕の中に入れて置けば、魔除けにもなり、悪い夢も見ないという。
(12)　死者を墓穴に埋葬する折、墓穴の底部や四周を芽の簀子で被って、土が崩れるのを防ぐが、底には必ずイケマの根を嚙んで吹きつけてから、棺を埋めた。

（二）　ギョウジャニンニク（キトビル）*Allium Vicctorialis L. var platyphyllum Makino*

ゆり科の多年生草本。アイヌ名PukusaまたHurarui-Mun（臭の烈しい草）Kito（邦語、祈禱蒜から）

〔食用として〕
(1)　若い茎や葉を汁（オハウ）の実とする。
(2)　茎を塩茹にし、汁を絞り、油であえて食べる。（近来は酢あえ、卵あえなどにも）
(3)　葉を細かく刻み、叺につめて貯え、冬季の汁の実としたり、御飯に炊込んで食べる。
(4)　葉や茎を刻み、豆と一緒に魚油を入れて煮た煮込み料理は、香りよく美味なものだと云う。
(5)　食用としても臭気が強いので、食べた後の口臭を消すのには、煙草を吸ったり、土の中へ息を吐込んだりすればいいと云う。

〔薬用として〕
(1)　風邪には煎汁を飲み発汗剤とする。
(2)　肋膜炎・肺結核にも煎汁を用いる。
(3)　煎汁は創傷、火傷、凍傷、痔疾等につけ、或は洗滌に用る。

(4)　煎汁の臭気を吸入すれば、咳や風邪がなおる。
(5)　脚気・腎臓・食傷・下痢等にも煎汁を飲む。
(6)　子宮病には煎汁で患部を洗滌し、或は湿布する。
　〔除魔用として〕
(1)　疱瘡その他の疫病の際には盛んに食べたり、煎汁を呑んだりした。
(2)　沙流の二風谷部落などでは疱瘡などが流行すると、村人は酋長宅へ集り、疫病神たちが疫病を流行させに村々を巡行する旅の食糧として、坐禅草(Shikerpe-Kina)、ナナカマド (Kikinni)、煙草、乾魚の皮などと一緒に膳に供えて、それを持って他の村へ行ってもらう様に祈るハル・エ・カムイノミ（食糧を以て神に禱る祭）ということを行った。
　ともかく、この植物の臭気に魔神の遷却性を、アイヌは認めていたのである。
　この稿をまとめるには、次の資料によった。
(1)　1940（昭15）年8月中、筆者の行った日高（二風谷・平取、静内農屋）、胆振（辺富内、杵臼等）の植物調査資料
(2)　知里真志保―分類アイヌ語辞典―植物篇（1952年）
(3)　J.Barthelor―蝦英日三対辞書（3版、1926年）
(4)　牧野富太郎―日本植物図鑑（4版、1944年）

エテノア婆さんの想い出

　多年、アイヌの人々の生活に立入って、アイヌの言葉や文化を研究して来た私は、心ない内地人からはややもすれば、未開視され、劣等扱され勝であったあの「北の同胞」が心穏しく、礼儀深く、篤い信仰の持主であることに驚き、心を動かされたことが屢々であった。
　エテノア婆さんは今は故人、北海道日高国沙流郡新平賀(びらか)の人、私のアイヌ研究の母ともいうべき、この上なき協力者として、夥しい口承文学の資料を提供してくれた忘れ得ぬ恩人である。
　エテノア婆さんは、昭和7年の8月末から翌年4月初まで私の家に滞在した。当時私は中野電信隊裏に住んで、妻と二女との四人暮し、昼は向島にある都立中学に勤める傍、余暇を割いて、夜は2時か3時まで、夢中になってエテノア婆さん伝承するアイヌの口承文学である「神謡(カムイ・ユーカラ)」、「英雄詞曲(ユーカラ)」、「昔噺(ウエペケレ)」などを筆録していた頃のことである。偶々日本民俗学会(会長渋沢敬三、後の民族学協会)の大会が慶大の三田大講堂で催されることになり、どういう風の吹廻しか、私にエテノア婆さんを伴って行き、その実演するユーカラを翻訳して紹介しろということになった。
　さて、当日、少し早めに出掛けて、控室で時間が来るのを待っていると、婆さんがおずおずと、私に向かって、
　「今日は、婆っこに、高い台の上で、酒と煙草をのませてくれないべか？」
というではないか。アイヌの人々の生活に接して、少しはその風俗や習慣・心理というものも知っていた筈の私もすっかり面喰って、
　「後でゆっくり酒でも煙草でも存分飲ませて上げるから、壇の上でだけは我慢したら」
とたしなめると、婆さん、いつかな聴き入れず、
　「だって、今日は先生に取っては晴れの場所、婆っこに取っても大事に勤めなけりゃならん場所だ。婆っこは飲みたくないが、セレマック・ユップケ(憑神の性能を強くする)せんばならん、神さんが飲みたいんだ……。」
という。私は——ああそうだったのか、そこまでは気が付かなかった成程なあ

——とほとほと感じいって、講堂に集まっていられた諸先生に簡単に事情を説明してお願いしたら、お許しが得られたので、酒の一升壜、台付杯(実演後、労を犒うつもりで用意してあった)と刻み煙草と長羅宇煙管を携えて、婆さんをつれて壇上にあらわれたのであった。壇上の椅子に坐ると、婆さん、いきなり煙管に煙草をつめてすぱすぱ吸ってから、手にした酒箸で酒杯の酒を壇上にふりそそぎ、口で何かつぶやきながら、自分も呑み、余瀝を酒箸につけ、髪の毛につけたりするではないか。満場の聴衆はあっと固唾をのんだのも無理はない。司会の方が簡単に事情を説明されたが、恐らく誰もが納得がいけたとは思われなかった。大学の講堂壇上で聴衆を前にして煙草を吸い、酒をのむなどということは勿論空前絶後のことに違いない。一昔前アイヌの人たちの考え方に依れば、人には誰にも憑神(ツレン・カムイ)というものがある。憑神は先天的にも後天的にも、人間に憑依する。しかも一つには限らない。性能のあらたかな憑神が一つより二つ、二つより三つ多ければ多い程いい。人間自身自分にどんな神が憑いているか、わからないこともあり、何かの機会に気付くこともある。

エテノア婆さん

　天変地異、部落の変事などの際、巫女などが神憑りして託宣を得る性能も、頼まれて産児を取上げる助産の性能も、すべてその憑神の所為によると考えられ、また男子の狩漁の運、不運、弁舌の雄嘖も彫刻の巧拙もその所為にかかると信じられた。即ち、およそ人間の賢、愚、能、不能、運命はすべてその憑依する神の性能が優れたものであるか拙いものであるかによって、宿命的に決定されていて、人力では如何ともし難いものであるかのように考えられていた。この意味においてアイヌは運命論者だったのである。だから、エテノア婆さんの慶大壇上における一見非礼とも見えるあの奇異の振舞いは——煙草を吸わせ酒を呑ませて、憑神を喜こばせ、その性能を強めることによって、自分もその責を立派に果たし私に

も晴れの舞台を大過なく勤めさせたい——というまごころから出た悲願だったのである。それを、われわれのエチケットやモラルの物差しで計って、無作法だの、厚かましい、酒好きだからなどと非難するのは全く的はずれのことだったのである。

　アイヌ語で、人差指のことをイタンキ・ケム・アシケペツという。
　「椀嘗め指」の意である。勿論、アイヌもこの指で物を指示することはするが、この指の名が示す通り、「椀を嘗める」ことが主要な役目だったのである。すっかり、内地人の習俗になり、生活を一新し切った今の若いアイヌの人たちにはそんなことをする人はないが、一昔前老翁・老媼などは、汁粉でも、豚汁でも、薩摩汁でも食べる（勿論、箸や匙で）と、椀についた物は必ずこの指で何度もぬぐって綺麗になめてしまい、このよごれた指で、髪の毛を撫でるばかりでなく、更に両肩に擦りつけるのである。これをわれわれの論理で——不潔だ、卑しい、見っともない、まるで子供みたいだ——など即断して嘲笑してはならない。何故か。アイヌの考え方では、およそ、食物は神々の恵み給うたものである。例えば稗はピヤパ・カムイ、粟はムンチロ・カムイ、鮭はカムイ・チェプ（神魚）であるように、それぞれ神である。もしこれを粗末にしたり、食残しなどしては、これを人間に恵んでくれた神さまにも済まない、それぞれの食糧の霊に対しても申訳ない。だから、指で拭ってまでも、のこらず頂戴し、人間が頂くと同時に、憑神にも与えて、これを喜ばして上げよう、その性能の強めることによって自らも更に恩寵を被り、能力を強めたいという心理から発する振舞いなのである。
　エテノア婆さんが東京の私の宅へ来たのは、残暑とはいえ、まだ汗の流れる八月の末だった。その居間にあてた二階の六畳は風通しはよかったが、南と東の窓からは強い日射しが差し込んで、涼しい北海道から来た婆さんには相当辛いに違いなかった。勿論、私も妻も婆さんに火鉢など与えなかった。ところが、どうだ、東京についた翌日だったか、婆さん二階から下りて来て妻に向かって、「すみませんが、火鉢に火種を入れてくれませんか」という。傍から、私が「東京は暑いだろう、火鉢などはいるまい、煙草をのむなら、マッチでよかろう」というと、婆さん「婆、火がなければ淋しいんだ」という。私ははっと胸をつかれた。——こちらが悪かった。やっぱりそうか、うーん——といいながら、さっそく瀬戸の火鉢に火種をいけて婆さんに出すことにした。何故、火がなければ淋しいか、不安なのか、ここにもわれわれストレンジャーの触れ得ないアイヌの深い心理があ

る。

　アイヌの信仰によれば、火は神名を「アペフチ（火の老女）」或は「カムイ・フチ（神なる老女）」、さらに崇めては「アペ・メル・コヤンマツ・ウナ・メル・コヤン・マツ（火の光諸立つ媛、灰の光諸立つ媛）」と呼ぶ。日常祭祀の神々中、最も人間に親しい神で、常に囲炉裡の中央、焚き火が焰を挙げ、煙をあげる下に、黄金の家を建てて棲み人間と他の神々との間に立って、人間の神々への祈りの言葉を通弁し、その至らぬところを取りなし、人間の生活を温く見まもり、守護する神として崇めている。故に、祭りの際にはまずこの神に灌酒し、禱詞を捧げるのが常である。新築した家に移るやまず囲炉裡に火を焚き、永く留守にする以外は、四季を通じ、昼夜を問わず、火種を絶やさぬようにする。この聖なる火を管理するのは家の主婦の何よりも大切な勤めでもあったようである。だから、エテノア婆さんにとっては、「火のない生活―火の女神を離れての生活」などは、たとえ、それが夏であろうと、とても淋しくて、不安で、一刻も堪えられなかったのである。

　また、エテノア婆さんが来た頃の私の家には「風呂」などはなかった。女児二人の私と妻との生活では、程近い街の銭湯へ行けば事足りたからである。婆さんが来た当初は妻に一日置きぐらいに婆さんをつれて銭湯に行ってもらった。入墨をした婆さんを街を通る人が見て気の毒だというので、妻の発案でガーゼのマスクをしてもらって外出した。そろそろ夜寒になる頃、婆さんもいやだろう、妻にも気の毒だというわけで、工面して、十余円をはずんで、風呂桶を買い、大工を呼んで物置の横に、さしかけのバラックながら、ガラス戸もついた風呂場を作ったのである。夕食をすませて、私や家族が入った後、婆さんに勧めて入浴させるのだが、あまり喜ぶ風もない。少々当てがはずれてがっかりした。いよいよ、寒風が膚を刺す頃になると、「ドンブリ（風呂のこと）に入ると、寒いから止める」などといい出した。それでも、呑気な私は深く気にも止めず、それに自分が風呂好きなものだから、毎晩風呂をたてては、自分も家族も入っては、婆さんに「入れ、入れ」と勧めていたのである。

　風呂が寒い―という理由がわかったのは、婆さんの帰郷の日も近づいた三月の末頃であった。

　「風呂に入ったら温まってよかろうに、なんで寒いんだろう」と訊くと、エテノア婆さん、おずおず、「婆のような穢い者が、ニシパ（旦那）や、カツケマツ（奥

さん)の入る風呂に入っては、勿体ないと思って、今までずっと風呂桶の中へ入らず、外で(簀の子の上で)、お湯を掛けては上っていたんだ」と答えたではないか。

ああ、このお婆さん、入墨みをしたアイヌのお婆さん、たとえ外観は粗野に見えながら、何というつつましい、遠慮深い、温かい心の持主であったことか。妻や子供たちの手前も憚からず、私はつい涙ぐんでしまったのである。この私の涙はまたこんなことぐらい何故気がつかなかったのか、自分の迂闊さを恥じる悔恨の涙でもあった。エテノア婆さん逝いて、すでに幾星霜、当時三十才の私も耳順をこえて老境に入らんとする今日でも、思いを北海道の天地、アイヌのことに馳するごとに、髣髴として面影に立つのは、アイヌの老媼エテノアの姿である。

アイヌの子守り唄

アイヌの子守り姿

　すっかり開けてしまったこの頃では、もうそんな姿を見かけるのも稀になったが、一昔前までは、アイヌ部落を訪れると、アイヌ婦人が「子負い縄 pakkai-tar」で赤児をおんぶしながら戸外の庭を行きつ戻りつしていたり、あるいは炉辺に、あるいは戸外の日溜りに、吊した揺籃 shinta（下図参照）をゆすりながら、舌先をころがせながら、澄んだ声で、時には呟くようにひっそりと子守唄を歌っている姿を見掛けてふと足を止めて聞き惚れたものだった。

　「子負い縄 pakkai-tar」というのは、オウバイラクサ Urtica Takedana Ohwi（アイヌ名 mose, ikarai, hai-mose 等）やツルウメモドキ Celastrus orbiculatus Thunb（アイヌ名 hai-punkar, punkar-hai, nika-un-hai, retar-hai 等）の繊維で編み、額に当たる部分を幅広くし、その先が二本に分かれ、その先は再び一本の細綱になり、末端に近く棒（この棒を Iyomap-ni と呼ぶ）を結わえつけて、赤児をその上に腰掛けさせる様にし、余った紐は母親の腰にまわして前で結ぶようになっているものだ。

　アイヌ婦人は、人前では膚を露わすのをタブー（禁忌）とするので、表衣の下にはモウル mour と呼ぶ、縫ぐるみにした肌襦袢を頭からかぶり、胸許二〜三寸だけを僅かに開けて、そこを紐やぼたん（釦）で閉じて置く。だから、赤児は裸のまま、母親が裾から入れて背中へまわし、母親の温かい肌に接して、「子負い縄棒」に母の着物を隔て、腰掛けるようになる。つまり、赤児の重量は母親の額と背とこの棒で支えられるという巧みな仕組みになっている。

　Shinta をわかりよく揺籃と訳して見たが、それはいわゆる籃、籠—バースケット—ではない。幾分反りを持たせて削った二枚の板を枠とし、これに数本の横木を貫き、四本の紐をつ

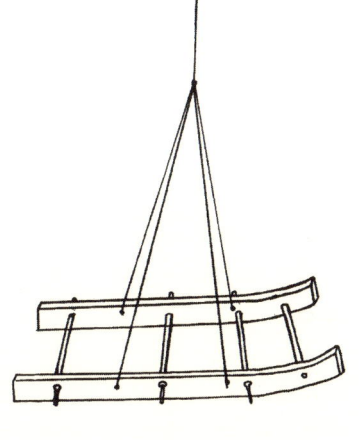

シンタ

けて水平に吊下げられるようにしたもので、大体長さ三フィート、幅二五センチ位のものである。屋内では梁から炉辺の煖かいところに吊るし、また親たちが山や畑で働く時には、立木の枝から吊り下ろしたり、あるいは地上に叉状に組立てた三本の棒の中心から吊り下げるなどして、赤児をこの上に横たえ、下に落ちないように紐で結わえて置くといったものだ。時にシンタに手を触れ、あるいはシンタからたらした紐を引いて、ハンモックのように揺り動かして、赤児をあやして喜ばしたり、眠らせるのである。

子守り唄の名称

子守唄のことをアイヌ語 Ihumke（沙流、幌別、鵡川）、Ihunke（近文、伏古、樺太鵜城）、Iunke（荻伏、春採）、yunke（美幌、樺太真岡）、Inumke（阿寒フプシナイ）、Inunke（白糠）、以上六語の原形はIhumkeで、（「フムフムと声を出して赤児をあやす」意）、Iyon notka（沙流、鵡川、原義「ホロホロと舌の先をころがして音を出して赤児をあやす。」）とか、あるいは Iyon ruika（厚賀、原義 Iyon notka に同じ）などという。以上の諸語はいずれも(1)動詞として、赤児をあやす。子守唄を歌う。(2)名詞として、子守唄、揺籃歌cradle-song, nursery-song, lullabyの意を持つ。時には丁寧にshinotcha（《shinotsa 曲調、歌）という語を付けて、Ihumke-shinotcha, Iyonnotka-shinotcha, Iyonruika-shinotcha などと呼ぶこともある。

また地方によって、子守唄を、(1)パッカイ・イフムケ Pakkai-ihumke＝子を負ぶって歌う子守唄と(2)シンタ・スイェ・イフムケ Shinta-suye ihumke＝揺籃をゆすりながら歌う子守唄に区別するが、特別の場合を除いては、歌そのものには違いがないようである。

子守唄の四つの型

(一) 無意味な音群、掛け声のようなものを適当なリズムにのせて繰り返すもの。これを Hororse-ihumke（《ホロホロと舌先転がして音を立てる子守唄）とか Kororse-ihumke（《コロコロと舌先で音を立てる子守唄）という。

舌の先をふるわせたり、転がしたりして一種の顫音（せん）の「ルー・ル・ル・ル Rū ru ru ru」とか「ロ・ロ・ロ・ロ Ro ro ro ro」と発声したり、あるいは赤児の尻を掌で軽く打ちながら、「ハタ・ハタ・ハタ Hata hata hata」とか、身体を揺り動かしながら「アフ・アシ・アフ・ア Ahu ash ahu a」などといったりする。

その数例

(1)　Hata hē hum hata hata hē hum!（日高沙流）

(2)　ホー・ホイ・ハタ・ハタ・ホー・ホイ・オホルル・ホー・ヘー・オホルル・ハタ・ハタ・ヘー・フムー

　　Hō hoi, hata ohoruru, hō hoi, hata hō hē, ohoruruhata hata he hum!（日高沙流）

(3)　アフ・アシ・アフ・ア・ホロロ・ホルホルル・ハタ・ハタ・ハー・ハー・

　　Ahu ash ahu a, hororo horuhoruru, hata hata hā hā!（胆振・幌別）

(4)　ハロイ・ハロンナ・ウ・ウ・ウ・ウ・ウ・ハロイ・ハロンナ！

　　Haroi haronna u u u u u, haroi haronna!

(二)　(一)の音群を繰り返しながら、その中へ歌詞を投げ入れて唄っていくもの。その歌詞には伝承的な決まり文句を入れるものと、祈と場合によって、唄手の心に浮ぶままを歌詞にまとめ上げつつ、投げ入れて唄っていくものとがある。即ち「伝承的な子守唄」と「即興的な子守唄」とがある訳である。

伝承的子守唄としては、

アフ・アシ、ア・ハ・ア、アホロロ、ホロロ、<u>イッカリチカップ</u>、<u>イッカ＝トリ</u>、<u>オコッコ＝チカップ</u>、<u>エックナ</u>、<u>イテキ</u>、<u>エチシノ</u>、<u>ピリカノ　モコロ　ハニ</u>、<u>ククコロ＝クオマップ　アヤイ</u>　アフ・アシ・ア・ハ・ア・アホロロ・ホロロ

Ahu ash, a ha a, ahoror(o), horor(o), <u>ikka-chikap, ikka-tori, okokko-chikap, ek na, iteki e-chishno, pirkano mokor hani, ku-kor ku-omap ayai</u>……………

（下線の部分が意味のある歌詞）

その訳は、「人盗り鳥、人さらい禽(どり)、おっかない鳥がやって来るよ、泣くんじゃないよ、よくお眠りよ」（胆振・幌別）

即興的な子守唄には、

例1

アロロロ・タン　ヘカチ、ネップクス　エチシ　ヤ　エチシ　コ　アナック、ホヤマム、エエレ・アン　クスネ　ナ、ソモ　エチシ　コ、シッポ　エ・エレ・アン

Arororo……tan hekachi, nep-kus e-chis ya, e-chis ko anak, hoyamam, e-ere-an, kusu-ne na, somo e-chis ko, shippo e-ere an.

アロロロ……これ赤ちゃん、なぜ泣くの、おまえが泣けば、雑草の実を、食わせて、やるよ。食塩(し)を食わせるよ。

（胆振、幌別－知里博士「アイヌに伝承される歌謡曲に関する調査研究」
文化財委託研究報告 II）

例2

ハロイ、ハロンナ、ハロイ、ハロンナ……エハヱ　モレ　ナ、アネフンケ　チキ、エハヱ　モレ、エポロ　チキ、エモンライキ、アマム　エコロ　チキ、アネ、クス　イキ

Haroi　haronna……,e-haue mōre na,an-e-hunke chiki,e-haue mōre,e-poro chiki,e-monrayki,amam e-koro chiki,an-e kusu iki.

ハロイ、ハロンナ……泣くんじゃないよ、子守歌を歌ってあげるから、泣くんじゃないの、おまえが大きくなったら、せっせとかせいでお米をお買い　そしたら、私はそれを食べよう。（樺太・富内－知里博士の前掲書）

(3)　神々の謡（神謡）Kamui-yukar（アイヌの伝承叙事詩で、長大な英雄詞曲はこれを前駆とし基盤として発達展開した）と同じ形式と内容とを持つもの。この種の子守唄をカムイ・イフムケ　Kamui-ihumke「神の子守唄」と特称する地方もある。この形式の子守唄は、ほとんどが疱瘡の神 Pakor-kamui に関係したもので、一昔前、この悪疫の暴威の前には全く無力であった時代、わが児を想う母たちが、如何にしてこの怖るべき病魔の神の手からわが愛児を護り、悪疫の神々が人間の村里へ挑む鏖殺戦（おうさつ）を止め、その矛先を他郷に転ぜしめ、あるいは遙かなる人間国土の果へ逐い退けようかと懊悩しつつ、半ば悪疫の神たちへ、半ばはわが愛児にいい聴かせるような内容を持っていて、それがいちじるしく、我々の心を打ち、しみじみとした哀感を催おさせるのである。

「神の子守唄」その1

ハンロ　ハンロ……私の夫は或る日、遠い沖のあなたの国へ交易の船出をした。その留守中、私は赤ちゃんのお守りをして暮らしていたら、或る晩、私の赤ちゃんは、むずかってちっとも眠らない。私は赤ちゃんをおんぶして、家の中を上座の方へまた下座の方へ行きつ戻りつして、フム、フム、あやしたり賺（すか）したりして見たけど、赤ちゃんはいよいよ気でも狂った様に泣きさわいだ。折しも家の東の屋根の破風で、神様（訳者申す。多分「家の守神 Chise-kor kamui であろう」）が何かおっしゃる声が凛と響いていわれるには――

「これこれ、人間の妻よ‼　わしのいうことをよく聴くがいい。赤児というものは、神さまが憑いている同様なものだ。何かわけがなくては、そんなに泣きわ

めくものではないぞ。今夜は、痘瘡の神(パキロ・カムイ)が大勢の部下の疫病神を率いて、この村の沖合や山手をお通りになる筈だ。それを気取って、汝の赤児は、そのことを母親の汝に囁き知らせているのだ。さあ急いでギョウジャニンニク（Allium Victorialis L.var.platyphyllum Makino. アイヌ名プクサ Pukusa）を煮たり、ハリフグ（針海豚、針千本 Diodon holacanthus Linnaeus アイヌ名、イカリポポ・チェッポ Ikaripopo-cheppo）（我等を Kar(i)刺す popo フグ chep(po)魚）を煮て、その御馳走を村中残らず食べるがいい。

　（筆者申す。ギョウジャニンニクはその悪臭で、ハリフグほその鋭い針の棘(とげ)で除魔力があると信じられている）……といわれたと思ったら、今まであんなに泣きわめいていた私の赤児は、もう泣き止んで、すやすや睡っているではないか。私は家の屋根の東の破風へ向かって何度も何度も礼拝した。（胆振、幌別、金成マツ氏伝承原詩五十四句）

「神の子守唄」その2

Ō ō hum peyārā hum!	オー　オー　フム　ペヤーラー　フム！
Ku-kor poi-shiyon!	私のかわいい赤ちゃん！
nekon-anpe	何が
ekatki-kush kusu	汝に魅入ったのか
kunne hene	夜も
tokap hene	昼も
paraparak wa	汝(おまえ)はむずかって泣きわめくので
mokor pokaiki	ぐっすり睡ることも
an-eaikapno,	私は出来ずに
kunne rerko	夜も幾夜
tokap rerko	昼も幾日
noiwan rerko	幾日幾夜
mokor pokaiki	睡ることさえ
an-eaikapno,	私は出来ずに、
e-rorun wa (ma)	横座の方へ
tem-shir-echiu,	手をつき、
e-usarun wa (ma)	木尻座の方へ

tem-shir-echiu,	手をついて（はっと眼が覚め覚めして）いた。
somo-sui kusu	よもや
mokor-ash kuni	私はぐっすり眠ったとは
chi-ramu rok wa	思わなかったのに（いつの間にか）
mokor-ash a-uan-tek	（やっぱり）うとうと眠ってしまったっけ。
un-pa-erupshike ta	私の枕許に
kamui shir-ne kusu	神様だけあって
kamui ne kusu	さも神様のような
korachi-an-kur	神々しいお姿の方が
a kane an tek	坐っていられて
ene itaki : --	こう云われたのです。──
"tapan menoko !	「これなる女よ！
ku-itak chiki	わしの云うことを
ku-ituk chiki	よく聴くがいい、
kuani anak	わしこそ
payekai kamui	遊行神（疱瘡神）の
sapane kamui	長の神として
ipanne ki wa (a-ne ki wa)	眷属の神々を率いて
an-pakno a-utari	あらん限りのわが仲間の
inne sayutar	多くの鳥群を
	（疱瘡神たちは鳥の姿で村里を訪れるという考方）
sayutat topa	鳥の群を
ipanne ki wa	引きつれて
moshirpa hene	国の東の方へ
irauketupa	一稼ぎに（疱瘡を流行させに）
epa-ki kusu (a-ki kusu)	行く途中
arki-an kane,	通りかかったが、
inkar-an hike	ふと見ると
eani pakno	汝ほど
keutum pirka	心掛けのいい
menoko isam	女はいない

penuki kusu,	ものだから、
e-chisehe ta	汝の家の
chise pen-tupok	家の東の軒端に
chise pan-tupok	家の西の軒端に
tupok ta yantone-ash,	その軒端を宿としていた処、
e-kor poi-shiyon	汝の赤ちゃんは
e-katki-kush kusu,	それを気取って（魅入られて）
ene parparak	あんなに身悶えしては
ene chish hawe-an hine,	泣き喚いているのだ。
nisatta an chiki	夜が明けたら
soita e-ashin wa	戸外へ出て
e-inkar yakne,	見るがいい、そうしたら
chise pen-tupok	家の東の軒端
chise pan-tupok	家の西の軒端に
inne sayutar	沢山の鳥群が
hopumpa ki wa,	飛立って、
moshirpa hene	国の東の方へ
paye shiri	行く様が
e-nukan nankor	見えるであろうぞ。
moshirpa hene	（その中）国の東の方では
pa-o-yan hau	疱瘡が流行っているという噂を
e-nu nankor,	汝は聞くであろう。
eani anakne	（他人はともかく）汝だけは
e-kotanuhu	（また）汝の村人だけは
sasuishir pakno	生きの極み（一生の間）
nep omke-mau	どんな咳風邪も
ko-isam nankor."	ひかずに（恙なく）いるだろう。」
sekor kamui	と神様が
hau-ki pokon	いわれた様に
yainu-ash awa,	思ったら、
wentarap humi	私は（何時か）夢を見て

ne a an	いたのであった。
hopumpa-ash wa	起き出して
soita aship-ash wa	戸外へ出て
inkar-ash awa,	見渡すと、
tarap hetapne chiki	ほんとうに夢を見た
humi-ne kuni	のか知らん（まさか）と
chi-ramu rok wa,	私が思っていたのに、
sonno poka	（夢どころか）げにまのあたり
chise pen-tupok	（私の）家の東の軒端
chise pan-tupok wa	（私の）家の西の軒端から
inne sayutar	沢山の鳥の群が
hopumpa wa	舞い立って
moshirpa hene	国の東の方へ
paye shiri	出掛けて行くのが
chi-nukar	見えた。
orwa inu-ash hike	やがて、噂を聞けば
moshirpa hene	国の東の方では
pa-o-yan hawe-echiu	疱瘡が流行っている
chi-nu kor	と聞き聞き
okai-ash	暮らしていた。
onne pakno	（私たちは）年寄るまで
hushko pakno	一生涯いつまでも
nep omke-mau	どんな咳風邪も
ko-isamno	引くことなく
okai-ash-pe ne kusu,	暮らして行けるのだ。これも
kamui orwa	神様から
chi-keutumuhu	私の心掛けのほどを
kamui ramoshma kusu	神様がよいと認めて下さったからで
sasuishir pakno	生きの涯（きわ）み
nep omke-mau	どんな咳風邪も
ko-isamno	引くことなく

okai-ash na.	暮らして行けるのだよ。
tane pakno e-chish.	（だから）もう泣かずに、お黙り。
ku-kor poi shiyon!	私のかわいい赤ちゃん！

（旭川近文、鹿田シムカニ氏伝承、原詩142句）

　(四)の形式の子守唄は語頭に囃詞(はやしことば)を繰り返しながら、歌詞を投げ入れていく点で(二)の形式と同じながら、歌詞の内容が、守りする赤児に関することを歌わず、寧ろ赤児を守りする母親の夫に対するやるせない恋情とか、夫が他(あだ)し女に現(うつつ)をぬかしていることに対する嫉妬や憤懣をぶちまけるもので、到底赤児に聞かすべくもないょうなものが多いようである。

　ただし、アイヌの方には、貧家の子女が富家へ年期奉公する子守り女というようなものはなかったらしいので、例えば、熊本県「五木の子守唄」の——「辛いもんばい、他人の飯は、煮えちゃおれども、喉こさぐ（通らないの意)」だの「おどんが打死だちゅて、誰が泣ゃてくりゅきゃ、裏の松山蝉が鳴く」というような陰惨・悲哀のものはないように想う。

(四) の形式の例

Ahu ash a, ahu ru ru, huru huru	アフ・アシ・ア、アフ・ル・ル、フル・フル
chi-kor pompe	わたしの赤ちゃんが
shine-an-to ta	或る日のこと
chish kinra-kar	火がついた様に泣き
chish kamui-kar.	泣き狂うのであった。
ku-hepoki	私はうつむいたり
ku-hetari kane	あおむいたりして
ku-humke yakka	フムフムあやしたが
orun poo kisar-ashpa	ますますひどく耳も聾(つんぼ)になるほど
	（泣きわめく）で
ene ku-kari ka isam.	どうしようもない。
tampe kusu	そのため
ene chi-humke-hi——	次の様にいってあやした——
"inkar-kusu	「これこれ

ku-kor pompe	私の赤ちゃん
nep ta teta	何をまあ
e-nu rusui kusu	汝は聞きたくて
iram-shitnere	うるさく
e-chish hawe-an ya?	泣いているのです？
e-nu rusuipe	汝は聞きたくて
ne hawe-ne yakun	そんなにしているのなら
e-nure-ash na.	聞かせて上げようよ。
e-kor-ainu	汝の父ちゃんは
uimam kusu	交易に
tono moshir	和人の国（松前辺を指すか）へ シサム
o-chip-nere	船出して
tono-e-amam	和人たちの食べるお米だの
tono-ku-sake	和人たちの飲むお酒など
poronno	沢山
chipi kusa wa	船に積んで
yan ko	帰って来ながら
a-uniki ta	私たちの家へは
somo ek-no	帰って来ずに
kotan-keshi ta	村ははずれに住む
iwan noyapi-tanne	六人の顎長女（醜女のたとえ）
wen menoko	みたくなしの女たちが
uko-okai	一緒に暮らして
shiran (h)ike	いるところへ
orta yan wa	（汝の父ちゃんは）帰って来て
kunne hene	夜も
tokap hene	昼も
uko-marapto-kor	一緒に御馳走を食べながら
wen mina hau	大笑いをする声
wen shinot hau	大騒ぎする声が
uko-ash.	一緒に聞えてくるのです。

e-kor-ainu	汝の父ちゃんは
iwan noyapi-tanne	六人の顎長女の
toho uk kusu	乳をつかもうと
shiso otta terke	右座へ追いかけ
harkiso otta terke aine,	左座へ跳ねたりしいしい
o-tepa pishi	褌をぶらぶら下げ
o-tepa kankari	褌を振りまわして
ramma keshto	毎日毎日
u-ha ta roise kor okai.	がやがや騒いでいるんだよ。
tapampe kusu	このことを
e-nu rusui hawe-an."ari	聞きたかったんだね」——と
itak-ash awa,	私が云い聞かせたら
chi-kor pompe	私の赤ちゃんは
nu etorannep korachi	もう聞くも嫌だといわんばかり
hawe ka isam.	泣きやんだ。

（胆振幌別、金成マツ氏伝承原詩69句）

おわりに

　アイヌの子守唄——それは詩形は小さないながら、一昔前の「北の島の人々」の生活の中から生まれ出た歌です。母のわが子への愛情と祈りが、何の虚飾も衒_{てら}いもなく歌われています。生活が一新した今日、やがて滅び去る運命にあります。いささか遅い恨みはありますが、村々にこれに伝承する故老を訪ねて、筆録なり録音なり、採譜なりして何とか保存すべきだと思います。文化財保護運動はこんな面にもあろうかと思います。

久保寺逸彦著作目録

発表年月日	表題	所収書・誌名 巻・号 発行所
1931-07-10	アイヌ叙事詩 OINA 聖伝	『民俗学』3- 民俗学会
1933-03-10	「アイヌ叙事詩 KAMUI YUKAR 神謡 Isepo-tono Yaieyukar（兎の自ら謡へる）」	『民俗学』5-3 民俗学会
1933-04-10	「アイヌ叙事詩 KAMUI YUKAR 神謡 Yaushkep-kamui Yaieyukar（蜘蛛の女神の自ら謡へる）」	『民俗学』5-4 民俗学会
1933-06-18	「アイヌ叙事詩 KAMUI YUKAR 神謡 Kamui-huchi Yaieyukar（火の姥神の自ら謡へる）」	『民俗学』5-6 民俗学会
1933-08-01	「虎杖（いたどり）の道を辿る」	『ドルメン』2-8 岡書院
1933-08-01	「図解（口絵写真の説明）」	『ドルメン』2-8 岡書院
1933-11-05	「河童（ミンツチ）の譚」	『民俗学』5-10 民俗学会
1934-02-01	「「狩獵人と狼神」の譚」	『ドルメン』3-2 岡書院
1935-03-01	「アイヌ叙事詩聖伝「アッテ・パンナ」口訳」	『ドルメン』4-3 岡書院
1935-07-10	「アイヌの古俗 酒の醸造及びその祭儀」	『民族学研究』1-3 三省堂
1935-08-01	「アイヌ民族の伝承する昔噺「和人譚」口訳」	『ドルメン』4-8 岡書院
1936-04-05	「アイヌ叙事詩「山嶽の主宰神＝熊神が自ら謡へる」神謡」	『民族学研究』2-2 三省堂
1936-07-15	「知里真志保著 アチック・ミューゼアム彙報 第八アイヌ民俗研究資料 第一篇説話 pon-upashkuma」	『民族学研究』2-3 三省堂
1936-10-05	「アイヌ民謡詩人鹿田シムカニのことども」	『国学院大学新聞』国学院大学
1937-02-20	「アイヌ叙事詩「聖伝Oina」－アエオイナ・カムイが「雲の関」に魔神を討つこと」	『ミネルヴァ』2-2 翰林書房
1937-08-15	「知里真志保著 「アイヌ民俗研究資料」第二 「謎・口遊び・唄 Urekreku, Uparpakte, Upopo etc.」」	『民族学研究』3-3 民族学協会
1940-03-15	「アイヌの音楽と歌謡」	『民族学研究』5-5・6 三省堂
1940-05-25	「アイヌの疱瘡神「パコロ・カムイ」に就いて（下）」	『人類学雑誌』55-5 日本人類学会
1944-03-30	「アイヌの民謡詩人 －鹿田シムカニのことども－」	『報国団誌』22 報国団編輯班
1949-11-05	「原住民としてのアイヌ」	『白窓』1 東京学芸大学追分分校学友会総務部
1951-04-01	「アイヌ民族の歌謡」	『フィルハーモニー』23-4 日本交響楽団
1951-05-01	「アイヌ民族の歌謡 2」	『フィルハーモニー』23-5 日本交響楽団
1951-06-01	「アイヌ民族の歌謡 3」	『フィルハーモニー』23-6 日本交響楽団
1952-03	「沙流アイヌの祖霊祭祀」	『民族学研究』16-3・4 民族学協会

1953-05-30	「北海道日高国二風谷コタンに於ける家系とパセ・オンカミ「尊貴神礼拝」」	
	『金田一京助博士古稀記念論叢』	三省堂
1953-10-30	「アイヌ族の祖霊祭祀 － Shinurappaの宗教的儀礼に就いて」	
	『日本人類学会日本民族学協会連合大会第6回記事』	同 事務所
1954-03-05	「北海道日高国二風谷コタンに於ける家系とPase-onkami「尊貴神礼拝」」	
	『日本人類学会日本民族学協会連合大会第7回紀事』	同 事務所
1954-09-10	「家系もほぼ判る アイヌ調査の久保寺教授語る」	
	『北海道新聞』	北海道新聞社
1954-09-10	「今のうちに研究を 滅び行くアイヌ民族」	
	『北海タイムス』	北海タイムス社
1954-10-20	「鮭談議」『釧路博物館新聞』34 釧路市立郷土博物館	
1955-07-25	「アイヌの宗教 －アイヌ問題シンポジアム(7)－ (昭和28年8月・札幌)」	
	『日本人類学会日本民族学協会連合大会第8回記事』	同 事務所
1955-07-25	「沙流アイヌの出産習俗 －特に呪術的儀礼を中心として－」	
	『日本人類学会日本民族学協会連合大会第8回紀事』	同 事務所
1955-09-15	「沙流川のアイヌ」『日本文化風土記 第1巻 北海道篇』	河出書房
1955-10-13	「アイヌの葬制 －特にその他界観に就いて－」	
	『日本人類学会日本民族学協会連合大会第9回記事』	同 事務所
1955-12-20	「アイヌの挨拶」『釧路博物館新聞』48 釧路市立郷土博物館	
1956-03-25	「アイヌ研究に於ける吉田巌氏の功績と足跡」	
	『民族学研究』19-3・4	民族学協会
1956-03-31	「アイヌ文学序説」『東京学芸大学 研究報告 第七集（別冊）』	
		東京学芸大学
1956-07-01	「アイヌの儀式－通過儀礼－」『日本文化財 七月号』15	奉仕会出版部
1956-07-01	「熊祭」『日本文化財 七月号』15	奉仕会出版部
1956-08-10	「北海道アイヌの葬制 －沙流アイヌを中心として－」	
	『民族学研究』20-1・2	民族学協会
1956-10-15	「アイヌの遊戯とスポーツについて」	
	『日本人類学会・民族学協会10回連合大会紀事』	同 事務所
1956-12-25	「北海道アイヌの葬制 －沙流アイヌを中心として－（続）」	
	『民族学研究』20-3・4	民族学協会
1957-01-05	「遺された姿 12 アイヌの女性」『花椿二月号』	資生堂出版部
1957-06-15	「北海道アイヌの葬制（一）－日高国アイヌの習俗を中心として－」	
	『西郊民俗』1	西郊民俗談話会
1957-08-17	「北海道アイヌの葬制（二）－日高国アイヌの習俗を中心として－」	
	『西郊民俗』2	西郊民俗談話会
1957-11-05	『当用漢字の読み方・書き方・使い方 現代かなづかい』	若木書房
1958-02-28	「The Antiquated Funeral Customs in Yezo-Ainu	

Centering upon those of the Saru-Ainu, Hidaka Province, Hokkaido」
『文学・哲学・史学学会連合編集研究論文集　第九集　研究論文妙録誌』
　　　　　　　　　　　　　　　　　　　　　　　　　　　文学・哲学・史学学会連合

1959-03-01	「なぞの民アイヌ」　　　　　　　　『中学時代二年生　3月号』3-12　旺文社
1959-10-25	「解説　金田一京助先生の人と学問」
	『私たちはどう生きるか　金田一京助』　ポプラ社
1959-11-25	「［私の研究］アイヌ研究に燃えつづける情熱　…孤独な学究の反省…」
	『東京学芸大学新聞』67　東京学芸大学
1959-12-25	「アイヌの葬制に於ける「死者への告辞」に就いて」
	『日本人類学会日本民族学協会連合大会第13回記事』　　同　　事務所
1960-04-15	『中学国語　整理と問題研究』　　　　　　　　　　　　　　　明治書院
1960-06-15	「ユーカラ　―いわゆる「ユーカラ（英雄詞曲）」を中心として―」
	『民俗文学講座　第三巻　芸能と文学』　弘文堂
1960-09-30	「アイヌの文芸」『玉川百科大辞典　15　日本・東洋文芸』　誠文堂新光社
1961-10-01	「樺太アイヌのシャマニズム」
	『日本人類学会日本民族学協会連合大会第15回記事』　　同　　事務所
1961-12-23	「北の人　解説」　　　　　　　　　『世界教養全集　21』　平凡社
1962-06-20	「アイヌの生んだ大叙事詩「ユーカラ」」
	『図説日本文化地理大系　第17巻　北海道』　小学館
1962-09-20	「アイヌの伝説　オプタテシケと雌阿寒岳のあらそい」
	『少年少女地理　日本の国土　月報　3』3　偕成社
1962-10	「アイヌの葬制に現れたる死及び穢・祓いの観念」
	『国学院大学日本文化研究所紀要　11輯』　国学院大学日本文化研究所
1963-04-10	『わかりやすく・おぼえやすい　中学生の国語』　　　　　　　千代田書房
1963-05-31	「［研究会報］人文自然科学会　第21回研究例会
	論題「アイヌと宗教と文学」」『東京経済大学　人文自然科学論集』3
	東京経済大学　人文自然科学論集編集委員会
1964-06-05	『実力をのばす　小学生の国語』　　　　　　　　　　　　　　千代田書房
1964-07-08	「アイヌ研究世に出る貴重なフィルム　戦前、樺太でも取材
	東京学芸大久保寺教授近く札幌でも初公開」『北海道新聞』　北海道新聞社
1964-07-13	「金田一先生のアイヌ研究」　　　　　　『サンケイ新聞』　産業経済新聞社
1964-08-16	「湖陵の思い出」『湖陵　五十周年記念誌』
	湖陵高校五十周年記念祝賀会協賛会
1964-09-01	「エテノア婆さんの想い出」　　　『東京経済』62　東京経済大学葵友会
1964-10-01	「久保寺逸彦博士の「熊祭とアイヌの信仰、饗宴」に関する映画と講演」
	『北海道の文化』7　北海道文化財保護協会
1964-12-22	「あふれる暖かい人間味」金田一京助随筆選集『心の小道をめぐって』
	『思い出の人々』『おりおりの記』」　『北海道新聞』夕刊　北海道新聞社

1965-01-07	「アイヌの正月」	『北海道新聞』	北海道新聞社
1965-01-30	「アイヌ史研究会の動向」	『民族学研究』29-3	民族学会
1965-02	「大叙事詩「ユーカラ」」	『新しい日本　16巻　北海道(1)』	国際情報社
1965-03-20	「アイヌと宗教と文学」	『北海道の文化』8	北海道文化財保護協会
1965-09-10	「アイヌの子守り唄」	『北海道の文化』9	北海道文化財保護協会
1966-03	「アイヌ　民族学的地域研究の発展　4　極北・亜極北(1)」		
	『日本民族学の回顧と展望』		日本民族学協会
1966-03-01	「アイヌの宗教と文学」	『東洋学芸雑誌』4-11	東洋哲学研究所
1966-03-09	「アイヌ文学講座復活か　北大　久保寺博士を招く		
	近く退職（東京学大）講師を内諾」	『北海道新聞』	北海道新聞社
1966-03-19	「退任教官略歴　久保寺逸彦教官」	『学芸』7	国語研究会
1966-03-19	「ユーカラ（英雄詞曲）の世界」	『学芸』7	国語研究会
1966-05-10	「アイヌの生んだ大叙事詩「ユーカラ」」	『北海道　日本の旅　1』	小学館
1966-10-18	「鍋沢翁（門別町富川）情熱の結晶		
	アイヌの祈詞（いのりのことば）を読んで」	『北海道新聞』	北海道新聞社
1967-05	「コタンの語り部たち　−文字以前の文学−」		
		『日本文学の歴史　月報』1	角川書店
1967-06-10	「［拝啓一筆］」	『北海道新聞』	北海道新聞社
1967-06-30	「［アイヌの昔話］―神々の物語　ウサギの生き肝」		
		『北海道新聞』	北海道新聞社
1967-07-01	「［アイヌの昔話］―クモの女神の物語　アイヌのサル・カニ合戦」		
		『北海道新聞』	北海道新聞社
1967-07-03	「［アイヌの昔話］―人間の昔話　死人の国の物語」		
		『北海道新聞』	北海道新聞社
1967-07-04	「［アイヌの昔話］―　和人昔話　脂が死人の口から出た話」		
		『北海道新聞』	北海道新聞社
1967-07-05	「［アイヌの昔話］―パナンペ・ペナンペ物語　コミミズクにされた男」		
		『北海道新聞』	北海道新聞社
1967-10-10	『現代を考える　国民教養事典』		三宝出版株式会社
1967-10-10	「序文」『現代を考える　国民教養事典』		三宝出版株式会社
1967-11-10	「アイヌ叙事詩　KAMUI-YUKAR　神謡　Pon moyuk isoitak		
	小エゾタヌキの自叙」	『北海道の文化』13	北海道文化財保護協会
1968-03-22	「アイヌの建築儀礼について　−沙流アイヌよりの聴書き−」		
		『北方文化研究』3　北海道大学文学部附属北方文化研究施設	
1969-01-10	『母と子の国語の勉強』		千代田書房
1969-03-25	「結婚（ウコロ、ウエアッ、ウヘコテ、イトムヌカラなど）」		
		『アイヌ民族誌　下』	第一法規出版
1969-03-25	「挨拶・礼儀・作法」	『アイヌ民族誌　下』	第一法規出版

1969-03-25	「成年・成女（シュクップ・オッカイポ、シュクップ・メノコ）」	『アイヌ民族誌 下』 第一法規出版
1969-03-25	「アイヌ文学」	『アイヌ民族誌 下』 第一法規出版
1969-03-25	「アイヌの祖霊祭り（シヌラッパ）」	『アイヌ民族誌 下』 第一法規出版
1969-03-25	「育児・命名・教育・成人（子守歌、赤児に関する俗信、命名、教育）」	『アイヌ民族誌 下』 第一法規出版
1969-03-25	「アイヌの死および葬制」	『アイヌ民族誌 下』 第一法規出版
1969-03-25	「妊娠と出産」	『アイヌ民族誌 下』 第一法規出版
1969-04-10	『小学漢字の字典』	教育同人社
1969-08-01	「アイヌの伝承文学資料「ユーカラ（英雄詞曲）」について」	『第6回委託研究報告書(1968)』 社団法人東京都私立短期大学協会
1969-09-17	「対談 アイヌ文化の伝承」	『国語通信』114 筑摩書房
1969-09-20	「アイヌのシヌラッパ（祖霊供養）の概要」	『北海道の文化』17 北海道文化財保護協会
1969-09-20	「記録映画シヌラッパ Shinurappa（アイヌ祖霊供養）が出来るまで」	『北海道の文化』17 北海道文化財保護協会
1969-10-10	「北海道方言・アイヌ語小辞典」	『ワイドカラー日本 1 北海道』1 世界文化社
1970-01-31	「門別町文化財調査シリーズ刊行に寄せて 貴重なアイヌ資料集 関係者の努力、熱意に感謝」	『北海道新聞』夕刊 北海道新聞社
1970-05-04	「天才アイヌ人学者の生涯－知里真志保評伝 藤本英夫著 やまざる闘いの記録 苦もん、どうこく浮きぼりに」	『北海道新聞』 北海道新聞社
1970-06-29	「[読書] 実証的アイヌ地名解 山田秀三著 北海道の旅と地名」	『北海道新聞』 北海道新聞社
1970-07-01	「紹介のことば」	『北海道の文化』19 北海道文化財保護協会
1970-12-08	「[一冊の本に思う] より文学的な昇華 知里幸恵編 『アイヌ神謡集』」	『北海道新聞』夕刊 北海道新聞社
1971-01-20	「私の研究ノートから」	『駒沢大学学園通信』27 駒沢大学
1971-03-10	「アイヌの他界観に就いて」	『駒沢大学文学部研究紀要』28 駒沢大学文学部
1971-03-26	「アイヌの芸能」	『中学国語 整理と問題研究』 明治書院
1971-04-01	「ふるさとの古典 ユーカラとその周辺 滅びゆくアイヌのうた」	『文学の旅 1 北海道』 千趣会
1971-09-30	「アイヌの一夫多妻の古習についての一見解」	『民族学研究』36-2 日本民族学会
1971-10-15	「沙流アイヌのイナウに就いて」	『金田一博士米寿記念論集』 三省堂
1972-01-15	『アイヌの昔話』	三弥井書店
1972-05-01	「アイヌ 宗教（宗教観念、神話と伝説、通過儀礼）」	『ブリタニカ国際大百科事典 1』 TBS・ブリタニカ

1972-05-01	「アイヌ　文学（叙事詩、抒情詩、散文説話）」		
		『ブリタニカ国際大百科事典　1』	TBS・ブリタニカ
1977-01-20	『アイヌの文学』		岩波書店
1977-02-22	『アイヌ叙事詩　神謡・聖伝の研究』		岩波書店
1987-03	『久保寺逸彦ノート　(1)』		
	アイヌ民俗文化財調査報告書（口承文芸シリーズヲ）		北海道教育委員会
1988-03	『久保寺逸彦ノート　(2)』		
	アイヌ民俗文化財調査報告書（口承文芸シリーズァ）		北海道教育委員会
1989-03	『久保寺逸彦ノート　(3)』		
	アイヌ民俗文化財調査報告書（口承文芸シリーズィ）		北海道教育委員会
1990-03	『久保寺逸彦ノート　(4)』		
	アイヌ民俗文化財調査報告書（口承文芸シリーズゥ）		北海道教育委員会
1990-09-10	「第五章　アイヌ・オロッコ・ギリヤークの芸能　沙流アイヌの熊送り」		
		『日本音楽叢書　八　民俗芸能［二］』	音楽之友社
1990-09-10	「第五章　アイヌ・オロッコ・ギリヤークの芸能　アイヌの芸能」		
		『日本音楽叢書　八　民俗芸能［二］』	音楽之友社
1991-03	『久保寺逸彦ノート　(5)』		
	アイヌ民俗文化財調査報告書（口承文芸シリーズェ）		北海道教育委員会
1992-03	『平成3年度　久保寺逸彦　アイヌ語収録ノート調査報告書		
	（久保寺逸彦編　アイヌ語・日本語辞典稿）』		北海道教育委員会

（提供：北海道立アイヌ民族研究センター）

行って、サダモという婆さんに会うのですが、わたしがユーカラを読んでその婆さんに直してもらうのですよ。そして意味のわからないところを聞くと、その婆さん、先生から覚えたユーカラといって、このごろは固有名詞ですね、そこのところだけちょっと帳面に書いてくれなんていうので、仮名で書いてやりますとね、病院に入院していて、一晩中それを考えているんだそうです。寝ないで。そうしたらあくる朝になると言えるようになって、そして今度またそれを、東京の先生から聞いたユーカラだといって、またみんなに語って聞かせるのですね。

益田　久保寺ユーカラの伝承者ができている。(笑)

久保寺　そういう婆さんがいるのです。ほんとうにおもしろいものですね。

益田　まだいろいろお話うかがいたいのですが、先生、お疲れになるといけませんので、これで……。

《国語通信》第一一四号　一九六九・三　筑摩書房

◆金田一京助　言語学者・国語学者◆久保寺逸彦　学芸大学名誉教授・民族学者◆益田勝実　法政大学教授

【編集部注】文中、現代からみれば不適切な言辞があるが、歴史的文献である性格からそのままにした。

益田　そうですか。東京に。

久保寺　たぶん持って帰ったのでしょうね。ほかの学者たちの中には、すっかりアイヌの人の中にはいって生活して、感情をともになさったのではないかと決めこんで、何か品物を見たとえばアイヌの家がきたないと決めこんで、何か品物を見せろといって外へ行って、外に材木でもあるとそこに腰掛けて、刀を持ってくると、これはいくらだ、という風にやる人もいたのです。先生はそうじゃなくて、炉辺に行って、わたしも見ていますと、もう少し能率的にやったらいいだろうと思うのですが、先生は村のだれだれが死んだとか、そういう話を聞かれて、そして一緒に話をされて、その合間合間に仕事をなさるのです。

益田　それじゃ、金田一先生はアイヌの人びととの相談相手をなさるのものじゃなくて、アイヌの人びととの相談相手をなさるのもので、いろんな心のささえになってあげられたわけですね。それは先生のノートに残らないわけだから……。

久保寺　ほかの採集者はそういうことしませんけれどね。

金田一　一晩寝られなかったというのに、わたし、いびきをかいて、かゆいもなにも知らん。無神経なのですね、久保寺君とあの人、二人。

久保寺　先生はグーグーとよく眠られて、どういう方かと思ったけれど。（笑）

金田一　無神経なんだなあ。

久保寺　ぼくたち、やはりアイヌ文化を研究していても、それ

と一緒になれません。例えば、葬式に行っても一緒には泣かずに、なぜ泣くんだろうか、なぜここはこうするということを始終離れて見ているような、ぼくなんかそういう態度なのですけれどね。そこまでなかなかとけ込めないというところがあるのです。

益田　先生方がそうやって、金田一先生から久保寺先生、ずっと生涯かけてやられたということは、アイヌだけじゃなくて、これからわたしども日本人が近隣の諸民族、あるいは世界の未開の民族にはいっていって勉強するときに、ただ文化人類学の方法でやればいいとかなんとかじゃなくて、もっと大変な、先生方の体験やなんかを生かしてやらなきゃいけないということなのでございましょうね。問題をアイヌだけにとどめちゃいけないのでございましょうね。

久保寺　文化人類学の人びとは、かなり調査の方法うまいですけれどね。あまり方法論的でね。民俗学協会が総合調査やったときに東大の先生とか京都大学の先生とか東北大学の先生とか九大の先生とか、みんなで調査をおえて、ぼくはあとにそれを覚えていたら、あるアイヌの爺さん、「大学の先生というのは、どうしてこんなに頭が悪いんだ」と言うのですね。おれたちが、小さいときに一度聞いてきたことを帳面に書いて残っていたら、それを覚えていながら、ちゃんと大学の先生はちっとも覚えていない。（笑）

益田　それは痛いことだな。

久保寺　だから、あの先生が博士ならぼくだって博士でもいいでしょうと（笑）。どうして覚えるのでしょうかね。あれは、らやましいと思いますね。わたし、この二十日に北海道に

なんとも言えない古めかしいいところがあるのですね。原語としても内容の思想というか、考え方にしてもですね。いまのアイヌというのは心もとなくて。わたし、去年、札幌で講演しましたらアイヌ部落のものがしりという酋長が来まして、わたしに質問したんです。その質問が、あの人は昔のこと知っているだろうかと言って聞きに来たのですが、それがわたしに反対する説で全く日本人的な考え方なのです。結局、こちらの学者が書いたいろいろな本を読みまして、それから得た知識なのです。

益田　そうすると、久保寺先生が大酋長で、金田一先生は大大酋長だな。(笑)

久保寺　それがいまのアイヌなのです。

■古きアイヌの人びと

益田　アイヌ民族に対する愛情みたいなものは、一世紀近くかけてアイヌ文学研究なさったので、余人のうかがい知ることのできないものでございましょうけれど……。

金田一　愛すべき人たちですね。本当にわたしは親しみました。あの人たち、見かけは怖い様子していますけれど、心はいい心をもっているアイヌなんですからね。よい日本人になろうとして、若いアイヌなんどは本当にけんめいに、笑われないで一人前の日本人にならなくちゃという気持ちで生きていますからね。

益田　先生がお接しになった時代の古きアイヌの人びとというのは、明治の日本人もいまと大変違うわけですが、その当時の日本人の持たないような、いろんな心遣いとか、そうい

うものをもっていた人たちでございますか。

金田一　そうでした、そうでした。本当に純朴でね、古いことを愛好して。

久保寺　わたしのところに来たアイヌの婆さん、風呂にはいれといっても、風呂にはいりたがらないのですね。風呂は寒いからいやだと言うのです。どうもぼくたちからいうと、風呂にはいったら冬は暖まるだろうと思うのですが、そして、八月に来て四月ぐらいまでいましてね、しまいに三月何日にわかった、なぜ寒いかということがわかった。結局、その婆さんは、わたしはアイヌだ、旦那方や奥さん方のはいる風呂にはいってはすまないと思って、外でお湯を浴びてはお風呂の中につからなかった。そういうことをあとで知って、ぼくはこういう婆さんかと思って涙が出ましたね。

益田　謙虚なのですね。

久保寺　そういうことを言いもしませんしね。それから、夏のことだから、わたし知らないものだから、火鉢の火なんていうものはいらないだろうと思ったら、火をくれというのですね。たばこ飲むのかと思ったら、たばこはマッチでつけるのですが、そうじゃなくて、火が無いということは、なんとも言えない淋しいことなのですね。

金田一　火は神さんなのですからね。あれにすがって生きているから。

益田　火にすがって。そういう感情をもっている人たちなのですね。

久保寺　だから火鉢がなければいられないのですね。村の河原の小石を二つぐらい、ちゃんと荷物に入れて持ってきました

久保寺　まだやりたいことあるのですがね。去年行きましたら、ユーカラの変種、サコロベをやっている連中をみつけまして、それが釧路の在なのですが、二人いるのです。ね、なんとかしようと。道庁あたりでそういうものを採集したらうだとぼくが言ったのですが。NHKでもすでにやっているというのですが、NHKでやったって、ほんの一部分だけ聞いていただけで何日かかかればできますがね。一篇残らずテープにとるなわけでもなんでもない。それを、さてローマナイズして訳をつけるというのをだれがいったいやりますかね。

金田一　アイヌの青年たちも機械を買ってどんどんテープレコーダーにやっておりますね。訳をつけるのはなくなる心配はりそれを字で書かなきゃね。だが、材料はなくなる心配はいほどたくさんあります。けれども爺さん婆さんの知っているのをちゃんと、開祖と違って、自分たちがだいぶあるようですよ。節そのものが記録されたものですから、歌そのものが記録されたものですから、わたしどもそれを、いまに訳す人に、なにか手がかりになるようにと思って出版して、八冊、九冊と……。

久保寺　このごろ、時代性というものを考えているのですけれども。金田一先生のお集めになった資料とわたしの資料とは、二十年ぐらいは違いがありますね。そうすると、そのときの時代性というか、もうわたしたちが、今から採集してもしろいいのがないのですよ、先生のところがなにしろいいのですよ。節はどんなにうまかろうと、それだけ内容的に悪いでしょうね。金田一先生の頃のユーカラというのは

益田　ほんとうに先生方のご苦労に対して国家やわれわれ一般の国民が目ざめることが遅くて、それで金田一先生も最晩年まで大努力なさって……。先生がご長命でいらっしゃるからよろしいのでございますが、まだまだ百二十五も百五十までも生きていただかないと。しかしほんとうに久保寺先生もけっしてお若いわけじゃないんだから、早くライフ・ワークをまとめていただくように、社会がみんな目ざめて、そういう態勢を作って、先生方にお仕事をしていただかないといけないんだけれど。

久保寺　昭和三十七年から四十年までかかって、自分のノートみんなタイプに打ちまして、一つは国学院大学日本文化研究所に寄付して、わたしが一部を持ってそれからあとアイヌ人に会って、原文の校訂と意味のわからないところを聞いているのです。あと、メノコユーカラとユーカラが残っているんで、ユーカラが十冊ですね。それからメノコユーカラが十冊ぐらいあって。そうするとほとんどすみます。ですから来年ぐらいになりましたら。

金田一　大したものですよ。

しの分を加えてたぶん二百ぐらいでしょう、原文で集まっているのが。それはヒリッパイ（米人の学者、「古事記」の英訳者）がいろいろ集めまして二百篇と数えているようです。ヒリッパイにぼくは持っているはずです。かれは百二十五ぐらいは持っているはずです。わたしはこれを対訳して、註釈をつけて、少し論文めいたものをつけまして先生から学位をいただいたのです。それも出版になっていません。第一そういうものを出版して下さる本屋さんございませんから。

益田　新しいユーカラに着手されて訳出されると、例の文法の法則などではない新しい法則をご発見になったりするということが、まだ次々出てきているのですか。

金田一　ちょいちょいぶつかります。

益田　そういうことは久保寺先生、先生がお出しになった「ユーカラ集」なんかごらんになって、これは先生のご発見になった新しいところで、それが使われてこう解釈されているんだろうということ、ご専門家だからおわかりになるわけですね。

久保寺　先生の文法、一番よくわかるのです。

益田　だけども、先生、必ずしもそれをノートにおつけになってもお書きにならないから、今度久保寺先生なんかがごらんになって、これはこういうところでこういう解釈をおつけになったというふうに、一つ一つ、またご発見にならなければいけないということになりますね。

金田一　なあに、久保寺君はとても、なにからなにまでしが及ばないぐらいにできているのですよ。

久保寺　わたしたち一番困りますのは、ユーカラではそんなことないのですが、ウエペケレ(昔話)というのがありますね。あれは、ほとんど調べてしまったのですけれど、やっていて、婆さんに聞きますと、「先生、そんなことわからないのか」ということが多いのですよ。

益田　アイヌの人にはわかっている。

久保寺　こっちは経験がないでしょう。「先生、そんなことばとしてはわかるのですよ。お婆さんに聞きますと、そんなことわからないでどうするんだとひやかされるのです。

われわれは頭で考えちゃうのです。

益田　金田一先生があまりに大事業をおやりになったために、アイヌ文学の研究については余人が追随を許さんということろで、みんな恐れて近づかなかったということでございますが、やはり先生のあと久保寺先生のような方もたくさんお出になってよかったわけですが、ついていかなかったということ、苦労が多いということ、報いられないということもございましょうが、逆に言うと、金田一先生のお仕事があまり立派するのじゃないかと思うのですけれど、金田一先生をおとがめあとからいってこの領域で先生のあとをちゃんとついていくのは大変だという恐れというのがあったのじゃないでしょうか。

金田一　そんなことは……。

久保寺　わたしどもは、先生の本、たとえば「アイヌの話」というのがございますけれど、あれは入門書としていちばんいい本かもしれないが、先生が四、五行で書いていらっしゃることが、なぜ先生はこういうことを言われるんだろうということを、今度実際にあたって検討してみますとね、先生の直感というものは実に鋭くて核心をつかまえているわけですね。だからその核心にどうして到達するかということを、いろいろな資料であさって集めてやるのですがね。

益田　久保寺先生のライフ・ワークのご構想というのは……。

金田一　久保寺君、偉いのですよ、とても。

久保寺　わたし、先生から学位をいただきまして、そのときにカムイユーカラというものを百六十篇集めたのです。いまで集められたものは、金田一先生やバチェラーのものにわ

金田一　いま十巻目を書いております。九巻目は印刷に回っております。

益田　いまわたしどもが拝見しておりますのは、八巻目まででございますね。そうすると九巻が印刷に回って、十巻は先生がいまお書きになっていらっしゃる。

金田一　というのは、当初二十巻でございますから、二十巻までずっといかれるわけでございましょうけれど、いまどういうふうなご構想でございますか。

益田　せめて十二巻出版してから、いま死にたいと思っております。一巻一年かかるから、あと二、三年はどうしても生きていたいと思っております。

金田一　いや、いや、そんなことおっしゃらずに。

益田　十二巻も出版して死ねば、あとノートブック、のちに残して、だれか、これも訳したいと思う人が出たとき、十二巻をよく読めばだいたいそれに準じて読んでいけますから、どうやらこうやらわたしの残したのを訳してくれる人もあるかもしれない。わたしの仕事はそういう人のためにやっているんだという気持ちでね。ずっと出版して死にたいと思っております。できるだけ註釈を詳しくつけて、そして出版して

久保寺　わたしの場合は、先生がおやりになっているから、初めのうちは先生のものをみんなカードにとりましてね、自分で手引きを作りまして、それが一つの手がかりになりますけれど、それでもそれだけじゃとてもいけませんけれど。

益田　金田一先生は古いユーカラのことばを何万語を操作して訳していかれるんだから、先生がいらっしゃらなければ

ても、余人ではとてもとという感じがしますが、先生はやはり、ご自分の仕事をふまえて久保寺先生やあとの若い世代の方がだんだんとやっていくだろう、またやっていってほしいとお考えでしょうけれど、大変でございましょうね。あとに続く方は。

金田一　なんとかそういう方のためになりたいと思って、いま書いているのです。

久保寺　しかしおそらく、もうやる人いないでしょうね。

金田一　しかし、いままだ事実が存在しているからそう思わないけれど、何年もたってごらんなさい。すっかりアイヌ語もなくなって、のちになったら、なんとかしてこれを貴重な遺品だから訳したいと思う人が出ないとも限りませんからね。その人たちのために、いま註釈を書き残そうと思っているのです。

益田　やはり、いまいちばんご苦心なさるのはどういうところでございますか、「ユーカラ集」を、あれだけの長篇をずっとお訳しになるときに。

金田一　まずユーカラのことばの、アイヌ語の文法が必要なのですね。

益田　先生が初期にお作りになった文法がございますが、あいうものでなくて、古典文法が先生のお胸の中ではどんなんそれ以後細かくなってできているわけでございますか。

金田一　どうも、なかなかそれが……。果てがないくらい多い仕事だから、どれだけお役に立てるかわかりませんけれど、まあまあ、生きている限りは、この仕事にかじりついて本当に息引きとるまで……。

その婆さん、しまいに歌って歌って、歌えば歌うほど、泣けば泣くほど声がよくなってくるのですね。そしてしまいにいろんな大昔からの伝承もあるし、楽しい昔からの伝承もあるし、悲しい昔からの伝承もあるが、今度は自分のことを語り込んでいく新しい形の文学ももっているのですね。

金田一　「おしまあい」ということ。あの人たちが作りながら歌い、歌いながら作るのですからね。

久保寺　樺太に行ってもございましたね。日本人にはそういうことができたかもしれないけれど大昔の日本人にはそういうことができませんよ。そこの村に昼下がり行くと、ちょうど鱒の漁でみんな海岸に出はらって村にはだれもいない。ひっそりとしているのです。そこからずっと歩いていきますと、ニイトイというところ。そこから中年の女(メノコ)が出てきまして、あのばばあ、泣いていればだれか銭でもくれるかと思って歩いているんだ、ずるいばばあだと言うけれども、行ってみるとそうじゃなくて、それは自分の身の上を作りながら……。なんだろうといって金田一先生と行ってみると、どこかにかぼちゃ棚なんかがあって、その下で泣き声が聞えてくんです。ロシア風の丸太小屋なのですが、樺太はロック・キャビンで、かぼちゃ棚の丸太小屋なのですが、樺太はロック・キャビンで、かぼちゃ棚なんかがあって、その下で泣き声が聞えてくる

金田一　作りながら歌い、歌いながら作っているのですねえ。

久保寺　そして、自分が悲しくて泣きたくなればそこに行って歌を歌って、かぼちゃ棚の下に身を投げて歌っているんですね。

益田　わたしどもは知らないから、ユーカラ一つだと思うが、そういうユーカラ以後の生きた文学があるのですね。

久保寺　だからぜにこが欲しいわけではなく、自分が歌いたくて歌わなきゃいられないから歌っているだけのことですね。

だれが聞こうが聞くまいが。

益田　そうすると、悲しい昔からの伝承もあるし、楽しい昔からの伝承もあるが、悲しい昔からの伝承もあるが、今度は自分のことを語り込んでいく新しい形の文学ももっているのですね。

金田一　そうですよ。

益田　うらやましい人たちですね。

久保寺　アイヌの人たちが非常に創作能力があるというのは、わたし、うちに婆さんがいたときに、手紙をやるというからかわりに書いてやるのです。アイヌ語で言いなさいと言うと、口で言うとおりそれで文章になっているのです。おもしろい言葉ありましたね。しまいに「クコロ、ポンプタ、ポッケレ、ヤン」でしたか「わたしの小さい豚を暖かくしてくれ」ということなのですね。大事に育ててくれ。そういうことばがなんといつでも「一筆啓上火の用心」式に実にうまいのですね。そこをもう一回読んで直すなんていうことがないのですからねえ。

金田一　歌を、作りながら歌い、歌いながら作ることができるのですからね。

■アイヌ文学の新しい伝承者

益田　ワカルパも大伝承者、金成マツさんも大伝承者でしょうが、いまは金田一先生が、日本人だけれど、アイヌ文学の最大の伝承者でいられると思うのですが、先生、『ユーカラ集』の大事業は、どういうふうにお進みでございますか。いま何巻のところをおやりでございますか。

とおりは書けないために、ああいう散文になってしまったのですが、初めは、やはりアイヌ式に、長い物語を長くかかってずっと続いて語るものだったのでしょうと思います。それをいちいちわたしたちはローマ字で書くように漢字では書いていけないので、筋書きだけを書いてしまったのでしょうね。アイヌのようにローマ字で書けば長くなるところのものが、語り伝えられてきたものなのでしょうけれど、われわれはばかみたいに、長いものは長くそのとおり書き残そうとしますから、骨を折ってすっかり書き綴るのですけれど、やはり万年筆だのノートブックだのローマ字だのでいくから語るとおりに筆記して、こう語っていると世間に伝えるのですけれど、なかなかそういうめんどうくさい、丹念なことは、よその人たちにはできにくい点もあって、筋書みたいになっていくのでしょうと思いますがね。

久保寺 バチェラーでもチェンバレンでもみんなそうですね。ストーリーだけで押していって、細かい文学としての味わい、ほとんどないですね。バチェラー先生も「ファイアーサイド・ストーリーズ」というのを書いていますけれどね。このごろアイヌの神話なんて出ている。たとえばこれはおかしいと思うのですけれど、原語がわからなくてもアイヌの語るのを録音しておいて、今度は日本語のできるアイヌ人に訳させて、それに手を加えて、そして訳せばそれがアイヌの神話で通るのですね。ほかの英文学とかフランス文学ではそのようなことは通らないのですが、アイヌ文学においてはそういうことが通るのですから。

■「わたしの小さい豚を暖かくしてくれ」

益田 先生のところにいらしているときに、知里幸恵さんなんかが、嬉しいときや悲しいときに言われる言葉などが、やはりユーカラのような歌になっていたりというようなことは……。

金田一 そんなことはありませんでした。

久保寺 ユーカラはないでしょうけれど、民謡というか、ヤイシャマネというようなものはそうですね。

金田一 即座に作りながら歌い、歌いながら作るのです、アイヌというものはね。ああいうことができるのですよ。

久保寺 それがまた、だれだれの婆さんと爺さんが若いとき恋をして、それをだれかが歌っていたのがこういう歌だといって、それが聞きつけたか、それが伝承されていくこともあります。

益田 それは今度の金田一先生のユーカラ集の中にははいらないもので、ユーカラのように古い形でない、それはまたそれで一つ大きな領域があるわけですね。

久保寺 ありますね。先生もお書きになっていらっしゃいますけれど。その話になりますとね、先生とご一緒に昭和十八年か、旭川に行ったときに旭川のシムカニという婆さんが、運の悪い人で、その半生を歌いながら作ったのですね。作りながら歌っていったのです。非常に声のいい人で、歌っているうちに、いまでは村の人も、この婆さんの身の上話を知らなかったのですね、こんなかわいそうな婆さんかということで、涙をポロポロ流して聞いているのですよ。金田一先生も同情されて涙をこぼされて聞いていらっしゃるのですね。そして

しょうが、それは一字がわずにずっと気をつけて語られるものですか。それとも、ときどきに聞き手を喜ばせようとして、少し工夫するものでございますか。

金田一　はっはっはっーー、アイヌにならなきゃそれはわかりませんけれどね。

久保寺　先生の筆記なすったころにはそれなかったのでしょうね。わたしのころに、やはりそういう人が出てきました。おもしろいけれどあっちこっちを筋を入れて、組み合わせるのですね。しかしそういうのはこちらもだめだと思いましてね、筆記はしないのですけれど。多少、自分が飲みしろ欲しさに、そういう人も出てこないわけでもないですね。ユーカラ書いていますとね、よくこれしかないと言うのです。これしかおれは聞かないから、あとはないと言う。途中でしり切れとんぼになっちゃう。あの人たちに、もしそういう創造的なことをやるつもりだったらいくらでもできることなのです。それをけっしてやりません。

■ユーカラをささえる心

益田　ああいう大長篇のユーカラを作り出していく、そのもとになっているエネルギーというか、精神というようなものは、どういうものであろうかと勝手に想像して、しろうとはなんでもそういうことまで知りたくなっちゃうのですが、先生、ユーカラをささえる心みたいなものはどういうふうにお考えですか。

金田一　そうですねえ、やっぱり先代から伝えてそのとおり語るつもりではいても、ある部分は短くなってもある部分は創造力が活躍して、大きな戦というと、ひとりで何百人、何千人を相手に戦ったようになってきますんでね、空想の世界ですね。なにしろひとりで何百人、何千人殺すような話になるのですからね。

久保寺　ですから、同じ人でも簡単にやろうと思ったらやれるようです。それからそれをゆっくり細かく叙述すればでるわけなのです。それは、たとえばわたしがポイヤウンペとします。敵のところに行ったとする。そしてだれだれ自分はいま組み討ちする。そのときに上座のほうへ一度、下座のほうへ一度　そしてついに宵草のしおれるように倒れた。そうすると次のやつが来て、上座のほうで二度、また三度というふうにやる。普通だったら「以下これに準ず」と言えばすむわけですけれど、それを何回も、七人も八人もやっていればこの叙述が長くなりますね。

益田　あのカムイユーカラなどというのは、日本にすぐ移してくることもできませんが、ほんとうならば日本に育たなかたかもしれないけれど、記紀の神話などよりもう一つ前の世界に位置するような世界でございましょうか。時代性ということではなくて、文学としての質と申しますか。

金田一　日本でもああいうふうに伝承があったのでしょうけれど、われわれローマ字で、それから万年筆だのノートブックだのあるからすっと書けるのですけれど、昔は漢字で書くのですから「嗚呼」と書くんだって大変ですからね。ですから日本の神話でもなんでも、ほんの筋書きだけになってしまったのです。漢字でもって書くもんだから、とうてい口伝えの

感じますね。そして大道具、小道具を頭の中で勝手に想像して浄瑠璃を聞いたり説教を聞いたりいたしますが、アイヌの人びとは、たとえばアイヌユーカラなどを聞いていて、そういう点はどうなのでございましょう。

金田一　そういうふうに現実化しないで、やはり語りものとして、へだてを置いておりますね。

■ユーカラの歴史性

久保寺　このごろ、ユーカラの歴史性ということをよく北海道の人が言い出すのですがね。ユーカラが本当に古い歴史的な資料となりましょうか。やはり現代のアイヌの生活で解釈できるような文化じゃないでしょうか。

金田一　どういう意味ですか。

久保寺　たとえば知里真志保さんがユーカラの成立時代というのは、いまより千三百年前から八百年ぐらいだという説を出しているのですがね。

金田一　（語気を強めて）そんなものは耳貸すものじゃないですよ。

久保寺　そうすると、考古学者に言うと、そのころの文化には炉がないわけなのですね。ところがアイヌのユーカラには炉がありますし、鍋があるし。それはいまの屋内の生活ですね。そこでチャシの生活がそこに出てくるだけのことで、そういう古い歴史的な証明をするようなものはぼくにはちょっと見あたらないのですがね。

益田　金田一先生、わたしなどはしろうとでよくわかりませんが、印象として、また大変古い、知里さんがおっしゃるような大酋長の連合体ができた時代とかいうように想定されるより、もっともっと古い時代じゃないかというような、久保寺先生と逆なような印象を感じるのですが、金田一先生のお持ちになっているイメージからいうと、ユーカラの時代というのは……。

金田一　そういう歴史性を持たせないのです。わたしは。あくまで伝承文学として、知里君の言っているのは合理的な解釈で、神話として取り扱うべきものを、それに歴史性を付与して考えようなんというのは非科学的なのですね。歴史とは結びつかないのですよ。

久保寺　わたしのいじくっている資料なんかでは、現代のアイヌの生活でだいたい解釈できるようなもの、そこにアイヌらしい考え方をもって解釈すれば現代の生活に出てくると思うのです。現代といっても、わたしたちが聞いたアイヌの生活は、いまの生活じゃなくて、五、六十年ぐらい前の生活ですがね。

益田　そうすると、金田一先生は、ユーカラの悠久性というようなものをさむことによって、ユーカラの悠久性というようなものが、かえってかき乱されるとお考えになるほど、古くて新しいというか、ずうっと生き続ける伝承の文学という点から見ていったほうがよろしい、というふうにお考えになるわけでございますね。

金田一　ええ。

益田　偉大な伝承者たちというものは、繰り返して聞かせてくれるときに、できるだけ本人は寸分たがわずに語るわけで

金田一　それは、多少それがあるということろでは筆記もなにもできませんから、二人、膝つき合わせるようにして会っているものですからね。ただ、ちっとも芝居がかるというようなことはなしに、覚えていることをただ節抜きにして、はっきりはっきり言ってもらって、そして筆記したものなのですね。

久保寺　やはり語る人は、それは真実だと思いましてね。わたし、そういう例を知っておりますが、さっき言った、平取のコタンピラ爺さんですが、太平洋戦争中でしょう。米軍の飛行機は襟裳岬を通って東京のほうにどんどん来るころですよ。そのお爺さん、村はずれに貧乏に暮していましたから新聞も読まないでしょう。おかみさんは盲でいて、二人で暮しているのです。夫婦でおかしなんかで松葉杖ついて、それでとにかく幣場に行くんですから訪れる人もない。それでとにかく幣場に行くんですね。そこらでは米軍の飛行機が音をたてる。飛行機は見えないでしょう。そこの幣場のところに行ってお御酒を上げているんですね。アイヌラックルがお通りになると言って。若いものは、あの爺さんばかだからと言う。それでその爺さん、戦争のことなんかもだんだん知って、ポイヤウンペがいてくれればこんなことはないんだ、ポイヤウンペがいてアメリカの兵隊なんかすぐやっつけちゃうんだがと。本当にそういうふうに思っているんですね。

益田　アイヌの伝承者たちは、オキクルミとかそういう神さ

まと自分たちの関係というものを、どういうふうに考えているのでございましょうね。

金田一　普通のユーカラはアイヌユーカラといって、人間の偉いやつの物語なのですが、オキクルミの方はまた種類が違いまして、そちらのほうはカムイユーカラ、神のユーカラといって、人間の開祖、アイヌ文化の基を開いた偉いお方というふうになって、少し伝承の性質が違うのですね。

益田　そうすると、わたしどもが、たとえば記紀の神代の物語を感じますように、カムイユーカラの世界を感じているのでしょうか。

金田一　ええ、そうです。

益田　登場人物については、非常に親しい感じで、自分たちの時代の人のように感じているのでしょうか。それとも、やはりそれはユーカラの世界だというので、相当の距離を感じているのでしょうか。

久保寺　昔の大酋長の偉いやつぐらいには考えていないでしょうかね。

金田一　それは距離を感じているのでしょうね。楽しんで聞くという気持ちはもっていて大変楽しむむけれど、オキクルミというふうな方面になるということ、少し自分たちからは距離を置いて、神さまのように考えております。ユーカラのほうになると、ユーカラの英雄は、そういう信仰上の神さまとは違って、人間に近い人のように考えておりますね。

益田　考えていたのでしょうかね。

金田一　わたしどもでしたら、たとえば、ああこれは中世の室町の時代だ、これは近世で元禄だとか、時代背景をいろい

テノアというお婆さんがいるのですが、村では汚い、どちらかというとうすばかみたいなお婆さんで、ばかにされていたんです。それが書いてみると非常にいいのですね。今度東京に連れていくと言ったら、ほかの連中が、先生あんなもの連れていったら村の名誉にかかわるからよしてくれと言うのです。そうですね、それから昭和六年の八月から、暑いころ連れてきまして、刺青しているものも気の毒ですからね。お風呂もとくにいるうちにだんだんきれいになりましてね。わたしの家に風呂場を作りまして、とにかく知っていること。そしてその頃中学の教師をしていたものですから、毎晩帰ってくる夕飯食べる、七時ごろから始めて、そのころは夜中の二時半か三時ごろまでやりますね。それで一晩でも困るということがないのです。それで、もうこの種類はこれでないと言うのです。ないと言うけれど、あくる朝目をさますと、まだこんなのがあったと言うので書きました。この人にはほんとうに世話になりましたですね。

■伝承者たちの意識

益田　金田一先生、先生の記録されるときのお気持ちを先はどうかがいましたが、そういう方が伝承されているときに、恭しい気持ち、あるいは心のくつろぐという楽しみも感じておられるのでしょうか。伝承者たちの内面的な気持ち、受け伝えている気持ちとか、語るときの感情とかいうものは、先生お感じになってどういうものでございましょうか。

金田一　やはりみんなからほめられるから、多少得意にはなっておりましたけれど、それでもって一文にもなりませんからね。ですから、そうそういばったりなんどしておりませんでしたよ。やはりあいかわらずの貧乏暮しをしているものだったのです。むしろ日本人に交わってお金になるほうに働いて、よい暮しをするなんていうのに、ひとりもそういう覚えのいいのはいませんからね。かえってユーカラをよくやるというようなひとは、むしろ貧乏暮ししているものだったのですね。

益田　語りながら、登場する、たとえば西浦の神の気持ちに、語る人がなっちゃうとか、そういうものでございましょうか。もっとつき放しながら語っていかれるということになりますのですか。たとえば日本で浄瑠璃なんかでは、女性のところはことさらに女性の声を出したりいたしますですね。泣くところは泣いたりしますが、アイヌ文学の場合は……。

金田一　ないんです。みんな、朗読しておりますが、ユーカラというものは、女が出るからといって女のことばらしく言うとか、そういうような戯曲的なところはないです。戯曲が発達せずにしまったのですね。ただ、ああして叙事詩というものが存在していただけで、戯曲的には発達しませんから、女のことばになったからといって女のことばらしく声を変える、そんなこと全然ないんですね。

益田　コタンの人びとはそれを聞いて、手に汗を握るとか、興奮するとかいうふうになるものでございますか。

失敗することがありますね。昭和四年の夏でしたね、登別に行きまして、町に出たらいい婆さんがいるというものですから、ユーカラやれるかと聞いたら、やれると言うのです。それで宿屋に泊まりまして、いい気になって二週間ぐらいやりましたね。そしてノートがこんなに(手で二十センチぐらいの高さを作る)たまったのです。そして得意になって、今度は沙流のほうに行って読んで聞かせたら、「先生、なんだってあんなムッ(人名)婆さん、知らないくせに、わたしから金をもらいたいものですから、やはりみやげ物売店に、もうちょっときるお婆さんが来ていたそうです。それに毎晩、わたしのところから帰っていってては聞いて、そして自分が話の筋を覚えてきて、翌日教えていたものなのですね。そうすると沙流のほうに行ったら、あんなものなんにも知らない、こんなものなんにもならないじゃないかといって、みんなに笑われました。

益田　いくら先生から講義を受けてなさっても、実際の現地に行って聞かれて、これが伝承者として本当に価値ある、尊い立派な、由緒のある伝承なりや、これは又の又ぐらいのものだというようなことになると大変でしょうね。ちょっとやっているうちにわかるようになりました。ユーカラというものは常套句がある程度決まっているのです。そうすると、ことばが足りなかったり、行ってみて、そこのところはどうもことばが足りなかったり、音節が揃わなかったらだめだと思うのですね。そういう見当だいたいつきます。

益田　偉大なアイヌのユーカラの伝承者というのは、わたしどもが聞くと数少ない、得がたい人だと思いますが、かつては村々に、コタン、コタンにいられたものでしょうか。

金田一　それが、アイヌ語は一文にもならないから、どんどん若いものなどはアイヌ語を知らずに日本語をしゃべるようにならなきゃ役に立ちませんから、それでアイヌ語を勉強しようとか、身につけようとかいうようなものがいなくなって、年寄りの、それを知っている人は、昔はこういう人がいたが死んだ、あの村にもこういう人がいたものだったが死んだ、と噂を聞いては、それを尋ねて、そして会って筆記をしたものだったのです。そのときも亡くなる寸前だったのですね。そういう話ばかり聞くので、ほんとうに悲観しましてね。やっと、まだあれは生きていて、いま生きているうちではいっとよく知っている、上手な親爺だというのを村の人から聞いては、それを尋ねて、そして会って筆記を取って残さなくちゃといういう気持ちだったんです。

益田　そうした伝承は、前の伝承者が、これは器量があるということを見込んで教えるものでしょうか。それとも世襲でずっといくものでしょうか。

金田一　多少世襲的になります。親父も伝承者だったから息子もやるんだ、あるいは、あれは親父はあまり上手じゃなかったけれど伯父さんが偉かったから、あの伯父さんから教わってよく伝えているんだと、こういうふうになっておりますね。なかなかアイヌのほうでも、伝える偉いものがなくなりかけているところへ私たちがぶつかったのですね。

久保寺　わたしが連れてきて、非常にたくさん資料をくれたエ

益田　というものはね。詩ですからね。

金田一　先生、最初にワカルパとか、そういう大伝承者にお接しになって、それをお書きになるときの先生のお気持ちはどういうものでございますか。

益田　ほんとうに、心が震えるような気持ちで書きましたね。なにしろ無学文盲、無知蒙昧の民というのがアイヌに対する一般認識で、そんな長いものをそらんじて口伝えにもっているということ、だれも世間で言う人がなかったのですからわたしも初めてアイヌに会っても、そういう偉い叙事詩が存在しようなどということは思いもかけませんでしたから。ところが書くというと果てしもなく長い。意味がちがうからわからないのですよ。一音でも落としたら意味がちがうと、意味もまた違いますからね。ほんとうに体中汗びっしょりになるものでした。そして、なにしろ言うほうが早くて、書くほうが遅いんですからね。体中汗だくになって、一生懸命になって追っかけて書き書き、早く終わってくれりゃいいと思ってもなかなか終わらないんでね。

金田一　そういうユーカラが実は神さまのみずからの語りごとのように、一人称で語られるというようなことを、先生ご発見になって、たいへん感激したでしょうね。

益田　ほんとうに。みんな「われ、幼くして貧しい兄に養われて成長していた」というふうにして始まるのですけれど、なにかやはり聞くというと、同じように始まるのですから、千変万化しますからね。それで意味のわからないのを筆記するものですから、いっそう体中の神経を二つ

耳に集めて、一生懸命追っかけて書くんですから、ここは（と言って右の指先を示される）マメが出ているのです。尊いマメですね、それは。久保寺先生はマメのことをおっしゃったけれど、先生方の筆だこというのは尊いですね。

久保寺　金田一先生は非常に早くものをお書きになることができるのです。

益田　それで、久保寺先生は最初から一本立ちで……。

久保寺　初め、大正十二年ですね、やはり日高でございますね。それで、そのころわたしは単語などを調べておったのですが、初めの晩にコポアヌという婆さんのところに泊ったときに先生について行きまして、ワカルパの出た紫雲古津（シウンコッ）を訪ねまして。ところが、村でもっていちばんいいふとんを持ってきてくれたのですが、それが汗臭いのやらかび臭いのやら、なんとも言えない臭いでしてね。それから話していることばが、先生はおわかりになるのです。ですけれど、わたしにはことばは少しもわからない。東大で人類学やっていた宮坂光治君も一緒でした。

金田一　一緒に寝たときにわたしひとり大いびきかいて寝たんだそうですけれども、二人は一睡もできなかったというんで、あ、こりゃいままでできたんだなんて言って驚いたそうですが。

（笑）

久保寺　ユーカラなんか採集するのに楽をしてやろうと思って

久保寺　わたしは、伝承者によって、筋は違いませんでも非常に長さが違うと思います。そういう具体的な例、ちょっと考えてみたのですがね。金田一先生がお訳しになった「虎杖丸の曲」、あれは非常に名篇なのです。金田一先生が二篇採集なさって、わたしもまた別の人から二篇採集して、わたしのところに来たエテノアという日高のお婆さんのですけれども、ワカルパと同じ村でありながら、この方が長くて一万五千三百六十八行あるのです。約倍になっております。

益田　八千数百というような行の「虎杖丸の曲」というのは、語られますと、いったいどれぐらいかかるものでございますか。

金田一　ああいうのは、語ると、ほんとうに夜が明けるというくらい、そういう長いものだったんですね。

益田　その長い間を、先生は伝承者を……。

金田一　迫っかけて、ローマ字でもって。

益田　それをずっとお書きになって。機械のない時代に。

金田一　大正四年でしたか。

カラでも、伝承者が違うというふうにお感じになったりしたものがございますか。

久保寺　わたしは、伝承者によって、筋は違いませんでも非常に長さが違うと思います。金田一先生がお訳しになった「虎杖丸」、あれは非常に名篇なのです。金田一先生が二篇採集なさって、わたしもまた別の人から二篇採集して、その長さをちょっと調べたことがあるのですが、先生のユーカラが、先生の学位論文や恩賜賞になった「虎杖丸の曲」が七千三十五行あるのです。それから先生がもう一つ、胆振幌別の知里さんの伯母さんの金成マツさんから採集された「虎杖丸の曲」がやはりうしろに載っているのですが、このほうが少し長くて八千二百二十三行ございます。それからわたしが採集したのは、わたしのところに来たエテノアという日高のお婆さんのですけれども、ワカルパと同じ村でありながら、この方が長くて一万五千三百六十八行あるのです。約倍になっております。

久保寺　わたしそういうのを書いたことがあります。それとは別のですが、九千九百四十一行のものがあるのですが、それを書きましたときに、村はずれのコタンピラという爺さんのところに行きましたんですね、朝の七時に出かけて、夜の六時半ごろ迄やりました。そしていますと違って、開けていませんから、向うは貧乏でして昼飯なんかもろくに食べるか食べないかわかりませんで、こちらがご馳走になるかにいきませんし、村にうどん屋ぐらいしかないので、昼飯抜きでやりました。初めにやったときに、いちばん長いものを、得意なものをやってくれと言ったら「ナウケップコロクル」というユーカラをやると言いました。こちらも気になるものですから、いつ終わるだろうと聞くと、明日の昼ごろになったら終わるだろうと言いました。そんなことじゃ終わるまいと思ったのですが、やりました。とうとう、昔の四帖綴りのノートが、五冊になりましてね。

益田　休まずお書きになったのですか。

久保寺　休むことは休みましたけれどね。わたし、力を入れて太い万年筆を使うものですからマメができましてね。しまいにつぶれたりなんかしまして、とうとう一週間ぐらいかかって書きましたですね。そのころ金田一先生から大学でユーカラの講義も聞きましたし、先生の本も読んでいたのですが、実際にやってみるとわからないのですね。わからないけれど、いつかはわかるときがくるだろう、先生がやっておられるんだから、書いておくだけでもいいやというなつもりでやっていたのです。

金田一　ふだんのことばと違うんですもの、ユーカラのことば

アイヌ文学の伝承

◎座談会◎金田一京助・久保寺逸彦・益田勝実（司会）

■ユーカラ採集の苦心

益田　金田一先生は、『ユーカラ集』（三省堂刊・既刊八冊）をおやりになっていらっしゃるので、先生が机を一時間でもお離れになればほ、これは国家の損失だということで座談会などお願いする筋じゃないと、反対がございましたんですけれども、先生のお声を聞きたい人が高校や中学の先生方の中にたくさんあるし、教え子もたくさんおられるんだから、先生のご健在の声を文字にして伝えるべきだという意見もございまして、お願いしたわけなんです。文学の伝承と、伝承する人の心のたたずまいと申しますか、それから伝承する中でいろいろと新しい創造の契機がひそんでいたりはしないだろうか、そういう点について、先生にぜひアイヌの文学のほうをうかがいたいと存じまして。金田一先生と久保寺先生、アイヌ文学の両泰斗がお揃いでございますから、ぜひわたしどもにお話しくださっても何でもけっこうですから、ぜひわたしどもにお二人のご専門のお話をうかがわせていただきたいのです。久保寺先生とか、金田一先生がワカルパとか金成マツさんとか知里幸恵さんとか、いろいろな伝承者を発掘なさったわけですが、その他にもたくさんの方のお話を金田一先生が発掘なさって、また、久保寺先生あとから同じ伝承者の話を聞かれるというようなチャンスもあったのでございましょうね。

久保寺　それはほとんどございません。

益田　そうですか。それは先生のほうが意識して別の伝承者を……。

久保寺　いいえ、そういうわけじゃなくて、先生が筆記された時代でございましょうね。久保寺先生がいろいろユーカラを採集なさってご研究になると、金田一先生がいままでお手がけになったものとぴたりと、人は違うが同じだとか、ある人はほとんど亡くなられてしまいました。時代が二十年ずれておりますから。

益田　その時代がアイヌ文学にとってもそれだけの違いがきた時代でございましょうね。久保寺先生がいろいろユーカラを採集なさってご研究になると、金田一先生がいままでお手がけになったものとぴたりと、人は違うが同じだとか、あるいは同じオイナならオイナ、カムイユーカラならカムイユー

編集にあたり

佐々木　利和

　久保寺逸彦先生の著作集の第二巻をお届けする。この巻は「アイヌ民族の文学と生活」というテーマのもと、先生の代表論文である『アイヌ文学序説』(『東京学芸大学研究報告』、のち『アイヌの文学』と改題して岩波新書に収める)を軸として、アイヌ文学に関わるものと、人の一生に関するもので本書を構成した。そして、掌文集としてアイヌ文化とアイヌ文化に関わる小論を付加した。ここに描かれたアイヌの人びとの側面、人となりはいずれも久保寺先生の学問を語るうえで重要な位置をしめている。文中、現在の常識からはいかがかと思われる表現もままみうけられるが、その文章が綴られた時代ということを考えなければならないし、先生は決してアイヌの人びとを差別しているわけではない。

　先生のアイヌ研究にあって、鹿田シムカニ、平目カレビア、二谷国松といった人びとは「恩人」であった。なかんずく二谷国松氏は先生の生涯の友人であり師であった。二谷氏との出会いは「虎杖の道を辿る」で知ることができるが、日本ではじめて映像と音声の記録を意識した研究にあってはよき助手であり先達であったし、大作「アイヌの熊祭」という映画作成にあっては、自身、祭主を勤められた。

　この映画は、久保寺先生自身が映写機をまわされ、かつ、スチール写真を撮るなど八面六臂のご活躍をなされた。本格的かつ学問的なイオマンテの記録である。白黒無声であるのはもちろんだが、エイゼンシュタインよろしく節目節目に字幕をはさんである。1936年の撮影であるが、儀式の準備と執行は二谷氏がすべて行われた。仔熊を購入する費用や儀式に伴う費用はいっさい久保寺先生が、補助金を集められて支出された。

　先生はこのほかにも音と映像の記録のために、樺太までいかれたが、傍らには常に二谷国松氏がいらした。これらの映像・音声資料は久保寺ミチ夫人・令嬢芙美子氏によって北海道に寄贈されている。二谷氏に直接触れられた文章は残されていないが、久保寺先生はかくも素晴らしい友人にめぐまれていらした。

　かくほどに久保寺先生はアイヌ文化の優れた記録者であり、このような研究はいまは望み得ない時代になってしまった。

本書の解説には、金田一京助・久保寺逸彦・益田勝美氏の鼎談をもってかえた。金田一先生が愛弟子である久保寺先生を直かに語られた最後であったかもしれない。久保寺先生は、生前わたくしに「金田一先生はね、僕にはとてもきびしいのですよ。久保寺先生にアイヌの本を書いていただきたいのですがと、出版社が金田一先生に相談なさると、先生は、久保寺君は書きませんよと仰るのですよ。だから、僕はまだ本を出したことがない」と話されていらした。そうした想い出からみると、この鼎談で金田一先生は、久保寺先生のことをとてもほめていらっしゃる。そういえば、三省堂新書の『私の歩いた道』（金田一先生の語りをまとめたもの）のなかで先生のことを大層ほめていらっしゃいますよと申しあげたら「そうですか」と顔を赤らめていらしたことをいまもはっきりと覚えている。

　この鼎談の二年後、両先生は相ついでみまかられた。久保寺先生の奥さまが、「何も死出の道までお供しなくともね」とほほえんでいらしたのを想い出す。

　なお、本書を編集するにあたり、北海道立アイヌ民族文化研究センター、とりわけ小川正人氏にお世話になりました。

【著者略歴】
1902年　北海道生まれ
1925年　國學院大学卒業
1949年　東京学芸大学教授
1960年　『アイヌ叙事詩　神謡・聖伝の研究』により文学博士
1966年　駒沢大学教授
1971年　死去

アイヌ民族の文学と生活

久保寺逸彦著作集 2

2004年4月12日　初版発行

著　者　久保寺逸彦　Ituhiko Kubodera ©

編　者　佐々木利和

装丁者　菊地信義

発行者　内川千裕

発行所　株式会社 草風館
東京都千代田区神田神保町 3-10
tel 03-3262-1601　fax 03-3262-1602
e-mail:info@sofukan.co.jp
http://www.sofukan.co.jp

印刷所　株式会社シナノ

ISBN4-88323-139-9 C3339